成為更好的你

原書名 品格

THE ROAD TO CHARACTER

DAVID BROOKS

大衛・布魯克斯 著　廖建容、郭貞伶 譯

BCB683

獻給我的父母

Lois and Michael Brooks

目錄

出版者的話

品格：永不貶值的資產

高希均　遠見．天下文化事業群創辦人

「人生」三書

在西方社會，討論品格（Character）的書，當然不會比討論財富（Wealth）的書多；但是，每隔幾年，總有討論道德、人品、修養的書出現，受到士林推崇：如英國管理思想家韓第教授的《你拿什麼定義自己？》（天下文化，二〇〇七年），美國哈佛大學教授克里斯汀生的《你要如何衡量你的人生？》（天下文化，二〇一二年），此刻我們又出版了布魯克斯談論「品格」的新著：《成為更好的你》（原書名《品格：履歷表與追悼文的抉擇》）。這三本剛好可以在價值迷失的年代中，視為「人生三書」，引導讀者走向心靈的康莊大道。

近年來閱讀《紐約時報》，我最喜歡的專欄作家，正是比較保守派（Conservative）論點的布魯克斯與比較自由派（Liberal）論點的佛里曼（Thomas Friedman）。所謂「保守」與「自由」（有時被稱右派與左派），是泛指市場、政府與個人在社會中的角色。布魯克斯在芝加哥大學讀歷史與經濟，又追隨過保守派大師巴克利（William F. Buckley, Jr.），文章散見於美國重要的人文與社會思潮的雜誌，也是公共電視長期的評論家；即使不同意他的觀點，他的才思，一直受到很多人推崇。

面對二條路

閱讀這本新著，「天下文化」的責任編輯首先摘要地告訴讀者：

- 讓我們不要「虛度此生」，就從展開「自我對抗」的那一刻起。
- 人生有兩大追求，一是「履歷成績」，如事業、財富；二是「悼文成績」，在親人好友心中，你到底是怎麼樣的一個人。
- 「履歷」要你以成就征服世界，「悼文」是以你的美德感動別人。
- 在人生道路上，必須不斷問自己：追求成功之際，我該如何回應內心抉擇，無愧於人生？

就如大家熟知的美國詩人佛洛斯特（Robert Frost, 1874-1963）留下了一首當代傳誦的詩：

The Road Not Taken，最後兩行是：

「我選擇人跡較少的一條路，自此帶來了完全不一樣的結局。」

十餘年來，我也寫過類似的話：人生有二本帳：私人小帳與社會大帳。人不能只有私人帳上財富累積，社會帳上則出現赤字。這就是小我與大我的平衡。

我也對企業家說：你們要攀登二座大山：前山是「利潤」之山；後者是「責任」之山。成功的登山者，在選擇上有先後，但是最後的目標，是要在後山山巔，向大家大聲宣布：我到達了責任之峰。

西方品格之路

布魯克斯引述猶太牧師在《孤獨的信仰之人》一書中區分人類有二種人性中極端的本質——

亞當一號：成功是座右銘，追求「履歷表」的輝煌。

亞當二號：道德、慈善、關愛、救贖為主，令人懷念的「追悼文」自然會出現。

作者是在鼓吹亞當二號，人生應當要追求謙遜（Humility）。在最後一章作者歸納了十五項對謙遜的論述，為全書的精華，總結了發展高尚品格的方法。歸納來說：人首先要放棄「以我為先」（Big Me），確立道德生態：人生的目標為何？我是誰？本性是什麼？有哪些美德要培養？

為什麼而活？

人不只是追求享樂，還要追求使命。人生的本質是道德，非享樂。人的本身有眾多缺陷，如：過度自信、對失敗合理化、所知不多、向欲望低頭等。

人即使有缺陷，但也有反省能力，也能辨識罪惡與羞愧，最後戰勝它；過程中常需外在力量：包括親友、傳統、制度、典範。對付缺陷，謙遜是最大美德。

一旦生活需求滿足，追求美德與對抗罪惡，就成為人生的主軸。人格（Character）在內心對抗過程中形成。人格者擁有穩定的承諾。

戰勝缺陷與罪惡的人，不一定會變得富有或出名，但會變得成熟（Mature）。唯有比昨日之我更好，才會成熟。成熟之人會向許多事情說「不」；而且不再迷惑，有原則、有堅持。

作者自謙地形容自己：生來就跟「膚淺」結緣，常因不斷拋出一些看法，顯得權威，使自己產生驕傲，甚至失去道德的約束。

作者寫這本書，也正是提醒自己要如何擁有高尚的品格。

在當前充滿競爭的高科技世界中，能找到事業成功、品格高尚兼具的企業家嗎？大家都會想到美國微軟創辦人比爾．蓋茲，兼有亞當一號與二號，不僅有「履歷表」的輝煌，日後更會有令人尊敬的「追悼文」。

台灣的台達電創辦人鄭崇華，是我立刻想到的另一個典範。

東方君子之道

自中世紀以來，在西方的宗教與文化中，出現了不同的名稱來描述人的氣質與行為：聖徒人格、紳士人格、騎士人格、靈修人格、浪人人格、牛仔人格……。在我國悠久的歷史文化中，人格、品格、風格、美德、道德……就是學習如何做人做事的規範。

余秋雨在《君子之道》（天下文化，二〇一五年）一書的「前論」中，詳細說明了這些精闢的道理：

- 中國文化的集體人格模式，是「君子」。它是一個龐大民族文化整合中的「最大公約數」；中國文化的鑰匙也在這裡。
- 做個君子，也就是做個最合格、最理想的中國人。
- 儒家對後世的遺囑：做君子。

那麼如何做「君子」呢？余先生列舉九項，我引述六項：

君子懷德；君子成人之美；君子坦蕩蕩；君子中庸；君子有禮；君子知恥。

中國的「君子之道」與美國的「品格之路」相比，東方文化底蘊及層面似乎更為深厚廣闊。

不論是選擇中國式或美國式孕育品格之路，這二條路不是反方向，也不是單行道；它們都會在「品格」那一站交集。

「品格」超越國界，同時也超越時間。不論身在何處，「品格」在全球化中，是一個永不貶值的資產。

推薦序

沒有完美之人，我們都要自視甚渺

嚴長壽　公益平台文化基金會董事長

我們的一生，會遇上許多選擇的時刻。當生命經驗愈豐富，與真實世界有更多不同面向的接觸，就會產生異於平常的體會及感動。

大衛．布魯克斯在《成為更好的你》一書中描繪的主角生來並非十全十美，每個人的品格亦非完美無缺。可貴的是，我們在生命歷程中總有機會發掘自己，並在不同的人生階段呼應自己心靈的召喚，更能靠著個人修為達成新的使命。這就是書中所闡述的亞當二號——為了別人而非自己——被激發的過程。

書中舉出美國前勞工部長珀金斯（Frances Perkins）的例子：珀金斯出身良好，更有一份安定的工作。她人生的轉捩點發生在她與熱中慈善的貴婦人共進下午茶之時，遭遇附近「三角女裝襯衫成衣廠」的火災事件，就此改變了她的志向，終生為勞工權益奮戰。而有些人窮其一生不斷面對內心掙扎，如書中所述，為了黑人權益挑戰當局權威的魯斯丁（Bayard Rustin）。他個性極為矛盾，內心總為了自己不可控制的一面痛苦不已。當他的處事態度漸漸走向成熟之後，才發現自己或許不適合擔任社會運動的第一線工作，反而退居幕後，轉為成就他人的重要推手（如後來的黑人民權領袖金恩博士）。

這讓我非常有感觸。當我們從事公益活動之時，我也時常提醒同仁——「慈善與傲慢是一對雙胞胎」、「服務的人必須自視卑微，時時刻刻檢視自己是否流露出高人一等的優越感」——當我們做任何事情，謙遜應是最重要的美德。我們知道，公益平台不只是一個幫助弱勢的場所，更是讓有能力的人可以付出和奉獻的地方。

在《教育應該不一樣》中，我曾提出，每個人都該自我約束、明辨是非，尤其在科技如此發達的現代，要更小心的為自己所說的話及行為負責，如本書作者意識到「以我為先」的高姿態已是全世界面臨的共同問題。我們的社會常常會不自覺的造神，往往忽略了每個人內心都有亞當一號（履歷表的成績）和亞當二號（追悼文中的美德），一個是只想成就自己、讓生活更優渥的私心，另一種卻可能放棄自己的欲望，甚至願意投入有生之年未必能完成的事業當中。

沒有人是完美的，當面對自己時，我們無所遁形；一旦面對社會責任時，我們也要時時提醒自己、提醒別人，我們更必須要「自視甚渺」。

各界讚譽

值得你離開臉書、靜下心來好好閱讀的首選佳作。

——《經濟學人》

本書告訴我們如何腳踏實地，逐步建立一個充滿意義的人生。

——《華盛頓人》雜誌

擲地有聲，潛移默化、讓人再三回味。

——《衛報》

作者剴切力陳謙遜與德行的重要，又不時穿插字字珠璣的幽默見解，帶給讀者一場暢快淋漓的閱讀饗宴。

——《出版者週刊》

本書選錄許多發揮道德韌性走過人生低谷的精采故事，告誡我們人生的意義不只是追求幸福而已，須認清人性的光輝才是最終的救贖。

——《書單》

在這個盛行自拍、以自我為中心的年代，布魯克斯勸誡我們重拾克制欲念、放下我執並隨時自我警惕的古典情懷。

——艾爾（Pico Iyer），《紐約時報》書評

本書傳遞出平靜、中庸之道與人性光輝，字裡行間透露作者在道德與精神層面的平衡論點，難能可貴。

——格爾森（Michael Gerson），《華盛頓郵報》

對道德的渴求，並帶著哲學氣息的優雅，交織成這本刻劃深入，深具說服力的作品。

——所羅門（Andrew Solomon），心理學者、《背離親緣》作者

以優雅易懂的文字、發自人性的深層呼喚，試圖喚醒人生當中最值得珍藏的寶藏。

——波波娃（Maria Popova），蒐奇網 Brain Pickings 創辦人

前言　亞當二號

我這陣子一直在思考履歷跟悼文的差異。履歷是你一生的簡歷，上面包括你在職場運用的技能，對自身之外的成就能做出哪些貢獻等；悼文的意涵就更深刻了，是你在喪禮時會讓人感念、只存在於你內心深處的德行——不論你是仁慈、勇敢、誠實或是意志堅定的人，也不論你和其他人之間有著什麼樣的關係。

我們大多數人都會在口頭上表示悼文比履歷來得重要，但是我不得不承認，在我人生的大半歲月裡，我花在履歷上的時間，遠比悼文來得多。教育體系顯然也是履歷導向多過悼文導向，就連一般公眾談論的話題也不例外。看看雜誌上教你如何自我提升的小撇步，或是非文學類暢銷書籍的榜單就能略知一二。我們多半都清楚知道要如何追求職場成就，卻不十分明瞭該如何健全自己的人格。

其中一本促使我思考上述兩種德行差異的作品，是斯洛維奇克（Joseph Soloveitchik）一九六五年所著《孤獨的信仰之人》（*The Lonely Man of Faith*）。他注意到〈創世記〉當中二元對立的起源，認為這反應出人類同時具有兩種互斥的本質，並稱之為亞當一號與亞當二號。

如果用比較現代化的方式詮釋斯洛維奇克的說法，亞當一號代表職涯導向，人類本質具有企圖心的那一面。亞當一號是外顯在履歷上的亞當，渴望建造、開創、發現新的事物，追求擁有更高的地位，贏得光榮的勝利。

亞當二號則是內在的亞當，希望能更明確的充實道德情操。亞當二號追求內心平靜的境界，對於是非對錯有不用多加說明的堅定信念——他不只渴望能做好事，更期待自己能成為一個好人。亞當二號希望擁有親密的情感，願意為他人自我犧牲，身體力行不驗自明的真理；他希望內心豐富的靈魂能夠掌握好生命的方向盤，無愧於人生一場。

亞當一號想要征服世界，亞當二號想要聽從為世界奉獻的呼喚；亞當一號充滿創意，會對自己的成就志得意滿，亞當二號卻有可能為了奉獻，放棄世俗的功名利祿。亞當一號關心事情運作的原理，亞當二號在意事物存在的緣由，以及人生在世到底所為何來。亞當一號一心想要勇往直前，亞當二號卻想要回歸根本，品味一家和樂的溫馨。「成功」是亞當一號的座右銘，亞當二號卻把人生當成一場以道德為主題的實驗劇場，奉「慈善、關愛與救贖」為一生的圭臬。

斯洛維奇克認為人的一生就是在這兩種矛盾型態的亞當中進行拉扯，外在、盛氣凌人的亞當與內在謙遜的亞當沒辦法水乳交融。人一生都會處在自我對抗的局面裡，被要求同時具備兩種性格，而學會如何在兩種特質對抗的張力中雍容自處，也就成為人生的必修課題。

在這樣的自我對抗當中，最困難的癥結在於亞當一號與亞當二號活在不同的邏輯思維中。亞當一號（喜歡開創與發現的亞當）依靠功利主義直截了當的邏輯過活；那是一種經濟思考的邏輯，有投入就有產出，努力就能有回報，用心練習就會熟能生巧，追求的是自我利益，設法極大化個人效用，希望在世上印下自己的足跡。

亞當二號的生活邏輯正好相反，採取道德而非經濟觀的邏輯。先要付出才能有所得，必須認清自我渺小才能了解自己的力量，必須先克服欲望才會感到滿足。成功會帶來最嚴重的失敗，那就是傲慢，失敗反而是成功之母，也就是放下身段學習的謙遜。為了實現自我，你必須先放下自己，為了明心見性，你必須先自我放逐。

為了讓職場上的亞當一號能獨當一面，你當然要盡量發揮自己的長處，但是為了充實亞當二號的道德精髓，就必須正視自己的缺陷。

狡獪的動物

我們的文化有助於亞當一號——外在亞當的成長，卻忽略了亞當二號的存在。社會鼓勵我們多多思考如何擁有了不起的職場生涯，卻使多數人對於如何培育內在生命的課題無言以對。追求成功的競爭和對勝利的渴求是如此激烈，反而使這一切成為掏空我們的過程；消費市場鼓勵我們依據功利主義斤斤計較的方式生活，讓人滿腦子只想著如何滿足自己的渴望，卻不顧及日常生活各種決定背後牽涉的道德評價。即時而膚淺的訊息過於吵雜，使我們愈來愈難聽見發自內心深處較幽微的聲音。我們的文化教我們努力推銷自己，掌握邁向成功的必備技巧，卻很少鼓勵我們學會謙遜與感同身受，並真誠面對兩難抉擇的關卡，而這些才是建立高尚人格的關鍵。

如果你只具有亞當一號的性格，你就會變成一隻狡獪的動物，花招百出、以自我為中心，能夠摸透所有遊戲規則，甚至把所有事情都變成一場遊戲。如果這就是你所擁有的一切，你會花很多時間磨練專業技能，但是你不會知道生命意義的根源所在，所以你也不知道該如何貢獻自己的專才，分不出哪種職業生涯最有意義、最有發展空間。

多年以後，你會發現自己內心深處仍舊一片荒蕪；雖然你這輩子都會忙個不停，但是因為你無法找到生命的最終意義與終極價值，所以在隱約之中總會感到焦慮。你會經歷一場沒有意識又無聊的人生，感受不到真正的情感，也不知道讓生命活出價值的道德目的。你將無法順從內心的抉擇做出堅定不移的承諾，無法發自內心建立堅毅的性格，做不出「雖千萬人吾往矣」的決定，沒辦法忍受面對嚴重的挫敗。你會發現自己只從事他人批准的工作，卻不在意這些工作對你而言究竟是對是錯；你只會沒頭沒腦的用辦事能力評斷他人，毫不在意他們的價值。你沒有建立高尚人格的具體做法，在這種情況下，不論是你內在或外在的人生，終將面對徹底崩潰的命運。

這本書主要談論亞當二號，探討某些人究竟如何發展出高尚的人格，是好幾世紀以來人類通用的一種心性，以建立鋼鐵般的意志，培養隨遇而安的心態。老實說，寫這本書的目的，是為了替我自己的靈魂找到出口。

雖然現在因為工作的緣故，我被視為是一位博學多聞的專欄作家，但是我生來就跟膚淺二字結下不解之緣。我因為敢於不斷拋出個人觀點而獲得報酬，使我看起來比實際上更有自信，更加聰明也更顯權威，所以我必須比大多數人更努力，才能避免自己落入夜郎自大的窘態，也因此更容易察覺自己的人生逐漸失去的道德羈絆——近來也有愈來愈多人有同樣的感嘆——對於良善不再有渴望，愈來愈看不清人生大方向，生活中逐漸失去具體的道德理念，也不再了解如何擁有更豐富的內在生活，甚至再也不知道如何養成高尚的人格，其間需要經歷多少艱辛的考驗。

我發現，如果我們沒有認真看待人類天性中屬於亞當二號的那一面，很容易會陷入「在道德層面打馬虎眼」還自鳴得意的處境，會用得過且過的方式看待自己。你會跟著自己的欲望隨波逐流，只要沒有明顯傷害到其他人，你都會接受自己的一切行為；你會認為只要生活周遭的人似乎對你有些好感，你就一定配得上好人的封號。長此以往，你終將慢慢變成另一個比原本想像中還要不堪的你，在真實的你與想像中的你之間拉出一道讓人感到羞愧的鴻溝。你會發現亞當一號在聒噪不休，而亞當二號卻默然無語；亞當一號的生涯發展無比清晰，亞當二號的人生規畫卻模稜兩可；亞當一號機敏靈活，亞當二號卻渾渾噩噩。

寫下這本書的我不敢保證自己一定會遵從品格之路踽踽獨行，但我希望最起碼能夠知道這是一條什麼樣的路，而其他人又是如何踏上這樣的一條路。

章節規劃

這本書的編排十分簡單，第一章描述古老年代所建立的道德觀。這時候的道德觀匯集了文化習俗與傳統智慧，以康德主張的「曲木人性」（crooked timber）為出發點，著重於我們自身的缺陷。傳統道德觀要求人在面對有限的自身能力時保持謙遜，卻也認為每個人都有能力面對自己的缺點，克服自身背負的原罪，並且在這個自我對抗的過程中建立高尚的人格。只要能夠順利克服原罪和缺陷，我們就有機會在道德的神壇上取得一席之地，追求某些比幸福境界更高的目標。我們可以利用日常生活的大小事陶冶品行，為世界做出奉獻。

接下來我會引用實際生活中的例子，描述建立高尚人格的方法。我會採取傳記的方式記述這些有關道德的課題。自古羅馬的希臘作家普魯塔克以降，道德學家嘗試以榜樣為例傳遞設想中的道德標準，因為光是閱讀教條或是遵從抽象的規矩，都沒辦法滋養出健全的亞當二號，以身作則最有成效。對道德的領悟大多發生在觸動人心的時候，當接觸到令我們景仰或推崇的對象時，我們自然會在有意無意之間試著改變生活方式，見賢思齊。

我在一篇專欄文章中指出，實際應用學校教給我們做人的方法，往往會讓人充滿挫折，於是我對言教不如身教的說法深信不疑。獸醫師裘利（Dave Jolly）在一封電子郵件裡也直截了當提到這一點：

心靈的啟發無法在課堂中以知識傳授的方式，讓學生透過機械化的筆記摘要學會。……若要擁有良善、慧黠的心靈，只能用一輩子辛勤的往內心挖掘，並設法療癒生命中的創傷。……這樣的心靈沒辦法傳授，沒辦法用電子郵件溝通，也沒辦法用推特分享，唯有當一個人終於願意往內心深處探尋時，才能在過程中發現自我良心，在那以前都只是紙上談兵。

善良之人的工作，就是承擔苦難而不以為意，這樣才能在自己生命中立下慈愛與勤勉的典範。善良之人對我們的施教，只是他們能給予我們的最微不足道的部分；他們生命的完整性，以及他們為人處世的點點滴滴，才是最具有感染力的篇章。

千萬別忘了：人的本身才是重點；一輩子毫無保留的努力才能驅使另一個善良之人起而效法——儘管我們現在還不知道誰會是穿越時空接受到感召的對象。生命的課題比我們想像的要大得多，在道德領域的恢弘架構中，即使我們處在最痛苦、最困惑的黑暗裡，錯綜複雜的因果關係也會敦促我們要做更多好事，成為更好的人。

上述段落正好說明了這本書論述的方法架構。從第二章到第十章的各章主角群相組成一個多元的集合，包括了不同的種族、性別、宗教與職業別。這些主角沒有任何一位與完人搭得上邊，但是他們實踐的生活方式在現代社會已經愈來愈少見了。

這些主角都很清楚自己的缺陷，都在內心世界掙扎著對抗罪衍，從而發展出維護自我人性尊嚴的方法。當我們想到這些主角時，主要記得的並非他們的成就（雖然他們的成就確實了不起），反而會記住他們曾經是什麼樣的人。希望透過這些典範能夠激發我們追求更高尚人格的渴望，追隨他們的腳步。

最後一章會回顧先前所有主角，同時說明我們的文化如何讓「成為一個善良之人」愈來愈困難，並摘錄在生活中運用「曲木人性」自我修持的重點。如果你迫不及待想要知道本書濃縮後的精華重點，不妨直接翻到最後一章。

即使是現在，偶爾你還是能遇到一些擁有豐厚內涵、讓人印象深刻的人，他們不會過著支離破碎、漫無目的的人生，反而擁有強化的內在。他們平淡冷靜、堅定不移，不會因為外在的風風雨雨偏離人生的軌道。他們不會被逆境擊潰，他們意志堅定，他們的心性可靠；你不會在他們身上看到猶如大學生那般趾高氣揚的德行，他們成熟穩健的風範猶如那些簡單生活、理解生命痛苦與喜悅之人所流露出的氣質。

有時候你甚至不會注意到這些人，他們儘管看起來善良喜樂，但是也顯得比較保守。雖然他們謙沖自牧的德行會希望自己能隨時幫助他人，但是卻不需要藉此向世界證明什麼，不論是謙虛、自制、恬靜、適度、尊嚴，或是低調的自律。

他們會散發出舉止得宜的愉悅感。面對尖刻的挑戰時，他們仍舊會輕聲回應，就算面對不公平的待遇也不會大聲嚷嚷；當其他人想要羞辱他們時，他們會昂然挺立，當其他人想要激怒他們時，他們會克制情緒，而且，他們從不輕言放棄。他們犧牲奉獻的行為與溫和的態度並不會因為走進尋常的雜貨商店而有所改變；他們不會認為自己的所作所為有什麼特別了不起的地方，甚至沒有以自己為念。他們就是能對周遭不完美的人和顏悅色，他們只在意需要完成哪些事，然後投入其中。

跟他們交談時，你會覺得他們充滿趣味及睿智，你甚至看不出什麼社會階級的特質，這就是他們所希望的。如果你認識他們好長一段時間後，你會發現從未聽見他們誇大其辭，也不曾看到他們自以為是或剛愎自用，也從來不會用什麼小手段彰顯自己的成就，暗示自己有多麼不凡。

他們的生活並不是平靜得毫無衝突，只是設法以成熟的態度應對。他們會朝向解決人生基本課題的道路前進，就是索忍尼辛所說：「區別善與惡的界線不存在於國與國之間，也不在於社會階級，更不在政黨間——而是存在於每個人的心中。」

這些人具有強健的內在人格以及深邃的內涵，在經歷過艱辛的奮鬥之後，我們可以在他們身上發現，追求成功之心仍要向深化靈魂的努力表示敬意。

用畢生時間尋求平衡之際，亞當一號終究還是要向亞當二號低頭，而那些人就是我們想要追尋的榜樣。

01 轉變

星期天傍晚，我所在區域的全國公共廣播電台地區頻道正在重播往日的節目。幾年前有一次我開車回家路上，剛好收聽到電台重播一個名叫「統御成效」（Command Performance）的節目，內容可說是五花八門，專門為二戰期間的駐外美軍提供服務。而我收聽到的那一集，剛好是對日戰爭勝利紀念日，也就是一九四五年八月十五日那天的重播。

這一集的節目邀請到一些當時最受歡迎的名人：法蘭克．辛納屈、瑪琳．黛德麗、卡萊．葛倫、貝蒂．戴維斯……等等，不過最令人動容的無疑是自制與謙遜的基調。當天盟軍才剛完成人類史上最偉大的軍事成就之一，但是在節目中卻聽不到澎湃激昂的情緒波動，也沒有人提到要搭建凱旋門大肆慶祝。

「嗯，看起來似乎就這樣結束了，」節目主持人平．克勞斯貝這樣開場，「在這個時刻該說些什麼好呢？不能只是把帽子甩向天空就行了，那是一般節慶活動就有的儀式；我猜，所有人能夠做的，就是感謝上帝讓這一切都結束了。」接著播放由女中音史蒂芬絲（Risë Stevens）獻唱一曲莊嚴的〈聖母頌〉，然後平．克勞斯貝回到節目現場總結當天的情緒：「雖然一切戰事都隨著今天的戰勝而結束了，不過在我們內心深處，卻存在一種看見渺小自己的感受。」

相同的情緒不斷在當天的節目中重複播放，演員梅雷迪思（Burgess Meredith）朗誦了一段戰地記者派爾（Ernie Pyle）留下的文字。派爾在戰爭結束前幾個月不幸遇難，不過他已經寫了一篇文章預告這場勝仗所代表的意義：「我們能夠戰勝，是因為我們有英勇的戰士，加上很多其他因素的影響——俄國、英國與中國和我們並肩作戰，時間站在我們這一邊，而且我們擁有珍貴的天然資源。我們並非比任何其他人更受上天眷顧而戰勝，我希望這場勝利，讓我們更懂得感恩，而不是更傲慢。」

這個節目大致上呈現了當時全美對於戰勝的反應。那時當然也有狂歡的慶祝活動，海軍士兵在舊金山霸占電車、洗劫販賣烈酒的店家，飄落在紐約時尚特區大街上的五花碎紙厚達十二公分。但是全美國感受到的氣氛卻截然不同，歡樂的氣氛比不上哀矜勿喜的莊嚴肅穆，以及對人類自身的反省質疑。

一部分原因是這場戰爭太具有時代意義，也造成了血流成河的重大傷亡，相形之下，人類顯得微不足道；另一部分原因則是太平洋戰場劃下句點的方式——生靈塗炭的原子彈。這讓全世界眼睜睜看見人類到底能夠凶殘到什麼程度，而且這下子也真的擁有能造成末日浩劫的武器了。「我們對於勝利的認知摻雜了喜悅與感恩，也包含了痛苦與懷疑。」艾傑（James Agee）在那個星期的《時代》雜誌編輯室報告中，寫下了這一句感言。

「統御成效」傳遞出的沉穩語調並不是一時的情緒或是特立獨行的風格，當天參與節目錄製的人，都已成為史上最具歷史意義的一場勝仗中的一部分，但是他們從來不曾到處宣揚自己有多麼偉大，不會在汽車保險桿印上標語大肆宣揚；他們第一時間的直覺是提醒自己、認清自己並不比其他人更具有道德優勢，他們的集體感受是互相惕勵，千萬別落入傲慢與自命不凡的陷阱，不假思索的抵抗人類傾向過度自戀的天性。

節目還沒結束我就到家了，因此我待在自家車庫裡，花了點時間把它聽完。進屋後，我打開電視收看美式足球轉播，看到四分衛用一記短傳把球交給外接員，後者才剛往前推進兩碼，立刻被防守方擒抱住，該防守隊員隨即做出一個如今所有職業運動員在達成個人成就後都會做的動作——在攝影機靠上來的時候，用誇張的肢體動作手舞足蹈、自我鼓舞一番。

突然間我意識到，在聽完美國二戰勝利當天的廣播節目後，又目睹因兩碼之差而自豪的小型慶祝會，後者顯然帶有更強烈的個人主義色彩。

不經意覺察的明顯對比，在我的腦海中翻攪出一陣又一陣的思緒。

我認為造成今昔對比的落差，象徵文化上的轉變，從原本自我克制、相信「沒人比我優秀，雖然我也沒多好」的文化，轉變成注重自我推銷、強調「看清楚我的成就，我就是這麼與眾不同」的文化。對比本身其實沒什麼好特別著墨的，不過卻像是一扇通往兩條道路的大門，可以讓我們在世上活出不一樣的人生。

不起眼的我

聽過「統御成效」節目後的那幾年，我回溯探究那個年代的歷史，以及當時最傑出的人物。研究成果告訴我，首先，任何人都不應該幻想重回二十世紀中葉的文化環境，那是一個比現在有著更多種族與性別歧視的年代，也是一個反猶太思想強烈的文化環境。如果再次回到那個年代，大多數人恐怕沒辦法像現在一樣享有這麼多的發展機會。此外，那也是一個比現在更無聊的年代，只有乏味的食物和單調的建築，就連情感的表達也都顯得冷漠，尤其做父親的通常不可以對孩子展現出慈愛的一面，身為丈夫也沒辦法理解太太內心的想法；有太多太多例子可以證明現在的生活好過從前。

不過，我還是認為，那個年代或許有一種比現在更普遍的謙遜氣息，是更重視道德觀的環境。那樣的環境可以再往前追溯好幾世紀，如今卻逐漸凋零；那樣的環境會鼓勵我們質疑自己的欲望，意識到自身的弱點，刻意對抗我們天性的缺陷，設法把缺點轉變為優點等等。我想，生活在這種環境之中的人，應該比較不會認為自己的每個想法、每種感受和成就，都必須立即和全世界分享。

在「統御成效」的那個年代，通俗文化似乎比現在更為低調。那個年代沒有印上口號標語的T恤，打字機的鍵盤上找不到驚嘆號，不會用繫上絲帶的方式為防疫作戰加油打氣，沒有客製化的汽車牌照，汽車前方的保險桿沒有強調個人信念或道德訴求的橫幅貼紙，後擋風玻璃上也沒有炫耀校友身分或是去過哪些旅遊景點的小貼紙。因為當時的社會風評對於自吹自擂、言過其實與過度吹捧的批判比現在強烈多了（如果真的有人這麼做的話）。

這樣的社會風俗內化成演員葛雷哥萊．畢克與賈利．古柏謙謙君子的風範，也塑造出影集「警網」（*Dragnet*）裡著名警探喬．福萊迪的角色。當小羅斯福總統的顧問霍普金斯（Harry Hopkins）其中一個兒子在二戰期間陣亡，軍方高層打算將他另一個兒子調離危險的前線時，他謝絕了軍方的建議。用那個年代比較常見、輕描淡寫的筆法回覆軍方，不能因為兒子的手足「在太平洋戰場上的運氣不佳」，就刻意安排爽缺跟閒差給他的兒子。

艾森豪總統的內閣團隊共有二十三位成員，其中只有當時的農業部部長，在卸任後發表過回憶錄，其內容平淡無奇到讓人看了昏昏欲睡；當雷根總統任期結束後，三十位內閣成員之中，有多達十二位發表了回憶錄，而且幾乎每一位都很擅長替自己打廣告。

老布希也是在當年的文化環境中長大。他在競逐總統大位期間，一直秉持小時候所信奉的價值觀，很排斥在演說時談及個人的故事。如果有文膽在替他撰寫演講稿時用到「我」這個字眼，他都會不假思索劃線刪除，使得幕僚不得不拜託他：「你現在是競選總統職位的候選人，總得讓選民知道你是怎樣的一個人吧？」

幕僚好不容易才說服他，想不到隔天他就接到母親來電，言詞中略帶不悅：「孩子啊，你怎麼又把自己的事情掛在嘴邊了？」使得老布希只好再次重申：演講稿中不能再出現「我」這個字，也別再搞形象宣傳這些花招。

被放大的我

接下來幾年，我開始蒐集相關資料，彙整後發現我們似乎從一個重視謙遜的文化，廣泛轉型成可以用大我概括說明的文化；從一個鼓勵大家別太事事以自我為中心的文化，轉變成另一個鼓勵大家把自己當成宇宙中心的文化。

這樣的資料唾手可得，比方說心理學家在一九四八至一九五四年間，找了上萬名青少年做為研究主體，詢問他們是否認為自己是重要人物，當年有百分之十二的人認為「是」。一九八九年又重新做了一次相同實驗，這一次不只百分之十二的受訪者認為自己很重要，百分之八十的男孩和百分之七十七的女孩都是這麼認為的。

心理學家還有一招：自戀狂檢測。他們會對研究對象唸出一段陳述，再詢問受試者是否認同陳述的內容，像是：「我喜歡成為眾人矚目的焦點……，如果有機會的話，我會盡全力表現自己，因為我就是那麼獨特……，或許應該要有人寫一本關於我的傳記」；檢測結果的中位數比二十年前提升了百分之三十，而且有百分之九十三的年輕人，他們的測驗分數都比二十年前的中位數來得高。造成差別的主要原因在於以下兩個陳述：「我是一個特別的人」，以及「我喜歡盯著自己的身體看」。

除了自尊心有明顯的提升外，想要成為名人的欲望也大幅增加。以前，對大多數人而言，追求名聲在人生夢想中的排序很低，一九七六年進行了一項調查，要求受訪者把人生目標的重要性依序排列，結果「名聲」在十七個選項中只排到第十五名，不過到了二〇〇七年，百分之五十一的年輕人不諱言表示「出名」是他們人生最重要的目標之一，另一份研究則是詢問女中學生最想和誰共進晚餐，結果珍妮佛．洛佩茲高居榜首，其次是基督耶穌，排第三的則是芭黎絲．希爾頓。另一個問題是詢問她們最想要從事的工作，結果想要成為名人，比方說想成為小賈斯汀私人助理的人數，幾乎是成為哈佛校長的兩倍（雖然說實在的，我非常肯定哈佛校長也寧願選擇當小賈斯汀的私人助理）。

環顧生活周遭的普羅文化，我會在各種場合不斷看見相同訊息：你是特別的，相信自己，做真正的你。例如皮克斯和迪士尼電影都不停讓孩子們知道自己有多棒，就連大學畢業典禮的致詞也不能免俗的點綴著類似格言：追隨你的熱情，不要畫地自限，打造專屬於你的人生道路，你有責任做出一番豐功偉業，因為你是如此不凡……到處都有這種勉勵自己、相信自己的嘉言錄。

知名節目主持人艾倫．狄珍妮在二〇〇九年的一場畢業典禮演說中提到：「我給各位的忠告是：好好的做你自己，所有一切都將一帆風順。」名廚暨作家馬利歐．巴塔利（Mario Batali）則建議大學畢業生「遵循所信奉的真理，勇於表達，不要輕易改變你自己」；專欄作家安娜・昆德蘭（Anna Quindlen）鼓勵另一群畢業生：「要有勇氣推崇自己的人格、自己的智慧、自己的性向，當然，還有你自己的靈魂。要聆聽內心純潔清澈的聲音，而不是聽從這個怯懦世界裡被扭曲的哀鳴。」

伊莉莎白・吉兒伯特在她的超級暢銷書《享受吧！一個人的旅行》中提到上帝現身的方式：「用發自我內心深處，用我自己的聲音跟我說話……只要你誠實的面對自己，上帝就會與你同在，完全展現出你的樣子。」（我可能是唯一把整本書看完的人）。

我開始檢視我們養育孩子的方式，發現道德轉變的訊號就在其中。舉例來說，早年女童軍手冊上會把自我奉獻和自我克制做為規戒，手冊上還勸說，通往幸福的主要障礙，就是太熱切期待其他人會以你為念。

一九八〇年以後，社會學者杭特（James Davison Hunter）點出社會基調已經改變的現象，《創造差異：獻給所有不分資歷的女童軍手冊》（*You Make Difference: The Handbook for Cadette and Senior Girl Scouts*）一書則告訴女童軍們要更加注意自己：「你該如何更深入自己的內心世界？你會有什麼樣的感受？……現行所有能讓你成為資深女童軍的做法，就某方面而言，也能幫助你更了解自己。……讓自己成為各種想法中的『主角』，學會用你自己看待事務的觀點，去感受、去思考、去行動。」

就連牧師的祝禱文裡也都看得到類似的道德轉變。來自於德州休士頓，當前最受歡迎的大型佈道會主講牧師歐斯汀（Joel Osteen）曾寫道：「上帝並不打算把你造成凡夫俗子。」他在著作《活出全新的你》（*Become a Better You*）中提到：「上帝希望能把你造得卓越非凡，讓你能夠在這個世代留下印記。……開始（相信）吧：『我是被揀選的，是與眾不同的，注定要活在勝利的光環中。』」

謙遜的道路

幾年時間過去了，撰寫這本書的工作一直持續著，我時常回想起那一集的「統御成效」，始終無法忘懷從廣播中傳出的謙遜格調。

參與那天廣播節目的來賓都顯現出一種自我克制的美感。能夠自我克制的人，多半也是柔軟體貼、慈善和藹之人，相形之下，老愛自我吹噓的人就顯得聒噪又禁不起檢驗。謙遜可以讓你免於時時刻刻都要證明自己比較優越的負擔，驕傲自大的人就免不了要對所有事情斤斤計較——要以我為中心，要保持競爭力，更要對聲望保持飢渴的態度。在謙遜裡可以找到令人喜愛的情感，像是尊崇、友誼和感謝，坎特伯里大主教拉姆西（Michael Ramsey）曾經說過：「心懷感激，是一片不容易生成傲慢的土壤。」

透過謙遜也可以看見讓人印象深刻的智慧結晶，一如心理學家康納曼（Daniel Kahneman）曾寫過一段文字：「我們似乎能夠永遠毫無節制的輕忽自己的無知。」謙遜是曉得自己還有很多事情不知道，而且自己知道的很多事情可能來自被扭曲誤解的自覺。

這就是由謙遜而產生的智慧。法國哲學家蒙田曾說：「我們可以藉由他人的知識增廣見聞，但是他人的智慧並沒有辦法使我們變得更睿智。」因為智慧的本質並不是資訊，而是一種知道自己的確有所不知，更需要懂得如何處理自己的無知、不確定感與能力有限的道德情操。

通常被認為有智慧的人，都能在相當程度上克服人類天性中普遍存在的偏見，以及過度自信的傾向。如果採取最完整的定義，表現在智識上的謙遜，形同超脫自我卻又能一針見血的自覺能力——從青少年階段，開始巨細靡遺的觀察自己的人生，然後用更廣闊的視角把一生中的所見所聞揮灑在生命的畫布上，不論是你的長處或弱點、你的人際互動關係，還是你在浩瀚歷史中所扮演的角色。

最後不得不提謙遜在道德層面給人印象最深刻的部分。每個年代都有偏好的自我修持方式，對於建立人格與內涵也有不同做法。以廣播節目「統御成效」的參與者為例，他們盡心避免自己展現某些最不吸引人的特質，像是傲慢、自得意滿、洋洋得意等。

現代社會中，很多人會把人生比喻成一趟旅程，於外在世界優游，設法出人頭地的一趟旅程。當我們試圖要做些改變，或是想要讓生命富有意義時，通常只會想到外在的成就——做出一番能夠改變世界的作為，創立一家成功的企業，或是幫自己所屬社群做點什麼事。

真正謙遜的人也會用旅程描述人生，只是他們採用不同的比喻方式，把人生視為內在世界的旅程。他們把人生旅程描述成自我對抗的過程，偏向認定每個人的內心深處是分裂的，一方面擁有華麗的天賦，另一方面帶有嚴重的缺陷，亦即每個人都有一定的才能和一定的弱點。如果習慣性落入因循怠惰的誘惑，不思起身對抗自身缺陷，就會逐漸敗壞自己內在核心的一部分，再也無法如我們所預期的發自內心成為好人，反而墜入無止境的深淵裡。

對這樣的人來說，扮演好外在世界的角色、奮發向上固然重要，但是對抗內在世界的自我缺陷更是人生的重頭戲。高人氣牧師佛斯迪克（Harry Emerson Fosdick）在一九四三年的著作《做一個真正的人》（*On Being a Real Person*）裡提到：「不要虛度此生，就從展開自我對抗的那一刻開始。」

真正謙遜的人會盡全力強化自身的優點並克服弱點，甚至設法扭轉原本的缺陷。他們會從確實掌握自身天性上的缺點開始做起。我們最基本的問題就是太以自我為中心，一如知名作家華萊士（David Foster Wallace）於二〇〇五年在凱尼恩學院畢業典禮致詞中的精采描述：

根據我自己當下的各種經驗，我深信，自己無疑是全宇宙的中心，是最真實、最生動，當然也是最重要的存在。我們很少從這個角度思考人性，因為基本上，以自我為中心的想法有違社會善良風俗，然而這一點卻是放諸四海皆準，少有例外。這是我們最原始的設定，打從出生那一刻就形影不離。想想看：你可曾有過自己不是一切中心的體驗？你感受到的世界，不是在你眼前就是在你身後，或是在你左右，在你家電視和電腦螢幕上，例子多到講不完。其他人的想法或感受，都得透過某些方式才能跟你交流，但是你自己的想法與感受，卻是瞬間、即刻、真真實實，只屬於你自己。

以自我為中心會導致一些不幸的後果，比方說想要把其他人當工具以遂行己願的自私心態，或是想要把自己看得比其他人還要優秀的傲慢心態。你可能因此忽略、合理化自己的不完美，同時又過度膨脹自己的品行。一生當中，有很多人常常彼此互相較勁，然後發現自己總是比其他人勝出那麼一些些，比較有品德、判斷得更準確、擁有更好的品味……等。我們經常企求這樣的自我肯定，到頭來卻痛苦發現，我們以為自己掙來的優越感，竟然禁不起一丁點冷嘲熱諷。

人的天性中，還有些乖戾性格會讓我們錯置各種情感應有的順位。我們都會愛上好幾種不同的事物：友情、家庭、知名度、故鄉、金錢……諸如此類，而且每個人都清楚，熱愛某些事物的程度應該高於對其他事物的感受，我甚至懷疑每個人的情感位階應該大同小異。我們都知道，對於孩子或是父母親的感情應該高於對金錢的渴望，我們也知道追求真理應該比追求名聲更重要，即便是在這個相對、多元的年代裡，我們心目中的道德階層仍舊是大家共同享有的價值觀，至少大部分的時候是如此。

但是我們卻經常弄錯情感的位階。如果有人私下告訴你一些事，結果你在晚宴聚會中把這件事當成精采的八卦大肆宣揚，這就表示你把出名看得比友誼還重要；如果你在會議中說的比聽的還多，那就表示你認為譁眾取寵比沉潛學習和團隊精神來得重要。我們無時無刻都在重蹈覆轍。

對自我天性保持謙遜的人也可以說是現實的道德主義者。現實的道德主義者認為每個人都發軔於「曲木人性」，出自哲學家康德的名言：「以曲木人性做為出發點，就再也沒有什麼事情是天經地義的。」認同「曲木人性」學派的人會坦然接受自己的缺點，並且認為建立人格的方式就是不斷對抗自己的弱點。入世的修士作家牟敦（Thomas Merton）曾寫道：「靈魂的鍛鍊就像運動員需要旗鼓相當的對手，逼使他們顯現所有能力，尋求突破與超越。」

你可以在這些人的日常生活中，看到他們內在世界的意識對抗，當他們能夠勝過自私自利及鐵石心腸，即便一點小小的成果也能讓他們雀躍不已；一旦哪天因為懶散和疲倦而規避做善事，沒對需要關懷的人伸出援手，他們就會對自己的怠惰感到沮喪。他們比較會把自己的人生當成一趟追尋道德的旅程，就好像英國記者費爾利（Henry Fairlie）說過的：「如果我們承認人性本惡，而且永遠無法徹底根絕這種天性的話，那麼我們起碼還有些功課要做，才不會讓人生最終成為毫無希望的荒謬鬧劇。」

我有個朋友，每晚睡前都會花點時間檢視當天所犯的錯誤。追根究柢，他各種向外擴張的罪行都源自於內心深處某種程度的鐵石心腸——他事業繁忙，很多人需要占用他的時間，而當某些人尋求他的專業建議時，他可能人在心不在，甚至顯露出不耐煩的神情。此外，他往往會更在意給對方一個好印象，而不是深入傾聽對方說話的內容；會議進行時，他會花更多時間思考如何讓自己看起來更出色，而對其他與會者的言談內容置若罔聞；又或者他奉承別人的話語顯得太過言不由衷。

他每晚都會把犯下的錯誤分門別類，區別出最主要的罪行和其他連帶產生的過失，想出一套辦法，讓自己可以在隔天做出改善。隔天，他會用不一樣的眼神看待其他人，多付出一點耐心；把關懷擺在聲望之前，重新調整重要性的順序。讓明天比今天過得更符合道德規範，是每個人的道德義務；在這個人生最重要的領域中，就算再如何寸步難行，他也會要求自己每天都要設法往前推進。

用這種方式過日子的人，相信人格既不是與生俱來，也不是自動完成的。你必須努力、講究的建立自己的人格，除非你願意付出代價對抗自己的劣根性，否則不可能成為想像中的好人，甚至可以說，除非你能打造一個健全的道德基礎，否則你所追求的外在成就都將化做過往雲煙。如果你的內在不正直，到最後，見不得人的醜聞、為了利益而失去原則的情況將接踵而來——亞當一號終究還是沒辦法離開亞當二號而活。

或許你已經注意到我在前面幾段使用「對抗」、「奮鬥」這樣的字眼，但是如果把對抗內在弱點的道德努力當成是在戰場或擂台上的死命掙扎（滿是破壞性的軍事衝突或是拳拳到肉的暴力攻擊），那可就是誤會一場了。現實的道德主義者會有堅毅不屈的時刻，像是面對邪惡時的毫不妥協，或以高度自律克制欲望的時候。不過嚴苛、困頓並不是建立人格的唯一方式，你也可以用關愛、愉悅的軟性態度建立人格。如果你能和善良的人建立深厚友誼，就可以仿效他們最優秀的特質，加以內化並建立人格。當你深愛某人，你會希望為之效勞，贏得對方的重視；當你體會到偉大的境界，你的情感也將隨之更加豐富。一旦你願意為某些原因奉獻犧牲，你的欲望將因此昇華，並讓你重新取得前進的動力。

再者，對抗內在的弱點絕對不是讓你孤伶伶的面對一切。沒有人能夠光靠自己就實現自我修持，不論是個人的意志、理性的思維、慈悲的心懷還是獨立的人格，這些都沒有強大到一次又一次擊退自私、傲慢、貪婪和自欺欺人的誘惑，每個人都需要外界伸出援手，可能來自於家庭、朋友、祖訓、規範、體制或榜樣，對於信徒而言，需要的是上帝的指引。我們都需要他人在我們犯錯時提出糾正，規勸我們怎樣做才對，並且在一路上支持鼓勵、互相合作，刺激我們不間斷的奮發向上。

從這個角度看到的人生也帶有回歸人本的意涵。不論你是在華爾街上班，或是替慈善機構發放藥品救濟窮人，也不論你的收入是在所得分布的頂端或底端，在各種不同生活圈裡都會有英雄和凡夫俗子，你究竟願不願意投身砥礪自我的道德對抗，才是最重要的；你究竟願不願意在這場對抗中全力以赴（且帶著愉悅又慈悲的心懷），才是最重要的。引用費爾利的說法：「再怎麼說，只要我們願意承認人性本惡，知道這是一場屬於個人的戰爭，我們就有機會像個勇士一樣，帶著勇氣、熱情及一抹微笑，投入戰場。」亞當一號功成名就的方式是贏過其他競爭對手，而亞當二號建立人格的方式，則是克服人性弱點。

走過蔭谷

儘管本書裡每位主角的人生故事不盡相同，他們都是塑造人格的好榜樣。他們都有過相同經歷：懂得放下，才會有收穫；必先走入謙遜的幽谷，才能成為擁有崇高品格的人。

在追尋品格的道路上，我們經常需要面對道德危機、自我衝突後再療癒的轉折過程，也就是在面對嚴酷考驗時，更能頓悟明心見性的道理。日常生活之中，爾虞我詐、自以為是的幻想多麼的腐蝕人心，如果仍抱持突破的希望，就必須謙卑的面對自我意識。就像愛麗絲要把自己縮小，才能進入仙境探險，也如同丹麥哲學與神學家齊克果所說：「唯有自願進入地獄的人，才有辦法拯救摯愛。」

所幸，之後的境界會愈來愈美。他們在謙遜的幽谷中學會放空自己，如此才能看清楚世界的樣貌，唯有放空才能了解其他人，接受其他人對待自己的各種方式。

清空自己，才能有更多空間讓恩典流入。他們發現以前不曾預料到的貴人對自己伸出援手，發現其他人用之前無從想像的方式了解並關心自己，發現自己得到的關愛超出應得的。他們再也不用刻意耀武揚威，因為總是會有其他人願意伸出雙手支持他們。

不用多久，穿越謙遜幽谷的人，就會發現自己又回到了充滿歡欣與應許的土地。他們會一如往常的投入工作，結交新朋友，建立新的感情；他們會明瞭（儘管有些不可置信）自己從考驗開始的那一刻起，往前超越了多遠。他們回過頭會發現身後留下漫長的足跡，他們並不是因為這個過程而得救，卻是因此而變得有所不同。他們會聽見冥冥中的召喚，向自己許下要長期嚴守戒律的約定，只要能替生命找到意義，即便投身百無聊賴的苦差事也甘之如飴。

這個過程的每個階段都會在他們的靈魂裡留下痕跡，這些經驗將重新塑造他們的內在核心，產生更強的內聚力，提供更穩固的依靠。人格健全的人可能是眾所矚目的焦點，也有可能默默無聞，但是他們都會帶有一定程度的自重。

自重的意義和自信、自尊略有不同，自重的心態既與智商無關，也與任何能讓你進入知名學府的生、心理天賦無關。自重並不是比較競爭後的結果，不是建立在某些贏過他人的基礎上，而是建立在超越過去的自我、在於面臨考驗時變得更值得信賴，以及面對誘惑時更加公正不阿。凡是在道德上更禁得起檢驗的人，就會產生自重的心態，它需要的是戰勝自我的內在，與一切外物無涉。只要一個人可以忍受內心深處的誘惑，能夠對抗自己的弱點，採取「好吧，就算情況更加惡化，我還是可以度過難關，克服一切考驗」，如此心態，就是一個自重的人。

以上所描述的過程可以發生得驚天動地。人生當中不乏面臨巨大考驗的時刻，能讓人蛻變的考驗要不造就你，要不毀了你。這樣的過程也有可能發生在日常生活中，成為漸進式的調整。每一天，我們都有機會察覺各種無心之過，我們可以見不賢而內自省，也可以主動修正自己的過錯。不論是戲劇化的轉變，或不斷日起有功，都是建立人格的方式。

「統御成效」節目裡呈現的不只是一種美學或風格，每當我愈是仔細觀察那個年代，愈覺得那是一處擁有不同道德價值觀的國度。我開始用不同的觀點看待人性，重新定義什麼才是人生中重要的事情，採用不同的方式讓生活變得更有理想、更有內涵。我不曉得那個年代有多少人奉行這些不同於現代的道德觀，但確實有些人能夠身體力行，在下對這些人的崇敬筆墨難以形容。

基本上，我還是相信我們是在無意間才把傳統道德規範拋諸腦後。在過去的幾十年內，雖然我們失去談論道德的語言，不再用道德觀擘畫人生，但是我們並沒有為非作歹，只是拙於用言辭加以表達而已。跟其他年代的人相比，我們並沒有變得更自私自利，也沒有變得更貪婪腐敗，只是不再懂得如何建立人格。從「曲木人性」延伸出的道德傳統——其基礎是意識到我們的原罪、願意和原罪相互對抗——是世世代代遞嬗的遺產，能夠讓我們更清楚該如何培育讓人歌頌的美德，如何讓天性中的亞當二號充分發展。如果我們失去了道德規範，現代文化必然變得更加膚淺，特別是在道德領域中。

現代人最根深柢固的誤解，就是相信只要擁有亞當一號帶來的成就感，便能讓我們沉浸在深深的滿足中，這當然是不對的。因為亞當一號的欲望永無止境，無論剛達成多了不起的成就，亞當一號都會迫不及待的望向下一個目標。亞當一號想要追求快樂，而亞當二號知道光是快樂還不夠，出於道德觀的喜悅才是最終極的喜悅。我將試著透過以下各章內容講述真實的人生範例，說明這樣的人生為何值得效法。我們不能、也不應該妄想回到從前，但還是可以重拾道德傳統，再次學會健全人格所使用的詞彙，將之融入生命過程之中。

打造亞當二號不能光靠說明書，無法依循特定步驟按部就班就能功德圓滿，但是我們可以沉浸在其他傑出人士的生命故事裡，試著理解他們的人生智慧。希望你也能夠在接下來你認為重要的章節中獲得啟發；就算你看重的篇章與我所看重的不太一樣，我還是盼望你我都能透過接下來九章的內容，一點一滴提升自我的修持。

02 服膺使命

現在，曼哈頓下城區華盛頓廣場公園周遭，被紐約大學、昂貴的公寓住宅，以及各種高檔精品店環繞著。若把時間拉回到一九一一年，我們只能在現今公園的北邊看見一些典雅的房子，公園的東、南兩側則是工廠林立，吸引以猶太裔及義大利裔為主的年輕移民工進駐。其中一棟宅邸的主人是諾里夫人（Mrs. Gordon Norrie），她不但熱中於慈善事業，同時也是《美國獨立宣言》其中兩位簽署人的後裔。

那一年的三月二十五日，原本和一群朋友悠閒茶敘的諾里夫人，聽到戶外傳來騷動的聲音，其中一位朋友是三十一歲、來自緬因州傳統中產階級家庭的弗朗西絲·珀金斯（Frances Perkins）。珀金斯的先祖也和獨立戰爭有些關係，她就讀於曼荷蓮女子學院，之後在紐約消費者聯盟工作，專門負責禁用童工的遊說工作。珀金斯說話時帶有上流社會的口音，與她受過良好教養的身分相符，就好像早年馬克思兄弟（Marx Brothers）經典電影裡的女明星瑪格麗特·杜蒙，或是哈維爾三世夫人（Mrs. Thurston Howell III），「a」的發音又長又平，「r」的發音很短促，還會刻意用圓唇發出母音。

男管家跑來告訴大家，說廣場附近失火了。茶敘中的女士紛紛跑去看，珀金斯也撩起裙襬快步跟上，一夥人就這樣直抵「三角女裝襯衫成衣廠」（Triangle Shirtwaist Factory）。這是美國史上最重大的火災之一，珀金斯看見八、九、十樓都竄著火舌，好幾十位公司員工擠在打開的窗戶邊，包含珀金斯在內，大樓底下觀望的群眾個個都一臉驚恐。

有些人以為自己看見成捆的紡織品陸續被從窗戶往外扔，心想大概是工廠老闆只能這樣搶救最貴重的物資。隨著從窗戶掉下來的東西愈來愈多，眾人才發覺，掉下來的可不是紡織品，而是一個個活生生、奮不顧身往外跳的人。珀金斯事後回憶道：「我們抵達現場時，樓上的人開始往外跳。他們之前已經站在窗台一段時間了，直到後頭愈來愈多人擠了上來。火勢愈演愈烈，濃煙也很快逼近他們。」

她接著回憶道：「那些人開始往下跳。窗戶旁邊已經擁擠不堪，他們只能往外跳，一個個都摔在人行道上，無一生還。每個跳出窗外的人都摔死了，那畫面真是恐怖到了極點。」

消防隊員在大樓下方拉起救生網，但是人從那麼高的樓層下墜的力道實在太大，使得有些消防隊員手中的網子被扯掉，有些網子甚至被掉下來的人體給弄破了。有位女士見狀，急忙把皮包裡所有東西清空、把所有一切都丟給路人後，這才往外跳下去。

珀金斯和其他圍觀路人對著他們大吼：「別跳了！救援馬上就到了！」可惜並沒有。他們身後的火勢愈燒愈旺，迫使四十七個人最終選擇跳樓自殺。

有一位年輕女性在跳樓前比手畫腳大聲疾呼，不過沒人聽得見她說什麼。有一位男士小心翼翼的幫另一位年輕女性攀上窗台，然後像是跳雙人芭蕾一樣把她送往大樓窗外，再放手讓她往下跳，他就這樣接連幫了第二、第三位女性，最後和第四位女性一起站在窗台上，此時年輕女子緊緊抱住他，彼此深深一吻，他才和之前一樣幫忙把女子送出窗外往下跳，下一個就輪到他自己了。這位男士跳下來時，褲子被風鼓得像是氣球一樣，大家看到他腳上穿著一雙深褐色的高級皮鞋。有一位記者描述當時的場景：「我在其他人覆上白布前看了一眼這位仁兄的神情，你可以從他臉上看出什麼叫做男子漢，他已經竭盡全力了。」

這場火災大約從下午四點四十分開始，起火原因是八樓某個人把香菸還是火柴之類的東西丟到就要送往生產線的成堆棉花上，棉花蔓延的火勢一發不可收拾。

有人跑去告訴工廠經理伯恩斯坦（Samuel Bernstein），他連忙提起身旁幾個水桶試圖滅火，結果只是杯水車薪。剪裁過的棉花猛烈易燃的程度甚至比紙還危險，更要命的是，光是八樓就堆滿了一噸左右的棉花。

伯恩斯坦把更多桶水倒往逐漸蔓延的火苗，但此時已發揮不了任何作用了。火苗接著燒到木桌，吞沒一捲又一捲的衛生紙，伯恩斯坦下令員工趕快去最近的樓梯間拉水管過來，但是打開水閥後才發現水壓不足。專門研究火災歷史的學者德雷勒（David Von Drehle）認為，伯恩斯坦在火災剛開始的三分鐘必須做出一個生死交關的決定——是要花時間滅火，還是疏散大樓內五百多位員工——結果他決定滅火，卻徒勞無功。如果把這段時間用於疏散人群的話，那一天可能就不會有人葬身火窟了。

等到伯恩斯坦終於把注意力從火焰移開後，他簡直不敢相信眼前的景象，許多八樓的女員工此時還忙著回到更衣室拿外套和包包什麼的，有些人居然忙著找登錄上下班時間的計時卡。

十樓兩家工廠的老闆總算啟動火災警報裝置，只是此時八樓早已陷入一片火海，就連十樓也岌岌可危了。

其中一位老闆哈里斯（Isaac Harris）身邊集結了一小群員工，他認為衝下樓穿越火場逃生的做法可能只是自尋死路，於是扯開喉嚨大喊：「女孩們，不如我們上屋頂吧，上屋頂去！」另一位老闆布朗克（Max Blanck）已被嚇到六神無主，他佇立在火場中呆若木雞、滿臉驚恐，雙手分別牽著一對女兒。一位帳房原本逃生時還抓著公司訂單紀錄簿不放，最後也只能把所有帳冊拋諸腦後，先設法幫老闆逃生再說。

八樓大多數員工都能安全逃生，但是九樓員工沒有得到預警，直到火勢席捲而來，他們只能像受到驚嚇的魚群一樣湧向一個又一個可能的逃生出口。大樓裡有兩座電梯，但是移動速度緩慢又超載；大樓裡沒有灑水系統，火災逃生門不但荒廢已久，還設有重重障礙，好處是平常下班時可以逐一檢查員工有沒有偷東西回家。

工廠的設計迫使員工只能從一處非常狹窄的通道離開，有些門甚至打不開。陷入火場的員工根本無法掌握充分資訊，只能在火焰、濃煙和恐懼不停蔓延的環境底下，孤注一擲做出生死交關的決定。

當聽到有人大喊「失火了」，尼爾森（Ida Nelson）、韋納（Katie Weiner）和蘭斯納（Fanny Lansner）三位女士正在更衣室裡。尼爾森隨即衝往樓梯間，而衝向電梯的韋納眼睜睜看著它緩緩下降離去，便回過頭闖出一條通道直奔屋頂；蘭斯納選擇的逃生路線跟她們兩人不同，不幸命喪火窟。

布闕莉（Mary Bucelli）事後描述慌亂中只顧急忙逃出火場的情景：「我實在沒辦法一五一十告訴你，因為我只能卯起來又推又踹，當然我也被踢回來；不管碰到誰，我只能把他們甩在後頭，」她指的是火場裡其他同事，「我只顧自己逃命……那時一切都很混亂，你得先搞清楚自己什麼也看不見……其實是你會看到一大堆東西，但你根本分不清那是什麼。情況混亂加上推擠，根本沒機會搞清楚任何事情。」

布瑞曼（Joseph Brenman）是工廠裡少數的男性，火災發生時，有一堆女性員工擠在他和電梯之間，不過這些女同事個頭比他小，很多人也已經有氣無力的，因此他輕易從人群中替自己開出一條通道，幸運搭上電梯逃生。

其實那天消防隊很快就趕到現場，但是雲梯高度卻搆不著八樓，連水柱也只能勉強達到那個高度，把大樓外牆噴溼而已。

恥辱

「三角女裝襯衫成衣廠」付之一炬的恐怖經歷，讓紐約這座城市蒙上了陰影，民眾不只對工廠老闆們感到憤怒，內心深處似乎也覺得有些愧疚。

一九〇九年，來自俄羅斯的年輕移民史奈德曼（Rose Schneiderman）曾經領導包括「三角女裝襯衫成衣廠」在內的紡織業女性員工發動罷工，訴求重點恰巧就是與火災相關的議題。之後，組織罷工的幹部不時被公司警衛騷擾，紐約市民也對相關議題毫不在意，和他們對待窮苦人家的態度一樣，直到這場火災讓習於自掃門前雪的市民感到愧疚，不再對生活周遭其他人惡劣的工作環境漠不關心，這才引燃了社會大眾心中的怒火。「我沒辦法告訴你為什麼到處都有憤恨不平的群眾，」珀金斯回憶道，「感覺就好像我們每個人都犯了錯；這場災難其實是可以避免的，我們每個人都感到愧疚。總之，都是我們的錯！」

之後舉行了一場大型追思遊行，接著是擴大舉辦的檢討會，邀集了紐約市各界代表人物與會。做為消費者聯盟代表的珀金斯也在台上，而史奈德曼慷慨激昂的對大家說：「如果我只是來這邊講些好聽的場面話，那就等於背叛那些被燒成焦屍的可憐罹難者。我曾試著跟你們好好說，做好公關，當個好人，卻發現你們只想粉飾太平！

「古代宗教法庭有拷問台、手指夾、鐵撬等各種折磨人的刑具。如今我們知道這些東西已經現代化了：鐵撬是工作上的必需品，手指夾就像是緊鄰著工作場所的高壓高速運轉機器，拷問台就是火場裡讓人寸步難行的各種物品，一旦著火就能致人於死……

「我們早就試過了，這場檢討會試著告訴各位，你們可以捐很多錢給那些受難者的母親和兄弟姊妹，就當做善事。但是每一次這些勞動者用他們唯一知道的方式對抗令人無法忍受的工作環境時，法律體系只會展現鐵腕重重打壓……。我再也無法心平氣和的面對在場所有人，我們付出的血淚代價已經太沉重了！」

這場餘波盪漾的火災事件在珀金斯心裡留下無法抹滅的烙印。在此之前，她一直以貧苦代言人的身分遊說提升勞工權益；她的成長過程一直遵循著制式軌跡，和門當戶對的對象成婚，甚至可以說她的人生不折不扣展現上流社會的精心傑作。

這場火災過後，她把原本的工作昇華成使命，而義憤填膺的道德情感終究讓她踏上一條不同的道路，她已不再以自我意識和個人夢想為重，追求使命反而成為她人生中最重要的事；她所屬階級的優越感不再，且她再也無法忍受用高高在上的姿態幫助窮人的做法，受不了上流社會動輒大驚小怪、不想弄髒雙手、只要愛惜羽毛的心態。珀金斯決定硬起來，投身粗暴翻騰的政治角力工作，如果能夠避免如降臨在「三角女裝襯衫成衣廠」不幸女工身上的類似重大災難，就算是要採取有道德爭議的作為也在所不惜。只要能夠有效預防，她甚至願意和貪汙腐敗的政府官員達成協議，這也成為她往後信奉的教條。

接受召喚

如今畢業典禮致詞人都會鼓勵畢業生順著自己的熱情發展，相信自己的感覺，從嘗試、反思中找出人生目的。不過，隱藏在這套說詞背後，是假設我們在搜尋人生道路的方向時，最重要的指引就在我們內心深處。在這種思考脈絡下，當年輕的你剛要進入成人世界時，應該先靜下來花點時間釐清自己的性向，界定你人生中最重要的項目，並排定各種目標的先後順序，找出何者最能帶動你內心深處的熱情所在。換句話說，你應該要能好好回答以下問題：什麼是你人生的目標？你希望從人生當中獲得什麼？什麼才是你真正看重，而不是用來取悅他人、讓他人留下印象的事物？

透過這樣的思考模式，就可以把人生當成企劃書好好準備。首先，你要先盡力充實自己的各種才能和興趣，然後設定好人生的目標和評估機制，讓自己能一步一腳印築夢踏實。接下來，你要設法找出實現目標的方法，區分哪些事情可以真正幫助你朝目標前進，哪些事情只是表面上看起來急迫，實際上卻只是讓人分心的雜務。如果你能早早界定出具體的人生目標並靈活運用各種策略工具，恭喜你，你將擁有一段意義非凡的人生。能夠充分掌握人生方向的你，就如同英國詩人威廉·歐內斯特·亨利那首常被引用的詩句〈打不倒的勇者〉（*Invictus*）所描述的：我是我自己命運的主宰／我是我自己靈魂的統帥。

在現今這個重視個人自主權的年代，一般社會大眾都會這樣規劃人生——以個人為始，也以個人為終，從個人的自我探尋為出發點，最終實現的仍是個人的自我實現。這樣的人生是由一連串個人的抉擇所組成，而珀金斯卻用不一樣的方式找到人生目的，一種以往比較常見、不需要回答「我希望從人生中獲得什麼？」的方法。她回應其他不同的問題：我這一生需要完成什麼？所處環境賦予我的任務是什麼？

在這種觀念引導下，我們並非創造人生，而是被人生召喚；人生最重要的事項並非存在於內心深處，而是在於外在世界。這種觀點的出發點不是個人內在的自主權，而是自己在命運安排下所置身的外在現實環境。這種觀點的出發點認為我們要意識到個人壽命相對於外在世界的歷史長河根本微不足道，而且短暫的人生也擺脫不了機會命運和歷史沿革的擺布，或是會被上帝指派去某個需要你的地方解決某些問題，所以你要探索的人生課題如下：置身的環境中還需要補上什麼東西才能圓滿？有哪些地方需要修正？需要實踐哪些待處理的工作項目？小說家布赫納（Frederick Buechner）說得好：「什麼時候，我的才能和最由衷的喜悅能夠跟世上最迫切的需要相互呼應？」

弗蘭克（Viktor Frankl）在他一九四六年的名著《活出意義來》中提過這種接受召喚的情形。猶太裔的弗蘭克是出生在維也納的精神疾病專家，他在一九四二年被納粹圍捕，先被送往猶太人集中區，再被輾轉送往好幾個不同的集中營，他的太太、母親和兄弟都在集中營裡遇害。被監禁在集中營的弗蘭克成天到晚都在鋪鐵軌，這當然不是他的人生規畫，也不是他心之所嚮，更不是他的夢想；如果他能夠追尋內心的呼喚，這絕不是他會從事的工作，這只是他人生中無法迴避的考驗。弗蘭克因此領悟出一個道理：最後能夠達成什麼樣的人生，端看自己用何種心態面對所處的外在環境而定。

弗蘭克在書裡寫著：「我們希望從生命中得到什麼根本不重要，要緊的是生命對我們有什麼期待。我們應該停止質問生命的意義為何，並且反向思考，回應生命對我們提出的時時刻刻的考驗。」弗蘭克認為，命運把道德與思想上的課題交到他面前，這就是他必須完成的功課。

他的道德課題是承受苦難，讓這些苦難有其價值。他沒辦法逃避苦難，也不知道自己到底什麼時候會在毒氣室裡喪命，或成為路旁的一堆枯骨，他唯一能掌握的，是內在對於這些磨難的看法。納粹試圖羞辱受難者，消磨他們的人格，有些受難者對這些打擊逆來順受，有些蜷縮在過去比較愉快的回憶裡，有些則是起身對抗各種折磨，好讓自己的心性更加堅定。弗蘭克最後想通了：「我們可以戰勝這些苦難，把苦澀人生轉換成內在的勝仗。」只要能一點一滴堅持正直的行為，就算沒辦法改變外在的惡劣環境，甚至最終無法避免不幸的遭遇，受難者還是可以挺身面對種種羞辱，讓內在世界變得更為牢固。他會鍛鍊自己堅持所謂的「內在原則」——嚴格規範內心世界、捍衛自己正直人格的道德紀律。

弗蘭克表示：「如此一來，承受苦難就成為我們無須再設法逃避的工作。」當他明白這是上蒼指派的工作後，他也同時理解人生的終極目標與意義，並將這場戰爭視為考驗他能否實現人生宗旨的試煉。等到他弄清楚這些苦難的意義後，求生這件事就變得輕鬆許多，如同尼采所言：「知道自己為什麼要活下去的人，大概就能解決該如何活下去的問題。」

弗蘭克另一項任務，是把自己的處境轉換成日後能夠回饋世界的智慧，因為他擁有極難得的機會，可以設身處地深入觀察人類在最極端惡劣的環境下會有什麼反應。此外，他也能夠藉機把觀察到的心得和難友分享，如果有幸生還，他希望用餘生，和牢籠之外的世界分享這些得來不易的知識。

心血來潮時，弗蘭克會告訴難友不要輕易放棄求生意志，還要嚴守自己的內在原則。他會告訴難友要採取正向思考，多想想他們深愛的人，雖然太太、孩子、父母親或是其他親友都不在身邊，也要在心裡記住對他們的愛，和大家分享這些珍貴的情感，讓愛發出光芒。就算現實環境的重重打擊會讓我們失去愛的力量，就算我們的摯愛可能早已在其他集中營裡遭遇不測，就算摔得滿身泥濘，舉目所及只剩下死難者的屍體，我們還是可以爬起來；「在狹小牢房呼喚上帝的我，得到的卻是無垠的回應」，弗蘭克因此認為，不管外在環境有多惡劣，我們還是可以對自己所愛展現澎湃的熱情，從而更深入體會「永恆深思無盡榮光的天使即無所拘束」這句話的真義。

弗蘭克會規勸企圖自殺的難友，生命對他們仍有所期待，未來還是有些事情在等待著他們。在所有光明統統熄滅，陷入一片無止境的黑暗中時，他會告訴難友，別忘了還是有人在看顧他們，不論是朋友、太太還是其他生死未卜的人，當然也包括上帝在內，千萬別讓他們感到失望。生命，弗蘭克總結，「終極意義是承擔起為其找出正確解答的責任，好好完成不斷遞交到每個人手上的課題。」

沒有多少人體驗過那麼恐怖又極端的環境，但是每個人都能在不經意間鍛鍊自己的天賦、才能、性向和特質。人都需要對外在環境做出回應，不論面對的情境是貧窮苦難的挑戰、是對家庭的渴望，或是可以領悟某些道理的良機。這些環境的考驗，都是淬鍊自己的難得機會。

你能夠體悟到什麼樣的志業，端視你如何理解所處的外在環境，以及是否有足夠靈性能夠從中看清自己要承擔的責任。猶太法典《密西拿》記載：「你沒有義務一定要完成任務，但也不能放縱自己意志消沉到連開始動手都不願意。」

志業

弗蘭克和珀金斯都找到了人生的志業。志業跟職業不同，對一個人而言，職業代表挑一份好工作尋求發展，看重的是相對而來的財務報酬和心理上的安定感，如果某個工作或職業不適合你，換一個也就是了。

但是我們沒辦法挑選志業，因為志業的本身就是一種召喚。通常我們不會用挑選的方式感受召喚，而且除非能夠依循召喚而活，否則受到召喚的人生將變得面目全非。

有時候，召喚的根源來自於義憤。珀金斯目睹「三角女裝襯衫成衣廠」的火災慘案，義憤填膺的她不能忍受讓起因於道德缺憾的悲劇再發生一次。有些人則是從行動中感受到召喚；當一個女人從拿起吉他的那一刻起，就知道自己是一位吉他手時，她要做的並非只是彈奏它，而是要以成為一位吉他手自居。另外有些人是透過《聖經》的篇章或是從一段文學作品受到感召，史懷哲在一八九六年夏天的某個清晨讀到《聖經：馬太福音》裡的一段文字：「凡要救自己生命的，必喪掉生命；凡為我喪掉生命的，必得著生命。」他在當下感受到召喚，遂放棄原本順利朝向管風琴師發展的職業生涯，轉行開始學醫，最後成為世人熟知的叢林醫生。

擁抱志業的人獻身人權、對抗疾病、著書立說或是經營人性化的公司時，腦中想的已經不再是成本效益分析；這些人投身志業的原因不再是為了追求效用，而且會愈挫愈勇。史懷哲認為：「任何想要行善的人都不應該仰賴他人幫忙清除路上的障礙；反之，如果其他人設下重重阻礙，他還必須平靜接受這是他的宿命。唯有在面對障礙時能更堅定意志的人，才有可能成功。」

值得注意的是，這種擁抱志業的自覺和現在隨處可見的思考方式格格不入。擁抱志業並非如現代經濟學家所說的，是為了實現願望。如果你認為「幸福」就是要有好心情、有令人愉快的經驗或是免於痛苦掙扎，擁抱志業並不代表追求幸福。

擁抱志業的人會把自己當成一個能夠俐落完成眼前任務的工具，會排除萬難只為了完成任務；引用索忍尼辛（他將自己當成對抗蘇聯暴政的工具）所說：「這種想法會讓我更快樂、更有信心，可以讓我不需要為了自己而有所保留。這樣的我就像是一把劍，只需要讓自己在抨擊邪惡力量時變得更銳不可當，變成一把專門斬妖除魔的利劍。偉大的主，我祈求你，在揮向邪惡時請讓我變得無堅不摧，讓我能夠永遠聽候你的差遣。」

這並不表示擁抱志業的人多半鬱鬱寡歡，事實上，他們都會一頭栽進自己從事的工作並樂在其中。當今多以推理小說作家身分聞名的桃樂絲・榭爾絲（Dorothy L.Sayers），在生前是頗受尊敬的神學家，她曾經分析過做表面功夫和致力於工作之間的差異。她認為不論是寫小說或是做麵包，想要做表面功夫的人最終都會把工作搞砸，因為他們沒辦法全心全意投入，而致力於工作的人（意謂著想把每件工作做到至善），會因為卓越的技術展現而得到成就感，同時也會比刻意用表面功夫迎合他人獲得更高的評價。

我們可以在擁抱志業的人身上看到致力於工作的特質，和他們全神貫注的神情、強烈的肢體動作表現，比如為了讓一個組織實現卓越績效的努力。只要其所作所為符合自己所追求的價值觀，便足以讓他們感到雀躍，因此就算遭遇最艱困的日子，踏實的奇妙經歷也能夠讓他們擺脫一切的憂苦疾勞。

「三角女裝襯衫成衣廠」的火災慘案當然不是讓珀金斯找到志業的唯一事件，不過卻是最主要的原因。恐懼感在她的眼前揮之不去，使得她和很多人一樣，讓怒濤排壑般的正義感展現出更堅定的決心。問題已經不再是有那麼多人不幸罹難而已，畢竟再怎麼說，人死不能復生，重點在於這把火燒出「集體秩序上有待改善的缺陷」。每個人都應該得到普遍、無差別的對待，我們應該把每個人都當成有血有肉、活生生的個體看待，但是這項原則在不當的差別待遇之下已蕩然無存，憤怒的人自然會找到他們要投入的志業。

一絲不苟的童年時光

珀金斯在一八八〇年四月十日出生於波士頓比肯丘，她的祖先在十七世紀中葉隨著清教徒大遷徙移往美國。一開始先在麻薩諸塞州落腳，隨後再遷往緬因州，其中一位祖先歐帝斯（James Otis）是鼓吹美國獨立戰爭的英雄，另一位霍華德（Oliver Otis Howard）則是在南北戰爭期間擔任指揮作戰的將軍，戰事結束後還在華盛頓特區創辦了歷史悠久、以招收黑人學生著稱的霍華德大學。霍華德在在戰爭期間失去手臂，珀金斯十五歲時，他曾在她家住過一段時間，珀金斯順理成章成為他的專屬文書。

珀金斯家族幾世紀以來一向以務農跟製磚為生，大多數族人都居住在緬因州最大城波特蘭以東的達馬瑞斯哥塔河（Damariscotta River）一帶。珀金斯的母親蘇珊（Susan Bean Perkins）系出龐大的比恩（Bean）家族，以傳統新英格蘭方式教養女兒：儉樸、認真及無可妥協的誠實。珀金斯的父親佛瑞德（Fred Perkins）則是會在傍晚時分閱讀希臘詩集，和朋友朗誦希臘劇作。早在珀金斯七、八歲時，父親就教她希臘文的文法。珀金斯的母親是位沉穩果決又有藝術氣息的女性，珀金斯十歲的時候，母親帶她去一家賣帽子的店鋪，當時又窄又高、有羽毛和彩帶裝飾的帽子最受歡迎，但是她的母親卻挑了一頂簡約、三角造型的低冠帽給她，然後告訴她與今日普遍育兒之道大相逕庭的話。我們現在都習慣告訴孩子他們有多麼優秀，而當年的父母親卻經常讓孩子知道自己的缺點與局限，據實以告的方式如今看來似乎有點殘酷：

「喏，親愛的，這頂帽子給你，」珀金斯的母親說：「你應該多戴一些這種款式的帽子。你的臉很寬，顴骨比額頭還要寬，然後又緊接著削尖的下巴，所以你需要一頂寬度和你顴骨不相上下的帽子。千萬別挑寬度比你顴骨還要窄的帽子，要不然看起來會很可笑。」

受到全球文化的衝擊，傳統新英格蘭風格文化如今雖然已不再那麼硬邦邦，但在當年可是硬派又獨樹一幟，講究的是沉默寡言、自信自主、眾生平等與內斂的情緒。這種風格有時候會給人冷漠無情的感覺，不容易看出他們內心世界其實經常受到同理心與濃烈情感的翻攪，是標準外冷內熱的性格。新英格蘭當地的居民傾向接受自己是待罪之身的論點，敬奉上帝用戒律懲治的方式展現祂對世人的愛。新英格蘭的人工作勤奮，從不抱怨。

年輕時，珀金斯有天傍晚穿了一件新的禮服走下樓，父親只說她這樣看起來很淑女，事後珀金斯回憶道：「就算有一天我把自己打扮得漂漂亮亮……先聲明，我可不認為自己有哪一次辦到過……我父親也不會因此稱讚我，因為那也是觸犯原罪的一種形式。」

新英格蘭人還帶有融合社會保守主義與政治自由主義的特質，他們在私領域恪遵傳統，相信人溺己溺的精神並據以做為施政原則。他們認為每個人都肩負著集體的責任，有維護「穩定秩序」的義務。即使是在十八世紀中葉、新英格蘭地區還是殖民地的時候，當地居民繳稅給各級政府所適用的稅率，就比賓夕法尼亞州或維吉尼亞州的稅率高出一倍。此外，他們也非常相信教育的必要性，在過去三百五十年之中，新英格蘭地區的學校一直在美國享有執牛耳的地位，當地居民直到今日也都享有全美國受教育程度最高的評價。

信奉這些價值觀的父母親自然會讓珀金斯進入學校就讀。雖然她在校成績並不優秀，但是她天生就善於駕馭文字，光憑能言善道便足以從高中畢業，隨後在一九〇二年前往曼荷蓮女子學院就讀。當時該校的校規，或者說是那個年代普遍的校規，也和今天大不相同。現在學生的住宿規矩基本上完全不受拘束，能自由選擇要過什麼樣的生活，而當年的學生卻要遵守許多如今看起來相當可笑，為了灌輸學生服從、謙遜與尊重等美德的規則。

珀金斯進入曼荷蓮女子學院就讀時，這些跟服從有關的規定包括「大一新鮮人在學姊面前應該保持靜默以示尊敬，在校園內遇見學姊時應恭敬的行禮。直到期中考之前，大一新鮮人都不可以穿長裙禮服或梳高包頭。」珀金斯不但撐過這段動輒得咎的青澀歲月，和班上同學建立了不錯的互動關係，成為一號風雲人物，還在大四那年被選為班長。

現在的老師比較看重學生在智力上有無突出的表現，以提升教學成效，不過在一個世紀以前，老師比較注重學生在道德上的缺陷，這樣才能有改過的機會。教拉丁文的老師迪曼（Esther Van Dieman）看出珀金斯懶散的性格，知道她有得過且過的傾向，所以用緊迫盯人的方式讓珀金斯大量學習拉丁文文法，透過這種考驗培養珀金斯勤奮的那一面。她一小時接著一小時緊盯珀金斯學習，要珀金斯一字不漏的把拉丁文的動詞變化背下來，無聊又充滿挫折的課程讓珀金斯崩潰大哭，之後才體會到老師強制紀律的用意：「讓我有生以來第一次看見自己性格上的缺點。」

珀金斯對歷史、文學的課程特別感興趣，對於化學根本一竅不通，但是她的化學老師葛瑟威（Nellie Goldthwaite）卻一直要她把化學當成主科，因為如果她連最差的科目都敢當成主修科的話，日後人生的任何挑戰再也難不倒她。

葛瑟威力勸珀金斯，就算最後只能拿到不起眼的成績，也不要放棄最不拿手的科目，接受這樣建議的珀金斯便請葛瑟威擔任她的指導老師。幾年後，珀金斯在校友返校的定期聚會中對一位在校生說：「大學階段應該要專注於科學類的學科，這些科目可以讓你學會耐住性子，擁有堅定不移的意志，使它成為能夠應付各種狀況的基礎。」

曼荷蓮女子學院，是會讓學生在生命中留下永恆印記的學校。這所學校跟現代的大學不同，並不把自己視為只替學生培育亞當一號認知體系的工具；不只教學生如何思考，也不只幫學生質疑各種基本假設，而是成功展現一所大學應當扮演的廣義角色：幫助毛頭小夥子長大成人。校方會灌輸學生自律的觀念，幫助學生找出值得珍愛的新鮮事。校方讓學生知道，所謂人性就是在善與惡之間的拉鋸，生命就是在這些強大力量中的拉扯才能顯出真義，進而點燃年輕女性嚴守道德的熱情。

在校期間，學生會從十多個不同管道聽來一個道理：平凡無奇的生活或許不用經歷痛苦掙扎，但是真正活過的人生必須面對衝突與考驗，人生中最可歌可泣的階段都發生在考驗來臨時，發生在測試一個人有無道德勇氣面對阻礙與嘲弄時。願意接受考驗的人回過頭來會發現，自己的人生比追求安逸的人更顯富足。

校方還會告訴學生，通過考驗的英雄並不是滿腦子追求榮耀、只想要自我膨脹，懂得有所不為又勇於承擔艱困挑戰的人才足以稱為英雄。接下來，校方會設法磨去學生理想主義的不切實際，讓學生對一時的血氣方剛或自以為是的犧牲奉獻能夠有所警惕，強調服務人群的初衷不能只是發自內心的善念，而是基於能夠享有生命中的美好，由感恩出發的回饋。

校方會指引學生一條明確的道路，讓她們這一生能夠穩健、果敢的奉獻人群。數十年來，曼荷蓮女子學院已經讓數百位女性分別前往伊朗西北部、非洲南部的納塔爾以及西印度馬哈拉施特拉邦從事宣教與服務人群的工作，創辦人利昂（Mary Lyon）希望她的學生能夠「做沒有人願意做的工作，去沒有人願意去的地方」。

曼荷蓮女子學院在一九〇一年換了新校長伍爾蕾（Mary Woolley），她是第一批自布朗大學畢業的女性之一，是一位研究《聖經》的學者。她在《哈潑時尚》雜誌以〈女性接受大學教育的意義〉為題，宣揚該校以追求高道德標準為基調的特質。伍爾蕾主張「健全人格是教育的主要目標」，並表示「擁有健全的人格才能夠行穩致遠」。如今我們把「穩健」看成是一種優雅處世的作風，不過這個詞原本還包括堅持與取得平衡的深層意涵；「再堅固的盔甲也都找得到軟肋，缺乏這些特質會讓你原本立意良善的衝勁、高調的目標與真正的能力最後落得一事無成。」

曼荷蓮女子學院治校理念不脫神學與古典精神的影響，可以說是從聖城耶路撒冷一路教到希臘雅典，學生會從宗教倫理學到關懷與同情，再學到古希臘、羅馬時代特有的英雄主義，就算面對世上最糟糕的情況也能夠堅持屹立不搖的勇氣。

在《哈潑時尚》的投書裡，伍爾蕾引用斯多葛學派哲學家愛比克泰德的說法：「活在偉大的真理與永恆的定律中，且永遠接受理想的引導，如此讓人能夠在被世界遺棄時保有耐心，在被世人讚譽時能夠保持平靜而不自鳴得意。」直到伍爾蕾過世之前，她和珀金斯一直維持著亦師亦友的關係。

珀金斯在曼荷蓮女子學院就讀期間，也是社會福音運動發展到最高峰的時候。為了對都市化、工業化的現象做出回應，社會福音運動的領導人包括饒申布士（Walter Rauschenbusch）在內，都反對當時普遍流行貴族教會選擇獨善其身、將宗教活動私有化的做法，除此之外，饒申布士還主張教會應該要主動教化每個人內心深處的原罪，甚至是超越個人層級的罪行，亦即會帶來壓迫與苦難的邪惡制度或社會結構。

社會福音運動的領導人鼓勵追隨者為社會改革盡一份心力，藉以檢驗、純化自己的靈魂。他們認為真正信奉上帝的基督徒不應該只是在禱告與懺悔中孑然一身，而是應該用生命做出奉獻犧牲，用實際行動關懷不幸的人，並參與更大型的改革運動，共同修復上帝在人間建立的王國。

身為班長的珀金斯為班上同學挑選了一句格言：「你們要堅定。」珀金斯在全班最後一次禱告會上為大家朗讀這段選自《哥林多前書》的經文：「所以，我親愛的弟兄們，你們要堅固，不可搖動，常常竭力多做主工；因為知道，你們的勞苦在主裡面不是徒然的。」

或許是因為性別，也或許是因為身高的緣故，珀金斯一向習慣看輕自己，但是曼荷蓮女子學院卻讓她們體會自己也能做出一番事業的道理，只是這個教導過程看起來有點諷刺。校方的教法不是告訴女學生她們有多麼不平凡，絕對夠資格成為一位英雄，而是強迫她們面對與生俱來的弱點，先讓她們自慚形穢，然後再告訴她們如何奮起掙開枷鎖。

剛來到曼荷蓮女子學院的珀金斯，是位能言善道、嬌小玲瓏的甜姊兒，畢業的時候，卻已經成為一個堅強的人，做好準備即刻投身奉獻的工作。原本出身自中產階級的狹隘世界顯然不再適合她了。當珀金斯的母親前往曼荷蓮女子學院參加女兒的畢業典禮時，她在言談中透露出些許無奈：「我幾乎都認不出她是我的女兒了。我不曉得發生了什麼事，但是她已經變成一個我不認識的陌生人了。」

溫柔而堅定

珀金斯知道自己想要擁有英雄般的人生，而她在畢業後花了不少時間才找到自己的定位。做為社工，她的經驗太少，所以相關機構不會聘請她；她想要前往伊利諾州森林湖（Lake Forest）一帶的上流女子學校申請教職，但是這份工作相當乏味。最後她成為芝加哥都會區的通勤族，在赫爾館（Hull House）任職。

赫爾館是由珍．亞當斯（Jane Addams）等人共同創辦的安置所，在當時引領美國的社會改革運動。其宗旨是提供女性更多樣服務性質的職涯選項，讓富裕社會的資源可以挹注到窮人手上，重新打造因為工業化而被破壞殆盡的社區意識。赫爾館沿襲倫敦湯恩比館（Toynbee Hall）的經營模式，由優渥的學界人士和貧苦階級一起組織勸募活動，讓後者以後也能比照相同的模式進行互助。

在赫爾館，富裕的女性被安排和窮人與勞動階級住在一起，根據不同的計畫擔任諮商師、助理或是顧問的角色，設法改善他們的生活。這裡不但提供就業訓練、幼兒托育與存款融資的服務，就連英語課或藝術課程也都包含在內。

有關心靈的課題多麼難以言述，於是我們現在有時候會把社區服務做為內在修練的一環。不久前我詢問一所頗負聲望的大學預校負責人如何教導學生有關人格的課題，她用細數該校學生花多少鐘點參與社區服務的方式評估。我的意思是，當我詢問她內在課題，卻只能以外在評鑑的方式得到答案，意謂在她的預設中，只要學生能夠離開學校去擔任窮人家小孩的家教，就可以靠自己的力量成為一個好人。

現代社會就是這麼一回事。現在雖然有很多人非常在意道德與利他精神，卻不知道該如何理解道德課題，只能改以資源配置的方法來取代真正的道德課題：要如何才能夠把服務提供給最多數的人？要怎樣才能發揮影響力？當然也不乏更難堪的問題，像是：要怎樣才能運用我完美的人生去協助那些不幸的人？

赫爾館的氣氛完全不同，負責組織工作的人有一套關於建立人格的特殊理論，不但適用於協助窮人的人，對於窮人本身也一樣受用。亞當斯和很多與她同時期的人物一樣，一方面將自己奉獻給需要的人，另一方面卻也對憐憫之心抱持著懷疑態度，尤其無法理解沒有具體行動的憐憫是怎麼一回事，不知道為何對窮人抱持同情態度的人會拿不出具體的成果；不過，如果有錢人因為從事社區服務就自我感覺良好，這種情緒也是亞當斯無法接受的汙點，一如十九世紀美國小說家霍桑所說：「慈善與傲慢是一對雙胞胎。」亞當斯無法容忍從事服務的人有一絲一毫把自己置於服務對象之上的想法。

就跟所有順利提供捐助物資的機構一樣，亞當斯希望所有職員都能樂在工作，愛上提供服務的感覺。同時她也希望所有職員時時刻刻檢驗自己，是否流露出高人一等的優越感，隨時警惕自己不能作如是觀。在赫爾館任職的社工人員都被要求要自視卑微，在調查每個人到底需要什麼的時候，既要保持同理心，也要耐心仔細比對各項資料，以提供更務實的建議。他們的所作所為就跟現代的管理顧問沒多大差異——調查各種選項，友善提供建議，但是絕對不可以讓自己的意見凌駕對方的想法。最重要的是，要讓窮困的人可以有機會決定自己的人生，而不是變成一切仰仗他人的依賴者。

亞當斯注意到一項至今依然很常見的現象：很多剛畢業的年輕學子都活力充沛得讓人印象深刻，可是只要年過三十，就會變成麻木不仁、目空一切的人，再也不把理想當回事。亞當斯在回憶錄《我在赫爾館二十年》（*Twenty Years at Hull House*）裡寫著，學校都會教學生要有自我犧牲、放下自我的道理，要把追求美好社會的目標放在自我滿足之上；可是畢業以後，現實社會卻告訴他們要學會替自己打算，趕快完成終身大事，成家之後就等著立業。年輕女性基本上都被要求放棄夢想，要任勞任怨，吃苦當吃補。

引用亞當斯的說法：「女孩的人生因此失去某些天賦的泉源，被局限的她們並不快樂，然而她們的長輩卻沒意識到問題的嚴重性，社會大眾都共同為這場悲劇埋下了種子。」在亞當斯眼中，赫爾館不只是幫助窮人的場所，更是讓有錢人為高貴志業有所付出的地方，她說：「善行的成果最終還是會回報給做善事的人。」

珀金斯幾乎把所有時間都花在赫爾館，一開始會在週末駐守，後來待的時間愈來愈長，直到離開赫爾館，珀金斯已經領略運用科學做事的心法——一定要先能掌握資料。

她學會調查導致貧困產生的原因，也更有勇氣去克服困難，比如她接下來在費城一個由赫爾館前社工創辦的單位服務，當地有些冒牌的職業介紹所會拉攏移民女工入住寄宿公寓，然後不時用餵藥或強迫的方式逼她們賣淫，珀金斯大膽用求職者的身分親自接觸一百一十一個這樣的場所，和皮條客當面槓上。

累積相當的工作經驗後，珀金斯在一九〇九年前往紐約加入凱利（Florence Kelley）所主持的全國消費者聯盟。

凱利本身也是見義勇為的英雄人物，她帶給珀金斯不少啟發。珀金斯日後筆下所描述的凱利是「性烈如火、剛毅果決，絕非聖者溫文形象的人。但是她不論在工作或私底下都像一位傳教士，沒有什麼是不能犧牲奉獻的，也沒有什麼叫做已經盡了全力。她是個情感充沛、信仰虔誠的女人，只是她的表達方式通常有別於傳統。」當時在消費者聯盟任職的珀金斯主要從事禁止童工與其他虐待勞工的法案遊說工作。

待在紐約的珀金斯也愛上了在格林威治村的一群浪子，像是之後參與俄羅斯革命運動的瑞德（Jack Reed），曾經半開玩笑、半認真向她求婚的小說家路易斯（Sinclair Lewis），還有曾倡導非主流文化、日後卻因為參與紐約市都市規畫而聲名大噪的摩斯（Robert Moses）。

心事誰能知

一路上，珀金斯每走一步都會面對更艱困的挑戰，就連在曼荷蓮女子學院或是在赫爾館都不例外，可是這些都讓她變得更理想主義，更熱切追求自己的使命。「三角女裝襯衫成衣廠」這場大火則是讓她在上述兩方面都有更長足的進展。

美國駐聯合國大使鮑爾（Samantha Power）特別注意到，有些人在推動理念時，會有「賭一把」的現象，意思是他們決策時會不惜賭上自己的聲望和地位。身為代言人是促使他們熱烈推動理念的一部分原因，此外，他們也希望自己投入的情感、個人的認同與榮耀禁得起時間考驗。這場大火讓珀金斯開始採取「賭一把」的作風，她前往紐約州首府奧爾巴尼遊說州議員制定勞工安全相關的法案，不在乎其他人如何看待自己出身紐約上流社會階級的眼光，也對進步主義潔癖式的政治運作感到無法恭維——只要能夠在政策上有所進展，她都會不由分說的達成協議。

帶領珀金斯推動法案的史密斯（Al Smith）是紐約政壇的明日之星，他告訴珀金斯，附庸風雅的進步派人士不用多久就會對所有理念興趣缺缺，如果想要促成真正的改變，就必須和現實投機的州議員、庸俗不堪的政客合作。走上這條路必須務實，要放下自己對理念純度與否的個人堅持。珀金斯學會這個道理，知道在這個不完美的世界裡，反而是那些「不單純」的人能夠幫忙完成最貼近理想的好事。她在奧爾巴尼開始和經常出入坦慕尼協會（Tammany Hall）進行政治協商的成員愈走愈近。在此之前，她雖然也曾經去過該協會總部，但是那邊的氣氛卻讓彬彬有禮的她感到有點恐怖。

珀金斯在奧爾巴尼也學會如何和年長者應對。有一次她站在州議會大樓的電梯旁，小個頭、其貌不揚的議員佛勞利（Hugh Frawley）恰好從電梯走出來，嘴巴嘟囔著檯面下協商時所達成的機密協議，還向她抱怨自己被迫去執行一些見不得光的工作，他最後自怨自艾的向珀金斯吐了一句：「你也知道，這在我老媽面前可沒辦法交代。」

珀金斯有一個資料夾，名稱是「男人心事的點點滴滴」，這段經歷當然也收錄其中，對她的政治教育發揮相當大的影響力。「這讓我知道男人容易把政壇上遇見的女性跟自己的母親聯想在一起。他們信任並尊重自己的母親，百分之九十九的人都是這樣，既原始且自然。我告訴自己：『讓我善用這個優點，言談舉止和穿著打扮都能讓對方在無意識間聯想到母親。』」

當時珀金斯三十三歲，稱不上漂亮，卻也算得上是活潑可愛。在那次不期而遇之前，她大致會遵循一般標準的穿著打扮，從此之後，她開始把自己裝扮成像是一位母親，經常穿著黑色禮服，並在頸部繫上一條白色領巾，戴上珍珠項鍊和三角帽，言談之間流露出母親的威嚴。媒體記者注意到她的改變，順勢把她封為帶領六十多位州議員的「珀金斯媽媽」，雖然她本人並不喜歡這個綽號，但她知道自己的方法奏效了。珀金斯壓抑自己的性別和女性特質，甚至放棄一部分自我認同，只為了贏得周遭年長者對她的信任；如果有女性為了達成目標而壓抑自己的角色，這種做法在現代社會一定會遭到質疑，但是在上個世紀的二〇年代，卻是必要之惡。

在眾多法案中，珀金斯最在意的是縮減每週工時為五十四小時為限的法案。她設法結交坦慕尼協會的主事者，尋求他們對這項提案的支持。有些成員只是對珀金斯虛與委蛇，但也有些重量級人物願意支持她，像是協會要員蘇立文（Timothy Sullivan）就向她透露說：「我姊姊的命不好，很小的時候就要外出賺錢。聽到你描述其他女孩們辛苦的工作環境，這讓我感到心有戚戚焉。這一次我願意幫她們一把，我願意幫你促成這件善事。」

當每週五十四小時工時進入最終表決階段時，州議員卻明知其不可而為之，把很有政治影響力的罐頭製造業刻意列為不適用產業，而為該法案奔走的人士在幾個月前都一直堅持任何產業都不能有例外，特別是包括罐頭製造業在內，必須受到這項法案的規範。珀金斯在這個關鍵時刻就站在議事廳裡旁觀局勢演變，眼見苗頭不對的她，必須立即決定是否要接受帶有嚴重瑕疵的法案，或者是要堅持原則，反對做出任何修改。她的同志紛紛高呼要退回法案，結果她選擇退而求其次。她告訴在場的州議員，她所代表的單位願意支持修改過的法案，珀金斯說：「這是我的責任，我一定要推動完成立法，就算引起公憤也得妥協。」很多進步派人士都被她給惹毛了，但是珀金斯以強硬著稱的前老闆凱利卻完全支持她的決定，從此以後，珀金斯於私於公都擺脫不了「半套女」封號，奚落她永遠只會見風轉舵、順水推舟。

珀金斯大約是在這段期間認識威爾森（Paul Wilson），英俊有教養的進步派人士，之後成為紐約改革派市長米契爾（John Mitchel）的親密戰友。威爾森和珀金斯開始談戀愛，珀金斯在一封情書裡寫著：「在你走進我生命之前，我總感覺到空虛寂寞——在外奔走之餘，只剩寒冷荒蕪……你就像風一般捲入我的心窩，我再也無法離開你了。」

這段戀情有些出乎意料。珀金斯寫給威爾森的情書看起來真誠、熱情又浪漫，但是她的朋友和同事一致認為她是非常沉默寡言的人，經過幾十年，連珀金斯自己也不認為當年曾有過轟轟烈烈的愛情。兩人於一九一三年九月二十六日在曼哈頓下城區的恩典堂成婚。他們沒有邀請朋友觀禮，也沒在事前告知，雖然有通知雙方家長，但臨時到他們無法親至現場。珀金斯一個人在韋佛利廣場附近的公寓裡為婚禮盛裝打扮，很可能就這樣逕自走去恩典堂成婚；他們有兩位剛好在恩典堂內遇到的證婚人，但可以想見完婚後也沒有午宴或是茶會之類的活動。

幾年後，珀金斯娓娓道來自己走進婚姻的決定，她採取一種平鋪直述的口氣，講得好像只是在跟牙醫敲定看診時間一樣。「在我身上有一種新英格蘭人的傲氣，」這時候的珀金斯已經結婚好幾十年了；「我並不急著要結婚，說老實話，我甚至有點排斥婚姻。我已經不再是個小女孩，而是一位成熟自主的女性，不需要再藉由婚姻證明什麼，沒有婚姻羈絆的我還可以過得更好。」只是，總有好事之人不停問她什麼時候才能覓得如意郎君，所以她打算乾脆來個一了百了；「我很清楚威爾森這個人如何，而且我也喜歡他。我喜歡有他的陪伴和扶持，所以我想，結個婚把這些惱人的問題甩開似乎也不賴。」

新婚燕爾的才子佳人度過了幾年快樂時光。他們住在華盛頓廣場附近典雅的雙拼別墅，距離當年珀金斯享用下午茶，卻碰上「三角女裝襯衫成衣廠」大火的事發地點沒多遠。威爾森婚後一樣在市長辦公室上班，珀金斯則如常投入社工服務，他們的住所也成為當時各路政壇活躍分子的聚會場所。

然而幸福的日子並沒有持續太久。米契爾後來競選連任失利，威爾森則和社交名媛發展出喧騰一時的婚外情，相關人士只能採取避而不談的方式淡化處理。珀金斯開始感受到婚姻的壓迫感，她提出分居的要求。她在一封給威爾森的信裡寫著：「我犯了好多離譜的錯誤，我已變成另一個人了。現在的我不但工作效率低落，心靈也只剩下一片蒼白。」

而後，珀金斯有了身孕，可憐男嬰出生不久後就夭折了。哀慟逾恆的珀金斯只能再次把這件事埋藏在心裡。之後，珀金斯成為產婦中心協會（Maternity Center Association）的執行祕書，該機構主要任務就是設法降低產婦和新生兒的死亡率。珀金斯後來生了個女兒蘇珊娜，是以普利茅斯殖民地第二任總督夫人的名字命名。

珀金斯希望再生一個小孩，可是威爾森從一九一八年開始出現精神疾病的症狀，看起來既有躁鬱症又有憂鬱症，無法承受一丁點壓力。珀金斯事後描述先生的情況說：「一直起起伏伏的，他的情緒有時候會深陷低潮，有時候又會過度亢奮。」從那一年開始，即使想要擁有短暫舒適的生活都不可得。威爾森興起時，會把太太的積蓄拿去投資黃金，落得血本無歸，珀金斯有時也會害怕跟威爾森獨處，因為比她高大許多的威爾森有暴力傾向。之後幾十年歲月，威爾森多在療養院和專業照護中心度過，珀金斯會在週末去陪他。威爾森在家時，完全無法自理生活瑣事，必須請一位護理師（對外的說法是祕書）隨侍在旁。珀金斯的傳記作家馬丁（George Martin）如此記載：「威爾森漸漸消失在日常生活中，或許言談中會提到這個人，但是卻沒有人想跟他來往。」

面對這些打擊，珀金斯採取一貫新英格蘭式的內斂少言做為應對。她把自己家庭的不幸稱之為「意外」，知道自己接下來必須扛起家計，然後不再讓這起「意外」有曝光的機會。她說：「我沒有沉溺在這些不幸之中，然後像佛洛伊德所預言那般陷入崩潰。」珀金斯在接下來數十年隱藏自己的私生活，以免成為公眾討論的話題，除了在新英格蘭的成長歷程造就她內斂矜持的態度外，她也抱持沉默是金的處世哲學。她認為很難在社會大眾的目光下清楚交代複雜的私人情感，如果讓她看到現代社會氾濫的炫耀文化，會十分吃不消吧。

社會觀察家葛斯汀（Rochelle Gurstein）把兩種分庭抗禮的哲學立場區分成內斂派與外放派。內斂派認為內在世界細緻的情感一旦暴露在公眾的眼皮子底下，就會被生吞活剝，不復純潔；外放派則認為所有祕密都值得被懷疑，能夠把所有事情透明公開的人生會更有意義。

珀金斯無疑是內斂派的成員，她支持的想法認為私人情感只要被公開或是被簡化成隻字片語，所有複雜、微妙、躊躇或神祕的感受就會變得平淡庸俗，只要親密的事務被攤在那些點頭之交或陌生人的眼前，就會造成無法挽回的傷害。珍貴的情感禁不起從信賴感中被抽離踐踏，因此我們應當嚴守私領域就是個人隱私的原則。換句話說，雖然珀金斯認同政府應該要保障弱勢、幫助窮人，但是只要隱私權有被侵犯之虞，她就會極力主張政府應該要有所節制。

珀金斯抱持的哲學觀也有其代價，她很不容易敞開心胸、不擅長處理親密關係，也沒有因此擁有比較快樂的私生活。如果她的丈夫不用花那麼多時間在精神療養院的話，事態會如何發展猶未可知，但是追求公領域的志業顯然占去她太多精力，因此很難再顧及私領域的親密互動。珀金斯的一生都在追求改善公眾事務，但是她沒能修好戀愛學分，表現出一副可有可無的樣子，就連和女兒互動時也一樣高舉道德旗幟，希望女兒就像自己一樣嚴以律己，結果遭致反效果。

珀金斯的女兒蘇珊娜遺傳了父親躁鬱症的傾向。珀金斯在她十六歲時搬到華府，成為小羅斯福總統政府中的一員，從那時候開始，母女聚少離多。蘇珊娜一輩子都受到嚴重憂鬱症的困擾，她先生還公然大搞婚外情。從四〇年代開始，蘇珊娜就成為嬉皮一族（比這個詞真正出現的時間還早了二十年），參與各種非主流文化的團體，並且和羅馬尼亞知名雕塑家布朗庫西（Constantin Brancusi）發展出一段難捨難分的畸戀。特立獨行的蘇珊娜經常引起上流社會的側目，也讓母親感到難堪。珀金斯有一次邀蘇珊娜出席一個社交場合，拜託她務必要穿得中規中矩一點。蘇珊娜偏偏挑了一件色彩鮮豔的綠色禮服，還弄了一個怪異顯眼的髮型，頭髮上的裝飾品一路垂到她的脖子。

「就連我都不得不懷疑自己就是造成其他人精神崩潰的原因，包括我丈夫跟女兒在內，」珀金斯坦承道：「這讓我感到害怕又難過。」蘇珊娜沒辦法真正投入工作，經濟上都要靠珀金斯資助，不單要七十七歲高齡的珀金斯把紐約承租的社會住宅過戶給她才有地方住，還要靠珀金斯工作賺錢幫忙支付各項開銷。

所有美德都會伴隨著副作用，沉默寡言難免造成離群索居的代價。珀金斯就連對親近的人都不輕易流露情感，而她在公領域的志業並沒有辦法彌補她在私領域的孤寂冷僻。

責任

引領珀金斯踏入政壇的紐約州長史密斯，同時也是她最崇敬的政治前輩。史密斯說一不二、平易近人、口若懸河又作風海派，讓珀金斯一躍成為政府要員，指派她進入產業委員會任職，規範整棟帝國大廈內的勞動條件。這份工作享有八千美元的優渥年薪，可以讓珀金斯在勞資爭議的重大罷工事件取得居中協調的位置，成為男性主導世界裡極為少見的女性。

珀金斯的足跡遍及工業區，夾在精實幹練的工會幹部與意志堅定的資方高層中，處理各種尖銳的爭議，用勇往直前到近乎橫衝直撞來描述她的當年勇也不為過。

珀金斯的想法很簡單，有些事情總得有人去做，而「總得有人」也成為她描述自己一生的關鍵用詞，雖然有時候她會說：「我完成了……工作。」不過更多時候她會用採用古典的正式用語說：「有人完成了……工作。」

現在我們遇上「有人」這樣的用詞會覺得繁文縟節、太過死板，但是珀金斯就是習慣自然而然避開第一人稱用語；她的意思是，只要適當人選處在跟她相同的環境底下，就會跟她一樣扛起完成任務的責任。

從一九一〇年代到二〇年代，長期在奧爾巴尼的工作經驗讓珀金斯有緣和小羅斯福總統共事。一開始，他對她沒啥印象，她則覺得他膚淺又自大。小羅斯福說話時習慣把頭往後仰，在他成為總統後，這個動作被視為帶來自信和樂觀的象徵。不過年輕氣盛的小羅斯福做出這個動作時，珀金斯只覺得這是輕蔑無禮的舉動。

小羅斯福之後因為罹患小兒麻痺症而淡出珀金斯的生活圈，等到他重回政壇時，珀金斯發覺他已經變成另一個人了。他幾乎不曾開口提到自己的病情，不過珀金斯感覺得到「他已經不再像以前一樣流露出略帶傲慢的態度」。

小羅斯福重回政壇後，有一天，珀金斯坐在舞台上看著他步履蹣跚的站上講台發表演說，他的手扶著講台以支撐身體重量，一直抖個不停。珀金斯心想，等他演說完要走下講台的時候，總得有人幫忙掩飾他舉步維艱的窘境。她向身後的另一位女士招手示意，在演說進入尾聲時，兩人一同快步迎向小羅斯福，表面上是向他致意，實際上是用裙襬幫忙遮掩他的步伐。這樣的場景重複上演好幾年，最後竟也成了例行公事。

小羅斯福謙卑、感激的接受他人協助這一點，讓珀金斯給予高度評價，「我這才了解偉大的宗教導師說，『謙遜是最重要的美德』是什麼意思。」珀金斯事後提到：「如果你學不會這一點，上帝就會用讓你抬不起頭的方式施教。唯有謙遜的人才有可能成為偉人，因為接受這些必要的協助，讓小羅斯福開始懂得謙卑，讓他的內在修為更為穩固，他才能變成真正偉大的人。」

小羅斯福當選紐約州長後，打算讓珀金斯出任產業委員會的主任委員，不確定自己能否稱職擔任主管職務的珀金斯有些猶豫，寫了張便簽給小羅斯福：「如果說我有些為公眾服務的才能，主要應該是在替政府完成仲裁與立法的工作上有所表現，而不是進入行政團隊裡。」正式敦請珀金斯出任的那一天，她當面請小羅斯福再多花一天時間與其他人諮商過後再慎重考慮：「如果有任何人認為這項人事命令不明智，或是會對其他部會首長造成困擾，那就當今天的會面沒發生過……我不會把這件事告訴任何人，所以你不用急著把話說死。」

小羅斯福回答她說：「感謝你如此進退有節的回應，不過我必須說，我並不打算改變我的想法。」小羅斯福很樂於指派女性出任政府高官，而珀金斯在公領域任勞任怨的聲望無疑是最具象徵意義的人選。傳記作家馬丁表示：「做為一位政府官員，珀金斯的表現良好，或許應該說是優異；做為仲裁或是議員的她，更是無與倫比。不管面對的是什麼情況，該如何判斷何謂公平，她都有很明確的主張。珀金斯對新的想法一向抱持開放的態度，卻不會忽視法律所追求的道德意義和人民的福祉。」

選上總統後，小羅斯福邀請珀金斯出任他的第一任勞工部部長，這一次她也一樣有所保留。在政權移轉階段，珀金斯是潛在被提名人的流言傳得沸沸揚揚，她寫了封信給小羅斯福，表示自己希望這些流言都不是真的：「有人引述你之前的說法，說報紙上有關於內閣人事派任的報導，百分之八十都是錯的。我想透過這封信向你表達我的想法：我真的希望所有跟我有關的報導也在那不正確的百分之八十之中。我已經被許多祝賀信函之類的『給淹沒』了，但是為了你，也為了這個國家，我認為應該指派在工會組織裡有一定分量的人出任會比較好——這樣才能彰顯勞工代表被納入總統諮詢委員會的原則。」她也在信中略微提到自己的家庭問題，擔心自己恐怕無法全心投入工作。小羅斯福只在一張便條紙上簡短有力的回覆她：「經考量，建議不予採納。」

珀金斯的祖母曾經對她說過，「既然有人幫忙開門，就應該大方走過去」，所以珀金斯針對要她出任勞動部部長的條件，和小羅斯福討價還價。如果要她加入內閣團隊，小羅斯福必須承諾多項社會保險的相關政策，包括：大規模的失業補助、大型的公共就業計畫、制定法定最低薪資、將年長者納入社會安全保險、明令廢止童工等，小羅斯福說：「否則，你會一直追著我碎碎唸。」珀金斯則回說她一定會。

珀金斯是唯二待滿小羅斯福總統任期的政府高層官員，成為落實新政的主要推手之一，也是創辦社會安全體系的核心人物。她也是很多新政就業計畫背後最有力的催生者，像是平民保育團（Civilian Conservation Corps）、聯邦公共就業署（Federal Works Agency）、公共工程管理局

（Public Works Administration）等，除此之外，她也透過公平勞動基準法（Fair Labor Standards Act）首次推行全國適用的最低薪資，並在法律上明確定義何謂加班，還包辦推動禁用童工與失業保險的聯邦立法工作。二次世界大戰期間，她反對徵召婦女從軍的想法，因為她覺得以長期觀點來看，一旦男性因徵召入伍空出職缺的話，女性就業人口或許就能從中得利。

珀金斯很懂得如何和小羅斯福共事。在小羅斯福過世後，她以《我所知道的小羅斯福》（*The Roosevelt I Knew*）為名寫了一本傳記，至今仍是最能深入刻劃小羅斯福行事風格的代表作。綜觀小羅斯福所有的決策過程，珀金斯寫道：「他認為人為的判斷永遠沒有定案的一天，所以只要在當下判斷是正確的，他就會勇於踏出第一步，一旦成效不如預期，日後再修正也無妨。」他是漸進式的改良者，不是周延的規劃者；他踏出每一步後都會進行調整，然後再繼續下一步，再行調整，長此以往，就可以累積出改觀的改變了。

順著這種心性發展下去，珀金斯表示：「像小羅斯福這樣的人，比較像是工具而不是工程師——《舊約》裡的先知會直接把他視為上帝的工具，而現代的預言家只會借助心理學分析他的思維模式，儘管他們對於心理學的了解也貧乏得可憐。」

為了和經常改變想法、會隨著最後一位給他建議的人逕行調整方向的這號人物相處，珀金斯也發展出一套應對方式。在和總統會面之前，珀金斯會先準備好一張摘要，條列出各種具體的政策選項，兩人一起逐條審視，讓小羅斯福說出自己偏好的做法，然後珀金斯會要求總統複述一遍政策內容，質問他：「你授權我採取這個方案嗎？確定？」

接下來他們會短暫交換意見，珀金斯會記下小羅斯福想要表達的重點，第二次詢問：「你確定要選擇第一個提案？不考慮第二或第三個選項？你知道選項一需要執行哪些工作，也知道會有哪些反對勢力嗎？」這樣的互動目的是為了在小羅斯福的腦海中清楚印下整個決策的過程，接著她還會進入第三回合，問他能不能具體回想起自己的決定，以及即將面對的反對勢力，並補上一句：「就這樣定案了嗎？這些顧慮都沒問題了嗎？」

小羅斯福也不見得每次都會為珀金斯背書，身為一位政治人物，他有時太過滑頭，戰線拉長時未必會信守承諾。內閣團隊裡有許多男性閣員不怎麼歡迎珀金斯，好比說不欣賞她透過會議採行共識決的傾向。珀金斯極為重視隱私，採取強硬立場保護丈夫的做法也讓她鮮少卸下心防和記者互動，這使得新聞媒體對她並無好感，有關她的報導自然顯得特別苛刻。

幾年過後，職場上的珀金斯已然心力交瘁，她的聲望也大不如前；她曾經向小羅斯福遞了兩次辭呈，都被小羅斯福打回票。小羅斯福拜託她說：「喔，珀金斯，你現在還不能走，你不能就這樣丟出辭呈，我想不到有誰能夠接替你的位置，我也不習慣和其他人共事。總之，現在別走，好好留在崗位上，什麼都別多說，一切都會沒問題的。」

珀金斯在一九三九年成為被彈劾的對象，這件事跟一位澳大利亞裔、在舊金山帶領全面罷工的碼頭工人布理奇斯（Harry Bridges）有關。當時有人指控布理奇斯是從事破壞工作的共產黨黨員，要求將他遣送出境，當蘇聯解體、相關檔案解密後，證實這樣的指控是正確的——布理奇斯的確是代號羅西（Rossi）的共產黨特派員。

不過當時並沒有證據證明這一點，在勞動部舉行的遣送聽證會遲遲無法做出決定。愈來愈多對布理奇斯不利的證據在一九三七年浮上檯面，因此勞動部在隔年開始遣送作業，然而相關作業又被法院判決中止，這個案件也一路上訴到最高法院。延宕不決的結果使得對布理奇斯的批判如星火燎原般蔓延開來，包括商業團體和有競爭關係的工會領袖都大表不滿。

珀金斯也成為他們猛烈批判的對象——為什麼勞動部部長要包庇一位破壞分子？有位國會議員指控珀金斯是俄裔猶太人、根本也是共產黨黨員。一九三九年一月，紐澤西州選出的議員湯瑪士（Parnell Thomas）對珀金斯提出了彈劾案，來自媒體的攻擊更是讓人無法招架。小羅斯福原本可以出面替珀金斯辯護，然而擔心引火上身的他選擇讓珀金斯一個人去面對指控，珀金斯大多數的國會盟友也在此刻選擇獨善其身，就連聯邦婦女聯誼會（Federation of Women's Clubs）也都拒絕替珀金斯辯護。《紐約時報》發表一篇含沙射影的社論，社會大眾都認為珀金斯就是共產黨黨員，根本沒有人願意對遭受各方猛烈炮火攻擊的珀金斯伸出援手，反倒是坦慕尼協會的成員義無反顧成為珀金斯最堅定的依靠。

珀金斯的祖母還曾經告訴過她，當社會面臨大災難來襲時，「所作所為就要像什麼事情都沒有發生過一樣」，所以她挺身對抗各界指控。她日後描述在那個年代的生存之道或許不易體會，卻是字字珠璣。她說：「當然要反擊啊，如果我只是使勁哭，又自動繳械的話，恐怕早就被生吞活剝了。這也是我們新英格蘭人特有的民風，懦弱就無法成事。我們追求的人格特質、保持頭腦清醒的能力、做出行動的決定，都會受到個人不愉快的經驗所影響，或是和個人種下的因果有關。這些打擊都有可能導致人格缺陷，讓我失去內在的核心價值，使我不能再相信自己會依照上帝所指引的明路前行。」

用白話一點的方式來講，珀金斯明白自己內心的脆弱。如果她對自我的堅持有些許鬆懈，所有努力都將徒勞無功。多年來，珀金斯會定期前往位於馬里蘭州卡頓斯維爾的諸聖修道院（All Saints Convent），每次停留兩、三天，過幾天粗茶淡飯的日子，每天進行五次團體禱告，其餘時間就只跟花草樹木為伍，遠離塵囂。待在修道院的珀金斯幾乎整天不說話，有時負責打掃的修女只能繞著她拖地，因為一直禱告的珀金斯就這樣長跪不起。遭到彈劾的那段期間，珀金斯只要有機會就去修道院，她在給朋友的信裡提到這段過程：「我發現沉默不語是世上最美妙的事情，可以讓我們免除一切來自愚昧世界的干擾，不論是標新立異、酸言酸語還是憤恨的怒罵……這對一個人的幫助實在是難以言喻。」

珀金斯也藉機反思以前自己認為並不重要的一項差異：當給予窮人一雙鞋子時，這麼做的目的是為了施惠窮人還是為了榮耀上帝？珀金斯最後認定應該是為了榮耀上帝而做。受惠者通常不見得都會感激涕零，那麼在意當下情感回饋的施惠者一定會感到不是滋味；但如果是為了榮耀上帝而做，則無論如何都不會讓施惠者覺得喪氣。懷抱遠大志業的人不會一直依靠正向回饋行事，因為他的付出不會在每個月、甚至是在每一年都看到成效，所以受到召喚的人應該是為了發自內心的善念而行事，不是以行善的成效做為考量。

直到一九三九年二月八日，珀金斯終於能夠在控方面前進行答辯。她一個人站在行文彈劾她的眾議院司法委員會面前，用很長一段時間巨細靡遺說明行政部門一開始對布理奇斯所採取的措施，為什麼要這樣做，以及後續動作會受到哪些法令限制。對她有所懷疑的質問一樣不留情面，不過當控方使用惡意攻訐的方式指責她時，她都會要求對方重複一次先前的說法，因為她深信沒有人能夠一口氣把各種惡毒的字眼說上兩次。珀金斯在聽證會現場的照片看起來憔悴且筋疲力盡，但是她對案件細節掌握程度之高，也讓委員會留下深刻印象。

最後，司法委員會在同年三月宣告，沒有充分證據足以支持對珀金斯的彈劾，雖然還珀金斯一個清白，不過聽證會所整理的報告仍顯得含糊不清，所以沒有引起媒體太多矚目，而珀金斯的聲望也從此一去不返了。在小羅斯福不讓她辭職的情況下，珀金斯只好強打起精神，在行政部門又多待了六年，不過大多退居幕後扮演輔助的角色。對於這些風風雨雨的過程，珀金斯維持一貫斯多葛學派的作風，從未在公眾面前示弱或自怨自艾，就連卸任後有機會用回憶錄表明自己的立場時，她也都沒這麼做。

二次世界大戰期間，珀金斯替行政部門各種疑難雜症開了不少的特效藥，她曾經力勸小羅斯福對歐洲的猶太人伸出援手，當聯邦政府的做法開始侵犯個人隱私和公民自由時，珀金斯也會出聲示警。

小羅斯福在一九四五年過世後，珀金斯終於如願離開內閣。繼任的杜魯門總統邀請她出任文官委員會的好意也遭到婉拒。卸任後的珀金斯沒有寫下自己的回憶錄，反倒替小羅斯福寫了一本書，發行之後大獲好評，但是裡面卻鮮少提到自己。

珀金斯終其一生都沒能好好享受私生活，直到一九五七年有一位年輕的勞動經濟學學者邀請她到康乃爾大學授課為止。這份工作的年薪為一萬美元，只比她幾十年前在紐約州出任產業委員會的待遇好一點點，然而需要賺錢支應女兒治療精神疾病的開銷讓她別無選擇。

起先，剛到伊薩卡的珀金斯下榻在公寓旅社，隨後被安排入住專門提供給康乃爾大學傑出學生、兄弟會性質的宿舍——特柳賴德之家（Telluride House）的一間小寢室，這讓珀金斯感到十分滿意，她告訴朋友：「我就好像是新婚之夜的新娘似的！」住在宿舍裡的珀金斯會和男學生一起飲酒作樂，也不介意他們整天播放震耳欲聾的音樂。她每個星期一固定出席住宿生大會，只是她幾乎不表示意見。

她把葛拉西安所著《智慧書：永恆的人生處世經典》（*The Art of Worldly Wisdom*）分送給這群學生，那是十七世紀西班牙耶穌會修士記載如何在權力殿堂中維持自身人格的一本箴言書。珀金斯後來和一位年輕的教授結成莫逆，他就是後來以《美國精神的封閉》（*The Closing of the*

American Mind）一書聞名的布魯姆（Allan Bloom）。有些男學生始終不知道這位個頭嬌小、不顯眼卻迷人的年長女士居然曾經在歷史舞台上扮演過那麼重要的角色。

不喜歡搭飛機的珀金斯經常一個人搭巴士遠行，有時需要轉車四、五次才能去參加告別式或是發表演說。她試著銷毀部分有關於自己的文件，好讓日後的傳記作家無法大做文章；出遠門時，她的手提袋裡都會帶著遺囑，如此一來就算她突然撒手人寰「也不會造成任何困擾」。珀金斯最後於一九六五年五月十四日在一間醫院裡孤單的離開人世，得年八十五歲。一些同住在特柳賴德之家的男學生幫忙舉辦後事，其中包括在雷根與布希政府中擔任要職的伍夫維茲（Paul Wolfowitz）；執事牧師在喪禮中朗讀了《哥林多前書》〈你們要堅定〉的經文向珀金斯告別——也就是她六十多年前從曼荷蓮女子學院畢業時所挑選的祝禱文。

如果有機會看到她的大學畢業紀念冊，你會看到一位嬌小可愛、有如拇指姑娘一樣的年輕女性，很難相信外貌這麼弱不禁風的女性居然能夠忍受那麼多的苦難：先生和女兒的精神疾病，在幾乎由男性主導的世界裡成為屹立不搖的女性領導者，還要在媒體負評連連的情況下，熬過數十年的政治角力。

我們一樣也很難預知珀金斯在這麼多苦難中所達成的諸多成就。她很早就懂得面對自己的缺點，如懶散和牙尖嘴利，並鍛鍊自己為生命完全付出。為了達成遊說的目的，她會抑制自我認同；她無畏任何新的挑戰，不忘座右銘所惕勵的堅毅立場，無愧於唐尼（Kirstin Downey）在珀金斯正版傳記標題上所賦予的響亮封號：新政背後的女人（The Woman Behind the New Deal）。

珀金斯一方面是狂熱的自由派活躍分子，其特質與我們今日所熟知的沒有多大差別，但她另一方面又把沉穩內斂、事緩則圓、清教徒特有的感性思維等傳統作風和劍及履及的性格巧妙結合，讓珀金斯在政經議題投射出提倡道德標準的保守派身影。她會在各種小處著眼，用自律對抗自我放縱和自得意滿，在彈劾案過後以迄人生終點的過程中，則用來抑制懷憂喪志的負面思緒。珀金斯的一板一眼與要言不煩讓她一直苦於私生活與公共關係，但也因此讓她全心投入被召喚的人生，用一生的時間推動偉大志業。

與其說這是珀金斯所選擇的人生道路，倒不如說這是她不得不回應的召喚，只是接受召喚的人生未必都可以順遂的達成自我實現。為了接受召喚，珀金斯不惜拋下所珍愛的一切，跳脫自我框架並放棄自我認同，只為了找出一個可以讓自己全心投入奉獻的理由。這樣的志業幾乎都是要扛一輩子的責任，也幾乎會讓人在歷史長河中留下足跡，關乎我們能否在短暫的人生旅途中，因為向歷史負責的過程而感到心安理得。在此引用神學家尼布爾（Reinhold Niebuhr）寫於一九五二年的一段文字做為結尾：

> 沒有什麼有意義的事情是我們可以用一生的光陰完成的，所以我們必須仰賴希望；在片刻的歷史之窗中，沒有什麼是絕對的真、善、美，所以我們必須倚賴信仰；無論再怎麼崇高，沒有什

麼工作是可以靠一個人獨力完成的，所以我們必須心存愛；從人己不同的立場出發，沒有什麼美德可以獲得一致的認可，所以我們必須仰賴最終的愛——學會寬恕與原諒。

03 戰勝自我

一八六二年，艾達．史托夫．艾森豪（Ida Stover Eisenhower）出生在維吉尼亞州雪倫多亞河谷，家中共有十一個小孩。童年的艾達命運多舛，南北戰爭時，北軍闖進家裡搜捕她兩位十來歲的哥哥，還威脅要把她家周遭連同鎮上居民洗劫一空，母親在她五歲時離開人世，父親也在她十一歲時撒手人寰。

之後，艾達的兄弟姊妹分散各地，艾達寄宿在某大戶人家成為伙房助手，除了負責烤派、做甜點、烹調肉品外，還要縫補衣服、襪子。不過這些事情並沒有讓她變得鬱鬱寡歡、自怨自艾，她一向神采奕奕的面對所有艱辛，雖然自己是被壓榨的孤兒，但是鎮上的人只記得能吃苦、不畏艱難的艾達很有男孩子氣，隨便騎上一匹無鞍馬也能駕馭自如，只有一次從馬背上摔下來，摔斷了鼻梁。

那個年代的女孩子通常沒機會進入高中就讀，但是剛進入青春期就靠著自學在半年內熟記一千三百六十五則《聖經》經文的艾達，非常渴望能夠有所成長（不論是亞當一號或亞當二號）。因此某日寄宿家庭全家出遊時，年僅十五歲的艾達便帶著所有家當離家出走，徒步來到維吉尼亞州斯湯頓，在當地高中註冊，靠著半工半讀自食其力。

畢業後，艾達當了兩年老師，二十一歲時繼承了一筆一千美元的財產。她用其中六百美元（價值超過現在的一萬美元）買了一架黑檀木鋼琴，這架鋼琴成為她一生當中最貴重的資產，其餘則統統權充日後的教育經費。雖然她並非門諾會的信徒，不過她還是跟著該教會的馬車車隊往美國西部遷徙，直到堪薩斯州萊坎伯頓（Lecompton, Kansas）才和一位親兄弟一起在日後逐漸成名的連恩大學（Lane University）落腳。艾達註冊那一年，該校總共只有十四位新鮮人，上課地點還是在一處民宅大廳裡。

主修音樂的艾達在校方評鑑裡並不是最聰明的學生，但是非常勤奮的她仍兢兢業業的取得優異成績。在同學眼裡，艾達是一個開心、樂群的人，天性極為樂觀，最後還被推選為畢業生代表。艾達在連恩大學遇見性格與她南轅北轍、倔強又固執的大衛・艾森豪（David Eisenhower），兩人出乎意料的陷入熱戀，後來成為終生伴侶。他們的孩子不記得父母親有過什麼激烈爭執，儘管大衛確實帶給艾達許多生活上的困擾。

他們兩人在河友教派（River Brethren）的教堂裡成婚，這個小規模的正統教派信奉樸素簡約以及和平主義。走過天不怕、地不怕的少女時代後，艾達全心奉行恪遵教義卻不拘泥於教條的生活方式。比方說，帽套原本是河友教派女教友服飾的一部分，有一天，艾達和一位朋友決定不再依照規定著裝，此舉引起其他教友非議，強制艾達和她朋友只能被隔離坐在最後一排，最終她們兩人還是以無帽套的裝扮重獲教友認可，一如往常參加教會活動。換句話說，艾達雖然有堅定的信仰，卻以好玩有趣的人道觀點看待各種宗教戒律。

大衛和一位名為古德（Milton Good）的朋友合夥在堪薩斯州阿比林開了一家商店，最後經營失敗，大衛告訴家人古德捲款潛逃不知去向，其實這只是愛面子的大衛瞎掰的藉口，顯然孩子們不疑有他。事實上，大衛是個一意孤行又不好相處的人，自己和合夥人發生口角後放棄經營才是實情。退出經營後，大衛把艾達和剛出生的孩子留在家裡，自己帶著另一個孩子動身前往德州，歷史學家珍．史密斯（Jean Smith）如此描述：「實在無法理解大衛怎麼會做出退出經營，還把懷孕的妻子丟下的決定，當時失業的他，並沒有一技之長或一份工作足以餬口。」

大衛最後在鐵道公司找到一份粗工，艾達也跟著搬到德州，在鐵軌旁的一個棚子裡住了下來，也就是德懷特．艾森豪（Dwight Eisenhower）出生的地方。艾達二十八歲那一年，家裡的經濟狀況已是山窮水盡，全家人除了二十四點一五美元與一些家當外，就只剩下留在堪薩斯的那一架鋼琴。更糟糕的是，大衛根本沒有什麼謀生的技能。

所幸大衛所屬的艾森豪大家族在這個時候伸出援手，提供大衛一份乳製品廠的工作，讓他帶著全家人回堪薩斯，重新回到中產階級的生活水準。艾達生了五個男孩，每一個都在日後擁有相當高的成就，也都一輩子感念艾達拉拔他們長大的辛勞。德懷特尊稱母親是「我所知道最完美的一個人」。他在人生回憶錄《稍息》（*At Ease*）一書中，拘謹的筆法一如他的人格特質，不過還是可以看出他毫不保留的推崇母親：「雖然我母親宗教信仰虔誠到沒有彈性，自己還有一套不容挑戰的行為模式，但是她的沉穩內斂、她的開朗笑容，她對每個人以禮相待與寬宏大量的特質，讓每個和她短暫接觸過的人都留下深刻印象，即使是素未謀面的陌生人亦然。我們家的男孩子有幸在她的陪伴下成長，與她共度的時光更是一生中無法抹滅的記憶。」

艾達的家規甚嚴，不准喝酒、不能玩牌，甚至也不能跳舞。家人間很少表露親密的情感，德懷特的父親是個安靜頑固的悶葫蘆，艾達相對來說還顯得溫柔可親。但是艾達對孩子的管教與受教育的堅持卻一點也不打馬虎眼，因此養成德懷特喜歡閱讀古典歷史的嗜好，尤其是馬拉松（Marathon）、薩拉米斯（Salamis）戰役的記載，以及伯里克里斯（Pericles）、地米斯托克利（Themistocles）等將軍的英雄事蹟。

此外，艾達充滿活力又有趣的性格，她沉著且意志堅定的格言也深具影響力，像是「牌是上帝發的，我們只要好好出牌就對了」、「不學會游泳就等著溺水」、「不想辦法求生就是在等死」等等。艾森豪一家人每天都要朗讀《聖經》禱告，若五個兄弟裡的任何一個讀錯行，就失去帶領大家朗讀的資格。德懷特長大後雖然不那麼遵奉宗教儀式，他還是相當熟稔《聖經》的啟示，也能輕易引述其中的經文。艾達雖然是非常虔誠的信徒，但她也堅信宗教觀得建立在個人的主觀認知，無法強行把信仰加諸在其他人身上。

艾森豪競選總統期間，阿比林被描述成洛克威爾（Norman Rockwell）筆下那個如詩如畫的美國村莊。事實上，在種種得體舉止社會規範下的阿比林，卻是一個生活艱困的環境。沒有經過什麼過渡時期，隨著嚴守清規的清教徒移民美國帶來維多利亞式的道德觀，並受到歷史學家稱之為奧古斯丁主義（Augustinianism）的影響後，阿比林直接從一個粗獷的新市鎮轉變成《聖經》地帶（Bible Belt，俗稱保守派，多在美國南部）裡一個宗教氣息濃厚的城鎮，就好像煙花巷搖身一變成為修道院似的。

根據德懷特．艾森豪日後的估算，艾達帶大孩子的住所只有大約七十七平方公尺大。在這種環境下，克勤克儉、自律自愛是每天的必修課。在導入現代醫學之前，扛著笨拙又危險的工具做粗工不但容易導致意外，發生意外的後果也嚴重許多，此外，某一年蝗蟲入侵還吃光了所有農作物。十多歲的德懷特曾經因為腳受傷導致傷口感染，為了保住將來成為足球員的夢想，德懷特不讓醫生為他截肢治療，已經意識不清的他拜託一位兄弟睡在房間門口，以防醫生趁他昏睡後切斷他的腳。德懷特有次充當三歲弟弟艾爾（Earl）的保母，他只是隨手把一柄小刀擱在窗沿，沒想到艾爾搬了張椅子去撈窗台上的小刀，一個不小心，整支刀從他手上滑落，就這樣插進他的眼睛裡。這個意外奪去艾爾的一隻眼睛，也讓德懷特內疚了一輩子。

真希望有人能寫一本書，分析孩童早夭頻繁的年代會對文化與信仰的歷史發展帶來哪些影響。基本上，社會應該普遍認為深沉的傷痛近在咫尺，生命不但是脆弱的，而且也包含許多難以忍受的苦楚。艾達在孩子保羅過世後改宗，成為後來更重視個人信念與表現慈悲心懷的耶和華見證人會信徒。艾森豪日後更失去了長子杜德．德懷特（Doud Dwight，家族暱稱為「小艾克」Icky），從此在他生命中留下永遠無法抹去的陰影。幾十年後艾森豪寫出心中的感受：「這是我一生當中最頓挫、最重大的打擊，也是我永遠無法遺忘的傷痛。即便是在今日回想起當時的情況，在我下筆寫出那段過程的這個時刻，喪子的椎心之痛依舊歷歷在目，一九二〇年聖誕節後不久那個陰鬱揮之不去的日子，仍舊讓我徬徨莫名。」

我們需要一定程度的自持，才能面對生命的脆弱與無法挽回的情況。一個不留神可能就會產生嚴重的災難，不但沒有多少社會安全網可以依靠，而且死亡、饑荒、疾病和被人出賣的場景還無時無刻等著給予致命的一擊時，堅毅人格和自我要求也就顯得更加重要。這就是生命如何應付一連串災難的樣貌：包含了自制、寡言、禁欲與謹慎等各種不同的精神力量，旨在設法降低意外的風險。浸淫在這種文化之中的人，會發自內心抗拒任何可能對生命造成更多風險的事務，譬如負債與非婚生子，並會對有助於提升生命韌性的活動充滿興趣。

雖然艾達帶大的孩子都很珍惜受教育的機會，但是當時文化環境對受教育的重視程度與現在有如天壤之別。一八九七年總共有兩百位學生跟德懷特一起進入小學就讀，只有三十一位跟他一樣從中學畢業，主要是因為當時就算沒有學歷也能獲得還不錯的工作，而長期的成功和穩定的生活更需要依靠經年累月穩定工作的習慣與能力，加上自我警惕懶散與放縱的心態。在那樣的時空背景下，自動自發的工作倫理確實是比一顆聰明的頭腦來得管用。

德懷特．艾森豪十歲那年的萬聖節黃昏，父母親允許兄長去玩不給糖就搗蛋的遊戲，這在當年可是比現代社會更刺激的冒險遊戲。德懷特也想跟著去，但是父母認為他的年紀還不適合，哀求了老半天還是只能眼睜睜看著兄長外出。他氣到理智斷線、滿臉通紅、汗毛直豎，又哭又鬧的衝進院子裡對著一棵蘋果樹卯起來打，結果弄得滿手是血、到處是傷。

德懷特的父親掄起棍子好好修理他一頓，喝斥他立刻上床睡覺。一小時後，窩在床上的德懷特還在嗚嗚咽咽，他母親這才拉了張椅子在床邊靜靜坐了下來，引用《聖經》的經文慢慢對他說：「治服己心的，強如取城。」

接下來，艾達開始替德懷特上藥包紮，她告訴兒子一定要注意內心憤怒與憎恨的那一把火。憤恨是沒意義的，她說，那只會讓心懷這種情緒的人自我傷害，在她的幾個小孩裡，德懷特是最需要學會控制情緒的那一個。

艾森豪七十六歲時回憶起這段過程時寫道：「我一直回想媽媽的話，把這段對話當成是我人生當中最重要的時刻。當時年紀還小的我，以為她講了好幾個小時，其實這個過程不過才十五、二十分鐘而已。她讓我知道自己錯了，也讓我終於能夠釋懷，進入夢鄉。」

「戰勝自我」這個觀念，在德懷特．艾森豪的成長過程中營造出一個意義非凡的道德基礎。這個觀念在我們內心深處具有兩極化的本質，人會墮落，但是也有向善的天賦。人類天性的其中一面充滿原罪，如自私、奸詐、自欺欺人；但另一面卻帶有上帝完美的形象，追求超然卓越的美德，人生是由一連串鍛鍊人格的情境堆積而成，我們會不斷加深自我要求的習性，我們有行善的自然趨性。健全的亞當二號或許就是讓亞當一號能夠充分發揮的必要前提。

原罪

「原罪」現在已經失去震撼人心的影響力，多半只會在無關緊要的段落中出現。現代人在日常生活中不太談及自身的原罪，若真的提到人性的險惡，往往也都會將之歸咎於社會結構的問題：起源於不平等、壓迫或種族偏見之類的成因，而不考慮罪行的根源其實就在方寸之間。

我們捨棄原罪的概念不外乎以下理由：首先，我們不再接受墮落是人性的觀點。十八世紀，晚至十九世紀的多數人真的接受早年清教徒禱告文《而我有罪》裡自評人性黑暗面的描述：「永恆的天父，你應許的美好超乎我所能想像，雖然我是如此卑鄙齷齪，盲目又可悲……」對現代人的心靈而言，這些描述已經變得太過黑暗且難以承受。

其次，不論何時、何地，「原罪」等同於喜悅的對立面，甚至就連性愛、娛樂這些生理上的喜悅也不被允許。原罪象徵一種失去快樂並受到嚴密監控的人生，意味著不可以縱情聲色，是用來威嚇青少年手淫也會帶來危害的說詞。

此外，「原罪」也已經被自持甚嚴、立場強硬的人濫用。套用文化評論家孟肯（H. L.

Mencken）的說法，他們會無時無刻、不分場合引用「原罪」警告享受人生的人，隨時備妥教鞭要朝他們認為做錯事的人膝蓋上猛抽一記。「原罪」這個字眼也已經被堅持採取高壓統治教養方式的人所濫用，因為他們認為自己有責任徹底根除孩子們邪惡、墮落的那一面。另一種盲目崇拜痛苦經驗的人也濫用了「原罪」這個詞，他們相信唯有先嚴苛鞭笞自己，才有可能造就優越超凡的自我。

然而事實上，「原罪」一如「志向」、「靈魂」這些字眼，不可能被棄之不顧。「原罪」就跟其他道德領域的字眼一樣，是需要一再被召喚、賦予現代意義的詞彙。讀者可以在這本書裡找出很多例子。

原罪是心靈不可或缺的一部分，可以提醒我們人生終究無法與道德切割。無論如何把所有事情簡化成大腦化學反應的結果，無論如何把人類行為簡化成大數據可以描繪的群體反應，無論如何想盡辦法用其他非道德領域的詞彙如「過錯」、「失誤」或「缺點」來取代「原罪」，人生最基本的本質終究跟個人責任與道德抉擇，如：勇敢或怯懦，真誠或虛偽，熱情或冷酷，忠貞或背叛，脫不了關係。

就算現代文化試圖用過失、冷漠的想法取代原罪，試圖排斥「德行」、「人格」、「邪惡」、「罪行」這些字眼，還是無法減少道德在生命中的重要性——用膚淺的字眼蒙蔽道德觀念是我們無法迴避的核心課題，更反應出我們在思考與談論上述抉擇時的懵懂無知，也因此導致我們日常生活愈來愈缺乏從道德出發的觀點。

人類心靈不能失去「原罪」的另一個原因，在於原罪是不分你我、一體適用，而過失卻是屬於個人的問題。人會因為不小心而犯錯，但是自私、輕率這樣的原罪卻深植在每個人的內心深處。原罪烙印在人類本性上，世世代代不斷遞嬗。接受每個人都有罪的想法，可以讓我們充分發揮同理心看待其他人所犯下的罪行，提醒我們只能用集體方式克服大家共同面對原罪的困境。我們要一起對抗原罪，不論是從社群或是家庭出發；在幫助其他人對抗原罪的同時，也就是克服自身原罪的時候。

更何況，原罪觀基本上是正確的，這一點更是我們不能失去原罪觀的另一個根本原因。接受自己有罪的觀點，並不是為了強調在內心深處有墮落傾向的汙點，而是為了強調你跟其他人一樣有難以駕馭的本性。我們想要完成某一件事，結果卻是踏上另一條路，我們會渴望不該企求的事情，通常也都不希望自己鐵石心腸，而有時候就是會難以自已。沒有人會想要自欺欺人，可是我們永遠都在替自己找理由；沒有人想要變得冷血無情，但我們總是在出口傷人後才感到懊悔；沒有人想要犯下漠不關心的罪行而袖手旁觀，但是套用詩人威金森（Marguerite Wilkinson）的話，我們都犯下了「無動於衷」的原罪。

每個人的靈魂確實不見得都能通過考驗。用來創辦事業的企圖心，也有可能驅使我們變得物欲橫流、見利忘義；想生小孩和淫亂通姦的情慾是一樣的，大膽開創的自信心也有可能導致自視甚高的傲慢心態。

原罪跟邪魔惡靈是不一樣的，原罪只是用來傳達我們帶有胡作非為、自甘墮落、目光短淺、不知輕重的傾向。當我們一而再、再而三觸犯原罪的時候，我們情感的寄託，就會日趨下流而無法自拔。

換句話說，原罪的危險來自於自我強化的特性。如果你星期一因為某件小事沒有把持住道德的原則，你很有可能會在星期四又因循苟且，而且在道德原則上做出更大的讓步。欺騙自己的人很快就再也無法判斷是否能再信任自己，被自怨自艾這項原罪吞沒的人，會不顧一切堅持自己是追求公義的犧牲者，眼中所見只剩下憤怒與貪婪。

大概不會有人因為憂鬱而觸犯重大的原罪，他們只會漫無目的穿越上帝替他們打開的門，可是他們的情緒無從宣洩，他們可能會酗酒、藥物成癮，他們的感傷無法遏止。腐敗即是腐敗的溫床，原罪懲罰的也是原罪。

最後，原罪之所以必須存在於心靈中，是因為如果欠缺這樣的觀點，則所有建構人格的方法都將消融於無形。亙古以來，所有偉人都是以外在的偉大事蹟建立榮耀，但是他們終究要能對抗內在的原罪，才能彰顯人格。他們之所以能夠自立自強、自重自愛，都是因為能夠起身對抗，甚至是勇敢擊退自己的心魔所致。如果我們輕易拋棄原罪的觀點，就形同斷絕健全人格所必須經歷的考驗。

意識到自己需要對抗原罪的人，會認為活著的每一天都要面對數不清的道德抉擇。我曾經看過一位企業主詢問前來面試的求職者：「形容一下你因為誠實而傷害自己的經驗。」他其實是想了解求職者情感排序是否正確，會不會為了追求真相而犧牲職涯發展也在所不惜。

在堪薩斯阿比林這種地方犯下原罪的嚴重性，無疑會為生活帶來災難性的後果：懶惰的人無法打理農村，暴飲暴食的人無法持家，放縱情慾的年輕女性會聲名敗壞，愛慕虛榮、揮霍無度會導致債務纏身和一貧如洗。

住在這地方的人不但會意識到原罪，還知道各種類型的原罪和解決之道。憤怒或縱慾之類的原罪就像是一頭野獸，必須用自我克制的習慣加以制伏；輕蔑無禮的原罪就像汙漬，要經由懺悔、自責、道歉、澄清和原諒的過程才能洗滌；偷竊的罪行就跟負債一樣，唯有將虧欠社會的交還才有機會改正。

與其說通姦、賄賂、背叛是另一種原罪，不如說它們更接近於以背棄原則的方式擾亂社會秩序，只能透過一點一滴重建互信關係才有可能回復社會的和諧。傲慢自大的原罪來自於追求優越地位的不當欲望，在他人面前保持謙遜是唯一的解藥。

換句話說，我們的祖先承繼了更多描繪道德的語言與能力，那是人類經由好幾世紀代代相傳的成果。就好像知道用什麼方法學習一種語言一樣，這些都是先人遺留給我們非常實用的資產，可以讓我們知道該如何面對人生中的道德關卡。

人格

艾達是個風趣又溫暖的人，但是對任何墮落的可能都會嚴密防範，像是她禁止在家裡跳舞、打牌跟飲酒作樂，就是因為她認為原罪的力量太過強大，既然不易維持自律的堅持，倒不如在一開始就防微杜漸，不要等到事情發生了才開始想遏止的方法。

養育孩子的時候，艾達展現了無止盡的母愛光輝；她比現代的父母親更容許孩子弄得渾身是傷，但是她也會要求孩子們從小處著眼，保持自我克制的習慣。

現在，當我們說某人自我克制的時候，通常帶有批判的意思，表示這樣的人易怒、死板，或是無法掌握情緒，這都是因為我們生活在一個自我表現的文化中，寧可選擇相信發自內心的一時衝動，而不是自身以外能夠抑制衝動的力量。但是在早年的道德觀中，一般人反倒比較不信任內心的情緒波動，他們還認為養成某些習慣有助於減緩情緒波動的影響。

心理學家詹姆斯（William James）在一八七七年以《習慣》（*Habit*）為名完成一份短篇論文。根據他的論點，如果想要擁有得體的人生，就要想辦法把神經系統化為自己的盟友而非敵人，設法加強某些習慣，使之成為自然而然的直覺反射。詹姆斯表示，當你下定決心培養某些習慣時（比如控制體重或習慣說實話），你會希望自己「盡可能從一開始就展現強烈而堅定的意志」，讓新的習慣從一開始就成為你人生中的重要事項，然後要「排除任何例外的可能」，直到這項習慣能夠深植在你的人生裡，因為任何一丁點無法堅持的藉口都會對自我克制造成傷害。接下來，你要借助每個機會驗證自己的習慣，每天都要不計代價檢驗自律的成效，不論依循的是哪個規定。「類似這樣的苦行修練，就好像是替自己名下的財產買保險。支付這筆費用的時候可能對自己沒什麼好處，可能也永遠沒有機會獲得理賠，一旦房子失火了，這些先期的投入就能讓人免於崩潰的危險。」

詹姆斯和艾達殊途同歸的教育方式都著重在追求積年累月的穩定性。借用耶魯大學法學教授柯隆曼（Anthony Kronman）的說法，人格是「固定傾向（變成習慣的感覺與欲望）組合後的產物」。這是相當亞里斯多德學派的觀點，只要你行為端正，久而久之就會成為好人，改變一個人的習慣會連帶改變他的想法。

艾達相當重視從生活細節中鍛鍊自我控制，像是：上桌時的各項禮儀。星期天整理好儀容才上教堂，一直維持到安息日結束為止。寫信時使用正式稱謂以示對收件人的尊崇。粗茶淡飯，避免奢華。在部隊時，筆挺的制服、擦亮皮鞋都是最基本的，而回到家後，所有事情也得有條不紊。這些都是由外而內維持自律的小細節。

在當年的文化背景下，一般人認為勞動付出是培育人格的方法。在阿比林，不論經商或務農的人，每天都會從事勞動工作，像是替馬車輪軸上油、鏟運燃煤，或是把爐灰裡沒燒完的薪柴挑出來。艾森豪小時候家裡沒有自來水，天剛亮就要幫忙家務，五點起床後開始生火、挑井水，接下來一整天還有其他家務要幫忙分擔，把熱騰騰的便當送去乳製品廠給父親。餵雞。每年裝滿近六百公升的罐頭水果。洗衣服的日子幫忙燒開水。把自己種的玉米拿去賣好換取零用錢。鋪水管時幫忙挖好溝渠，電力網路普及到城鎮時幫忙拉線回家裡。簡單講，他的成長環境幾乎和現在大多數小孩的成長經驗恰恰相反，現代的小孩子幾乎不用從事他當年的勞務工作，也因此不會在幫忙家務時在城鎮與森林間來來回回。德懷特雖然有許多工作要忙，但也可以自由自在的走遍家鄉每個角落。

德懷特的父親大衛以嚴格、不享樂的方式奉行自律的生活，他非常堅持剛正不阿，是個嚴肅中帶點冷漠，擇善固執的人。有過破產經驗的他，害怕再承受任何債務困擾，排斥到有點矯枉過正。升任公司經理後，他強制要求員工每個月將一成的薪水存起來，員工還要向他報告自己的儲蓄方式，是把錢存在銀行或者是投資股票。大衛每個月都會把這些報告內容記下來，如果員工的回答讓他不滿意，甚至會被炒魷魚。

大衛似乎是個無法放鬆的人。他不會帶孩子外出打獵、釣魚，就連陪他們一起玩的時間都很有限，其中一個小孩艾德格（Edgar）回憶說：「父親是一位遵守規矩、沒有彈性的人。生命對他而言是非常嚴肅的課題，只能夠冷靜以對並時時自我檢討。」

相較之下，艾達永遠都笑臉迎人，隨時打算用頑皮的方式挑戰自己的道德束縛，如果情況允許的話，甚至還不排斥小酌一杯。艾達知道不能夠光靠自律、習慣、勞動和自我否定的方式建立人格，而她的丈夫卻想不透這一點——我們習慣找藉口，意志力也不夠堅定，所以無法永遠壓抑自身的欲望。就算一個人有相當修為也還不夠，所以必須借重外力才能有效對抗原罪。

艾達建立人格的方式有其柔性的一面，畢竟情感是人與生俱來的羈絆。以懷柔策略建立人格的方式，是建立在我們沒辦法永遠抵擋欲望的假設上，然而只要能夠把注意力放在更高層次的情感元素，我們就可能重新調整不同欲望的重要性。比如你要看重對孩子的愛。要看重愛國情操。要看重對窮苦、受壓迫者的同情心。要看重你熱愛故鄉和母校的真情。能夠為這些不同情感犧牲奉獻可以讓人從苦澀中回甘，為所愛付出便不會引以為苦，你渴望看到所愛正向發展，此時的犧牲奉獻也都將化為欣慰。

不用多久，你的行為就會愈來愈正面。關心孩子的父母親會日復一日帶著他們參加各種活動，當孩子生病時自然睡不安穩，孩子遇上麻煩會拋下一切先去救援。有愛的人願意犧牲，把人生當成一種奉獻，受到這種力量驅使的人，比較不容易觸犯原罪。

艾達親身示範嚴格與親切、紀律和慈愛可以相容。意識到原罪的存在，等於意識到原諒、慈悲、行善的可能。

艾森豪幾十年後宣誓就任美國總統，艾達要求他朗誦《聖經．歷代志下》（*2 Chronicles*）第七章第十四節的經文：「這稱為我名下的子民，若是自卑、禱告，尋求我的面，轉離他們的惡行，我必從天上垂聽，赦免他們的罪，醫治他們的地。」最能有效對抗原罪的方式，就是溫馨、甜美、充滿愛的生活方式。重要的是你如何完成你的工作，而不是這份工作能夠帶來多少名望，或許有人也注意到了，這就是「上帝更重視過程」的道理。

自我控制

德懷特．艾森豪是那種同意宗教對社會有益，但是本身卻沒有強烈信仰的人。沒有跡象顯示他對上帝恩典有過強烈的感受，也看不出他具有贖罪式的神學思考，但是他不但繼承母親注重細節的管家婆本色，也一併繼承她認為人性需要一再壓抑才能戰勝自我的想法，他不過是以迴異於宗教信仰的方式抱持他的信念而已。

他從出生那一刻起就很不安分，從小就讓阿比林左右鄰居見識到他大吵大鬧的本事。進入西點軍校後，更維持一貫叛逆、難搞又乖張的行徑，包括聚賭、抽菸在內的一籮筐不良紀錄，不服管教更是家常便飯。畢業時，他在全部一百六十四位畢業生裡的紀律評比竟然落在第一百二十五名，還曾因在舞會上的脫序行為從士官被貶為二兵。然而，不論是軍旅生涯或總統任內，他都是一個逆來順受的人，就像當年萬聖節黃昏在父母親面前強壓下怒氣的那個小男孩一樣。服役期間，艾森豪的下屬試圖尋找他怒氣即將暴發前的蛛絲馬跡，找出那些能預告即將有一場狂風暴雨來臨前的神情。二次世界大戰的記者給艾森豪取了個「壞脾氣的爆裂者」封號，表示艾森豪發飆的破壞力不容小覷，只是表面上看不出來罷了。

曾經擔任艾森豪助手的哈洛（Bryce Harlow）回憶這位上司的脾氣，說道：「就像往正在噴火的貝塞麥煉鋼爐看進去。」艾森豪的軍醫史奈德（Howard Snyder）也說，艾森豪有一次在發飆之前，「可以看見他像琴弦般扭曲的顳動脈一路浮現到頭上。」艾森豪的傳記作家湯馬士（Evan Thomas）也記載：「艾森豪的下屬非常忌憚他生氣的威力。」幫艾森豪安排行程的祕書史蒂芬斯（Tom Stephens）注意到總統擺臭臉時通常會穿著棕色服裝，再加上史蒂芬斯享有從辦公室窗戶直接觀察艾森豪的地利之便，所以他會負責向同事發出「今天是棕色警戒！」的警訊。

艾森豪比大多數人具有更多不同面向的性格，他一方面是深諳部隊粗話俚語的高手，但他幾乎不曾在女性面前罵過髒話，就連有人講黃色笑話時都會掉頭走開。習慣在校園內菸不離口，讓就讀西點軍校時期的他屢遭訓誡，大戰結束當時，他甚至是一天要抽四包菸的老菸槍，但是有一天他卻忽然說戒就戒：「沒什麼，就是給自己下了個命令。」一九五七年發表國情咨文的時候，他說：「所謂自由，意指有機會能夠自我要求。」

艾森豪內心世界翻攪的程度非一般人所能想像。二次世界大戰結束時，他的身體這裡痠、那裡痛，在失眠和焦慮的折磨下，每天晚上都只能盯著天花板、無法入睡，菸酒不忌的結果竟讓他喉嚨發炎、抽筋以及罹患高血壓，但他自我克制的能耐（或者稱之為優雅的做作）也同樣沒有極限。他天生就不善於掩飾情緒，臉部表情往往讓他被一眼看穿，但是經過多年努力，他成功戴上自信滿滿的面具，散發出鄉下男孩樂觀進取的氣質。一般人只要提到他，就會想到陽光且孩子氣的個性，如湯馬士寫下艾森豪告訴孫子大衛（David）的一段話，說自己的笑容「不是來自於某個充滿陽光與善念的人生哲學，而是來自於被西點軍校拳擊教練擊倒的體悟，那個教練說：『如果你沒辦法在被擊倒後笑著站起來，你就永遠沒有機會反敗為勝。』」艾森豪知道自己必須把自信掛在臉上，才有可能帶領軍隊打勝仗。

我強烈要求自己在公眾面前的演說必須反映出勝利在望、歡欣鼓舞的氣勢——不論我再怎麼悲觀、洩氣，這些情緒都只能埋在我的枕頭底下。為了把這個信念轉化成看得見的成果，我會在現實條件許可範圍內，盡我所能在各軍種中視導。不論面對的是將軍還是小兵，我都傾力面帶微笑，且拍拍肩膀鼓勵他們，並認真處理他們遭遇到的問題。

艾森豪總是處心積慮的掩飾內心激昂的情緒。比如他會在日記裡條列出哪些人冒犯他，做為沖淡自己對他們憤怒情緒的排解方式。當他意識到內心燃起那把無名火時，他知道自己絕對不能變成恨意的傀儡，他在日記裡寫著：「生氣成不了事，甚至會讓人思緒紊亂。」偶爾他也會把冒犯者的名字寫在一張紙條上，再隨手扔進垃圾桶，做為另一種釋放情緒的方法。艾森豪並不是道德完人，反而跟他母親一樣率性而為，然而他能將自己的人生安置在刻意規劃的控制範圍內。

以大局為重

艾達在一九一一年六月八日送德懷特離開家鄉前往西點軍校就讀。艾達始終是一位堅定的和平主義者，對於軍旅生涯抱持反對立場，但是她告訴兒子：「畢竟這是你的選擇。」艾達目送火車離開後，回到家把自己關在房間裡。其他孩子隔著門還是可以聽見她啜泣的聲音，弟弟米爾頓（Milton）後來告訴兄長，這是他有生以來第一次聽到媽媽哭。

艾森豪於一九一五年從西點軍校畢業，早期軍旅生涯籠罩在第一次世界大戰的陰影下，不斷接受作戰訓練，但是他完全看不出哪項軍事行動有助於讓戰爭早日結束。他甚至沒離開過美國本土，花了好幾年待在軍營裡練兵、教橄欖球、負責後勤作業。他曾激動的要求上級把他派去前線，直到一九一八年十月，二十八歲那一年才接到派任令，預計在十一月十八日搭船前往法國——是的，你沒記錯，戰爭在十一月十一日就結束了。這還真是造化弄人啊。

艾森豪在一封寫給同僚的信裡嘟囔道：「恐怕我們往後的人生要花很多時間解釋自己為何不曾上過戰場，」接著他一反常態發出宣言，「奉上帝之名，從現在開始，我將不計代價，只求能夠擺脫這宿命般的結局。」

他的願望並沒有馬上實現。一九一八年戰後即將分派到新單位前，艾森豪才晉升為校級軍官，直到二十年後，一九三八年才又再次獲得升遷，主要是因為先前有太多軍官在戰爭期間已經占滿缺額，所以整個軍隊體系在二〇年代沒有多少晉升空間，且軍人在美國民間的評價也遭到邊緣化。他的職業生涯就這樣不進不退，反觀其他留在民間的兄弟都有不錯的發展，所以不難看出四十來歲的艾森豪在手足之間比較沒有成就。步入中年的艾森豪直到五十一歲才晉升為將軍，大家都不看好他日後還能有什麼發展。

戰間期間，他做過步兵軍官、橄欖球教練、軍事幕僚，也斷斷續續待過步兵坦克學校（Infantry Tank School）和指揮與參謀學院（Command and General Staff School），最後來到戰爭學院（War College）。他有時會對自己任職單位裡的官僚作風感到挫折，覺得白白消磨才能和發展空間。不過總體來看，他的反應仍舊自制得超乎想像，他成為一位標準「以大局為重」的人。艾達對言行舉止的要求讓艾森豪很能適應部隊裡的行為準則，願意為了整體考量按捺個人欲望。

艾森豪曾經在回憶錄裡提到，自己在三十多歲時弄懂「軍隊裡最基本的一課：戰士應該出現的位置，就是上級指派給他的位置」，艾森豪像個陀螺一樣在軍隊中輪調，「該如何調適？我認為最好的做法就是私下碎唸個幾句，然後轉身把手頭上的工作好好完成。」

身為軍事幕僚（一個既不吸引人也不討喜的角色），艾森豪對於程序、流程、團隊合作跟組織運作的工作愈來愈上手，也愈來愈懂得如何在組織內勝任愉快，「每當我來到一個新的工作單位，我會先觀察誰是工作環境裡最優秀、最有才幹的人。我會把所有想法先拋在一邊，盡我所能推動這個人認為該做的事。」之後他也在《稍息》中寫道：「凡是懂得比你多、做得比你好，見解比你還深刻的人，想辦法跟他們多多接觸，盡量向他們學習。」艾森豪擅長準備和調適的工作，他說過：「計畫本身並不重要，重要的是擬訂計畫的過程，」亦即「要重視計劃的過程，別盲目相信計畫本身」。

對於人生定位，艾森豪也有一套自己的看法，他隨身攜帶一首無名氏寫下的短詩：

拿個水桶，裝滿水，
將手放進去，一直浸到手腕。
現在把手縮回來，
看看這桶水有何不同，
這就是你將留給世人的印象……

這個寓言告訴我們，
做事情要全力以赴，
要讓自己覺得驕傲，
但別忘了，
世上並沒有無可取代的人！

人生導師

艾森豪在一九二二年奉派到巴拿馬擔任第二十步兵旅的軍官，在巴拿馬兩年的經驗讓他經歷了兩件事，其一是讓他先暫時拋開長子小艾克夭折的陰影，其二是讓他結識康納將軍（Fox Connor）。歷史學家史密斯如此描述康納：「他是個低調的人，從容鎮靜、輕聲細語，一絲不苟又溫文儒雅。他是一位喜愛閱讀的將軍，對歷史涉獵甚深，同時具有優異的軍事判斷力。」在康納身上完全看不到誇張的行為，艾森豪從他身上學到一句格言：「永遠要以你的工作為重，而不是你的個人主義。」

康納充分展現領導者謙遜的典範模式，艾森豪回憶這位上司說：「在每一位讓我深感敬佩的領導者身上，我都能觀察到一種謙遜的氣質。我認為，每位領導者都應該要有雅量公開宣示，一旦自己挑選的下屬犯了錯，他願意一肩扛起所有的責任；同樣的道理，也應該要能公開表揚下屬，將成功歸於他們優異的表現。」艾森豪眼中的康納是「一位務實的領導者，腳踏實地。不管是在家鄉和最重要的人共聚一堂，或是對待部隊裡的每一個人都抱持相同態度。他從來不擺架子，是我見過最開明、最誠實的一個人。……他的言行舉止無論經過多少年，還是帶給我深刻的影響，沒有其他人能夠和他相提並論。」

康納不但讓艾森豪愛上經典著作與軍事戰略，也讓他學會如何分析世界局勢，艾森豪認為在康納麾下的那段期間「像是在軍事戰略與人文學科的研究所進修，他對人類社會的知識與人類行為的分析有著豐富經驗，孕育出精采絕倫的觀點和評斷。……那是我一生中最多采多姿，也是最具有建設性的（階段）。」從小和艾森豪一起玩到大的朋友「瑞典佬」哈茲列特（Edward "Swede" Hazlett）曾經去巴拿馬找過他，看到艾森豪「在宿舍二樓門板隔間裡塞滿了書，有機會就隨手拿一本書起來瀏覽，在這裡的艾森豪會利用空閒時間塗塗寫寫，將他品評以往經典大師的過程記錄下來。」

這段時間，艾森豪訓練馬匹「小黑」（Blackie）的心得也很值得一提。在此引述他在回憶錄裡所說：

> 和小黑相處的經驗，還有早年在傳說招募成效不彰的寇特營區（Camp Colt）裡的經驗，讓我多年來一直深信，我們太常替一些發展較慢的孩童貼上前途無望的標籤，認定不靈活的動物派不上用場，或是以為耗竭的土地已經無法回復生機。我們會這樣做的原因，大部分是因為我們不願意花時間試圖證明自己看走眼了：證明問題兒童其實也可以變成好人，動物能夠從訓練中學習，土地可以重新恢復生產力。

康納將軍安排艾森豪前往位於堪薩斯利文沃思堡（Fort Leavenworth, Kansas）的指揮與參謀學院進修，艾森豪在同期兩百四十五位學員中，以第一名的成績結業。就跟馬兒小黑一樣，艾森豪的才幹並沒有被抹滅。

艾森豪在一九三三年達成戰爭學院史上最年輕畢業軍官的成就，旋即被派任為麥克阿瑟將軍的特別助理，隨後幾年一直跟著麥克阿瑟將軍，大部分時間是在菲律賓協助獨立建國的準備工作。麥克阿瑟較為浮誇，艾森豪雖然尊敬他的上司，卻對他的個性不敢恭維，艾森豪描述麥克阿瑟「身上透露著上流社會的氣質，而我則是來自民間的平凡人」。

在麥克阿瑟手下任職的經歷可以說是對艾森豪脾氣的終極試煉，他們兩人的小辦公室緊連在一起，中間只隔了一片木板門；「他都從自己辦公室直接拉開嗓門叫我，」艾森豪回憶說，「他是一個果斷又強勢的人，總有辦法可以讓我感到錯愕；在回想往事或講述故事的時候，還會用第三人稱的觀點描述自己。」

艾森豪有好幾次要求調離麥克阿瑟幕僚工作的職務，但是麥克阿瑟一律打了回票，並堅稱放眼全美軍各單位，軍階只有校官的艾森豪若繼續留在菲律賓工作會更有前途。

上司的回應讓艾森豪感到相當失望，不過他還是在麥克阿瑟手下多服役了六年，隱身幕後處理責任愈來愈重的規劃工作。艾森豪一貫以上司為重，但是最後仍然受不了麥克阿瑟自大到目空一切的做法，在某次麥克阿瑟讓人無法忘懷的猖狂演出後，艾森豪把所有的怒氣一股腦發洩在日記裡面：

我必須說，和他共事八年，替他一字一句寫下演說稿，幫他保守祕密，避免他給自己惹來太多麻煩，替他多方設想，在背後默默支持他這麼久，他還能對我瞬間爆怒這一點實在讓人無法理解。我想是因為他寧可坐在寶座上享受馬屁精的諂媚而飄飄然，卻不在意檯面下看不見的地方有多少奴隸在替他做牛做馬，好讓他在公眾面前顯得光鮮亮麗又見識卓越。他根本是個狂人，更糟糕的是，他的不成熟實在讓人難以忍受。

艾森豪在工作上認真盡責，會以上司的想法為念，設身處地替他們著想，並且在期限內有效率的達成任務，因此所有上司（包括麥克阿瑟在內）到了最後都讓艾森豪順利晉升。二次世界大戰期間是艾森豪一生當中最大的挑戰，他壓抑自我情緒的能力讓他充分發揮專長，他從來不用英雄的浪漫情懷看待戰爭，那是與他共事一輩子的喬治．巴頓（George S. Patton）所抱持的觀點，他把戰爭看成一項艱困卻必須承擔的責任。多年來的學習過程讓艾森豪較不在意成為戰爭英雄的刺激感與魔幻魅力，反而更注重平凡無奇卻能確保戰爭勝果的關鍵事務，例如和不易共處的人維繫聯盟關係；打造足夠的登陸艦艇實現兩棲搶灘的可能；確立後勤物流的體系運作順暢。

艾森豪是善於在戰爭期間運籌帷幄的指揮官，為了維持跨國盟軍體系，儘管他比任何人都更清楚各國間齟齬不斷的癥結，但是他從不表露身處其中的挫折感，還盡力制止各國間的分歧意見，讓各路人馬能夠維持同一陣線的狀態。他會把戰勝的功勞歸給下屬，而在史上最受人矚目卻沒機會發表的演說中，也可以看出艾森豪早就準備好要將失敗的責任一肩扛起。艾森豪預計在諾曼第登陸作戰計畫失敗後發表的聲明稿上寫著：「我們發動的登陸作戰……失敗了。我必須把投入的軍力撤離戰場。會在此時此地發動攻擊，是我根據所有可取得的最充分資訊而做出的判斷，我方將士，包括空軍和海軍在內，都已經英勇的投入這場戰役，如果有任何關於登陸作戰的責難或是失誤之處，全都是我一個人該負起的責任。」

艾森豪自我克制、嚴以律己的生活方式也有其缺點。他不是一個有遠見的人，也不太能進行創意思考。戰爭期間，他不是一位神出鬼沒的戰略專家；擔任總統的時候，他也沒意識到許多大幅改變當代歷史走向的潮流，不論是提倡人權的呼籲或是麥卡錫主義所帶來的威脅。艾森豪一直對抽象概念感到棘手，政敵大肆抨擊馬歇爾將軍的愛國情操時，艾森豪怯於挺身捍衛同僚的做法也很不光彩，不但在日後留下汙點，也讓艾森豪後悔莫及。

出於個人意志的自我克制讓艾森豪在該散發溫情時卻顯得冷漠，在該不顧一切伸張正義時卻務實到有些冷血無情，在戰爭末期對待貼身侍衛凱伊．桑莫斯比（Kay Summersby）的做法更是惹人非議，畢竟桑莫斯比不但扶持艾森豪走過人生最低潮的歲月，坊間也認定她就是艾森豪的緋聞對象，結果艾森豪就連好好跟她道別都做不到，讓桑莫斯比發現自己突然不在艾森豪訪問團的名單內，另外收到艾森豪辦公室軍職文書以打字機印出來一段冷冰冰的字：「相信你也了解，要用這種方式結束一段對我而言如此寶貴的關係，是多麼讓我感到心痛。但這是因為我不會讓這段感情發展到失控的地步……希望你今後也能不時給我捎來訊息，我會一直關心你的日子過得好不好。」艾森豪已經太習慣壓抑自己的情感，就連到了要分手的時刻也不表露出任何一絲激情，斷絕任何餘情未了的可能。

偶爾艾森豪也會意識到自己的缺點，他會用心目中的英雄喬治・華盛頓為例說明：「我經常感受到偉大的上帝對我的深切期待，所以祂賦予我大處著眼的清晰視野、勇往直前的力量，還有無與倫比的堅定意志。」

只是有時候，生命本身就是一間完美的課堂，會給我們扎扎實實上一堂日後派得上用場的課程。艾森豪雖然從來不是個機靈的人，但是我們可以從兩項傑出的特質看出他成熟的一面。這兩項特質一路伴隨著艾森豪成長，愈陳愈香，其一是他創造另一個自我的能力。現代人的生活方式傾向呼應真實的自我，我們比較相信一個「真實的自我」才是最自然而純正的自我，這也代表人生在世都有真誠示人的那一面，我們應該用誠實的態度呈現這個真實、內在的自我，而不是屈從於外在壓力，替自己戴上面具。如果不能消除內在本質和外在行為的差異，就表示你採取做作、欺騙、狡詐又虛偽的方式生活。

艾森豪抱持不一樣的處世哲學，反倒認為加工修飾才符合天性。每個人都是從原始狀態出發，有些人性善，有些人性惡，這些本性都應該被修飾、被約束、被整建、被抑制、被塑造並經常被局限，而不是大剌剌的暴露在公眾面前。換句話說，個性是教養後的成果，真正的自我必須建立在本性之上，而不是每個人最初開始的原始狀態。

艾森豪不算是一位表裡如一、願意坦誠自身想法的人，他會把自己的想法都寫在日記裡，有些讀起來還特別辛辣，像是他筆下的參議員諾蘭（William Knowland），就是一位「能夠不斷秀下限的人物——到底是怎樣才能笨到那個程度？」但是艾森豪在公開場合卻展現出和藹可親、樂觀向上，來自農村純樸男孩的樣貌。擔任總統的時候，只要符合角色扮演的需要，他絲毫不介意用笨拙的演出讓外界低估他的智商，如果有利於推動心目中的計畫，他也會樂於展現拙於言辭的那一面。

從小就學會壓抑脾氣的艾森豪，長大後自然也懂得如何壓抑自己的企圖與能力；艾森豪從古代歷史中很自然學到很多啟示，他尤其推崇雅典工於心計的領導人地米斯托克利，但是他從不打算效法古人，不希望自己看起來比其他人精明，或是流露出優於一般美國人的氣質。艾森豪反其道而行，刻意營造簡樸的形象，散發一種未經雕琢的吸引力。身為總統的艾森豪有時為了處理棘手的議題，需要出面統整反覆辯證的內部會議；他會事先針對要達成的目標提出清楚且明確的指示，然後信步走往記者會會場，用蹩腳的表達方式掩蓋他真正的企圖，或是乾脆假裝對整個計畫渾然不覺：「對我這種傻小子來說，這些內容都太複雜了。」他真的不介意讓自己顯得笨拙（所以我們也不會認為他是個天之驕子）。

艾森豪的簡樸是一種策略，他挑選的副總統尼克森在艾森豪死後回想起自己的長官說道：

「（艾森豪）遠比大多數人心目中所想的還要複雜和迂迴，是最能掌握這些字眼個中意味的人。他不會被單線思考自我設限，永遠會備妥第二、第三或第四種可能去詮釋一個問題。……他的思考方式又快又敏捷。」艾森豪是公認的橋牌高手，傳記作家湯馬士形容艾森豪「在豪邁有如堪薩斯晴空般的笑容裡，隱藏著許多不為人知的祕密。受人尊重的他，偶爾也會有讓人猜不透的時候，雖然外表看起來一如往常的親切，但內心世界卻是暗潮洶湧。」

有一次在舉行記者會之前，艾森豪的新聞祕書哈格堤（Jim Hagerty）向他回報台灣海峽的局勢愈來愈難應付，艾森豪笑著對他說：「別擔心，吉姆，如果有人問到這一題，我會答到讓他們一頭霧水的。」記者會上，這個問題一如預期被記者哈許（Joseph Harsch）提了出來，艾森豪隨即自然而然回應道：

關於戰爭，我只知道兩件事情：最有可能改變的因素，是面對戰局日復一日變化下的人性，但是人性也是唯一不受戰爭影響的因素；另一件事，所有戰爭暴發跟進展的方式都會超乎你的想像……，所以我想，得保持耐心繼續觀察下去。身為總統，總有一天會需要面對這些問題，做出祈求上蒼保佑的決定。

記者會結束後，湯馬士這樣記載：「艾森豪自鳴得意的說，自己一定給蘇聯和中國的翻譯官出足了難題，讓他們得費盡功夫去向頂頭上司解釋艾森豪到底是什麼意思。」

艾森豪的雙重性格讓其他人很難真正了解他，他的兒子約翰（John Eisenhower）向傳記作家湯馬士說：「祝福你能夠搞懂我的父親，我可做不到這一點。」在艾森豪過世後，有人問遺孀瑪米（Mamie Eisenhower）是否真的了解自己的丈夫，她回答說：「我不知道有誰真的了解他。」儘管如此，自我克制卻讓艾森豪可以克服原始的欲望，完成所有被分派到的工作——不論是身為軍事統帥，或是做為一位歷史人物所需要完成的工作。他用簡樸的眼光筆直望向前方，以其大智若愚臻入化境。

自持節度

隨著艾森豪愈來愈成熟，自持節度也成為他人生最終的特質。自持節度是一個常被誤解的德行，可以用負面表列的方式好好說明。自持節度不是在兩個極端之間投機取巧的尋找安穩的中間點，不是故作鎮定裝做什麼事情都沒有，也不是抱持溫和的立場迴避衝突對立的意念和想法。

自持節度反倒是建立在衝突無可避免的意識上。如果你認為世界上所有事情都能夠相互契合，那就根本不需要自持節度；如果你認為自己的各種人格特質都能融合得非常和諧，同樣不需要自持節度，儘管大開大闔去追求自我實現和自我成長就可以了。如果你以為所有道德價值都指向同一個方向，所有政治目標都在筆直的前方，只要持續前進就能一口氣全部達陣，自持節度也一樣多餘，只需要盡快朝真理邁進就行了。

自持節度就是建立在世事無法相互契合的概念上，好比政治課題很可能僵持在合法基礎與利益分配之間，哲學可能是諸多不同視角的事實彼此拉扯的結果，個性更是各種矛盾特質競逐而成的價值體系。克羅爾（Harry Clor）在《論自持節度》（*On Moderation*）提出精闢的論證：「人類的精神與靈魂有根本的歧異，這就是我們需要自持節度的來源。」以艾森豪為例，他一方面充滿幹勁，另一方面又堅持要自我克制，這兩種念頭都各有其作用，卻也都不是那麼無往不利；偶一為之的義憤填膺可以讓艾森豪更接近公義，也有可能蒙蔽判斷；自我克制可以讓他穩穩當當完成任務，同時也讓他變得冷血無情。

自持節度的人可以同時包含各種相互抗衡的才能，而且是從一開始就分別發揮到極限。他們爆衝的能力就跟追求秩序的能力一樣狂妄，認真起來像是所向披靡的太陽神阿波羅，玩起來又像酒神般毫無約束；一方面帶有堅定的信念，另一方面卻又帶有最深層的懷疑，可以同時是亞當一號和亞當二號。

自持節度的人一開始就處在各種對立的傾向中，卻不會影響他們和諧的生活，因為他們能夠維持各種傾向適當配置的掌握度，找到處世的平衡點。自持節度的人永遠都在尋求階段性的安排，好讓自己在某個特定的時空環境下，能兼顧追求穩健與風險的平衡點，好在一明確的範圍內追求自由的空間。自持節度的人知道這些衝突永遠找不到最終解答，偉大的成就不可能建立在單一的原則和觀點上。掌握平衡的方式，就好像航行在暴風雨中的一艘船：當船身向一邊傾斜，或是船身頭重腳輕，都需要調整重心——需要對應不同環境一再調整、再調整，才能夠維持船身的平穩無虞。

艾森豪天生就懂得這個道理，他在連任總統任期內，寫信給兒時的玩伴「瑞典佬」哈茲列特，若有所思的表示：「或許我真的就像是風雨飄搖中的一艘船，但是起碼還能夠在不停變換航道和大轉彎中穩住舵而不擱淺，並且大致上依照原本設定的路線緩步向前，儘管中間過程既耗時又費力。」

克羅爾認為自持節度的人知道自己沒辦法面面俱到。不同信念之間總會有相互對抗的張力，我們必須接受人生沒有單純又完美的事實，只能信奉某一種真理或價值。自持節度的人知道在公領域可以達成的理想有限，不同情境下相互衝突的矛盾會讓我們無法擁有一個清澈透明的終極解決方案——擴張許可權限勢必會鼓勵更多人爭取執照，取消證照制度又難免要限縮許可範圍，所有公共政策都無法擺脫類似的取捨。

自持節度的人只希望自己的人格別放縱成性，他們會保持距離理解相互對立的觀點，並珍惜個別的優點。他們認為衝突對立本來就是政治的傳統文化，公平和發展、集權或分權、秩序與自由、社群主義和個人主義之間是永無止境的對抗，沒有終極的解答，也沒有必要調停爭議，只能期望在適當的時機點維持各種立場的平衡。自持節度的人不相信有什麼政策禁得起永恆的考驗（這個道理顯而易見，光從不同國家的理論大師都能人手一把號就可略知一二），他們不會推崇抽象的原則，而是深刻了解法令規章不能違背人性，因此會找出合情、合理又合法的平衡點。

自持節度的人希望紀律能幫他們整合出一副完整的靈魂，正如韋伯（Max Weber）所說的，既要有熾烈的熱情，也要有冷靜的判斷力——抱持熱情追求目標，同時謹慎判斷什麼才是實現目標的適當手段。自持節度最完美的人格特質，不但擁有崇高的靈魂，也擁有駕馭靈魂的穩定性格。他們對狂熱的行為採取懷疑的態度，一如他們知道不能放縱自己；他們不相信過度的熱情和有勇無謀的直率，因為他們知道在政治的場域裡，失敗的損失往往比成功的效益來得嚴重，而領導人做錯事的代價，往往高於他們做對事情所帶來的效益。因此，戒慎恐懼才是正確的態度，知道無法全知才是智慧的基礎。

對很多當時跟好幾年後的人而言，艾森豪看起來就像是一個熱愛西方小說的二愣子。然而，愈來愈多歷史學家提高了對他的評價，他不動聲色的內心世界也愈來愈受人敬重。他卸任總統職位時所發表的演說，至今仍被視為自持節度最完美的實務典範。

艾森豪發表卸任演說時，美國政壇甚至是公眾道德觀都走到了歷史關鍵的轉折點。繼任總統約翰·甘迺迪在一九六一年一月二十日所發表的就職演說，象徵文化變遷，意味著歷史的步伐將往新的方向前進，代表一個年代的終結與世代交替，套用甘迺迪的說法是「一個重獲新生的世代」，將會用「新的作為」建立「新的法治社會」。甘迺迪認為未來擁有無限的發展可能，宣稱「透過我們雙手的力量就可以消除一切形式的貧困」，呼籲大家採取無拘無束的做法，「因為我們付得起任何代價，承擔得起所有負荷，克服得了所有的困難挑戰……」甘迺迪向就職演說的聽眾喊話，不要只是忍受問題，而是要動手解決問題：「讓我們一起，去探索宇宙，去征服沙漠，去消除疾病。」這是一場將人類自信展現到極致的演說，鼓勵了世界上成千上萬數不盡的人，同時替日後政治演說應具備的恢弘氣度設立了新的標準。

相較之下，艾森豪在三天前的卸任演說象徵了一個即將謝幕的世界觀。甘迺迪強調的是無限的可能，艾森豪卻對人定勝天的傲慢心態示警；甘迺迪推崇勇氣，艾森豪崇尚謹慎；甘迺迪鼓勵全國人民勇於向前探索，艾森豪呼籲要取中執穩。

「取得平衡」一詞不斷出現在艾森豪的演說稿中（要設法在各種相互競爭的價值體系中取得平衡）：「要在私有經濟與公共經濟間取得平衡，在成本與預期效益間取得平衡，在具體的需要與追求舒適的想要之間取得平衡，要在我們對一個國家的基本要求與國家賦予個人的義務之間取得平衡，要在當下採取的行動與國家未來的福祉之間取得平衡。要用正確的判斷追求平衡與進步，否則遲早會陷入失衡與挫折的困境之中。」

艾森豪提醒美國人不要相信有所謂的特效藥，他認為美國人永遠都不應該相信「某些華麗又昂貴的做法可以替當前所有困難帶來奇蹟般的解決方案」，他提醒美國人注意人性上的弱點，特別是短視近利的傾向。他呼籲美國人「不要只想著及時行樂，只顧貪圖一己私利就把將來寶貴的資源掠奪殆盡」。艾森豪的呼籲與幼年時的簡樸特質相互呼應，他要美國人注意一件事，不可以「毫無風險概念的質押後代子孫的有形資產，這會同時葬送後代子孫的政治與精神資產」。

艾森豪的警世之語最可觀之處，是對世人汲汲於追逐權力，以及權力未受制衡將進一步導致國家崩壞的憂心。他首先點名批判政商關係複雜的軍火工業，「常駐軍火工業在其中占了很大一部分」，然後點名「掌握先進科技的精英分子」組成一個專門遊說政府出資的強大網路，可能就這樣奪走一般公民手中的權力。

就跟美國諸多開國元勛一樣，艾森豪的政治觀建立在對掌權者缺乏制衡的不信任上。他經常提到的觀念是，領導者只要能好好維護自己接手來的既有成果就好，能做好守成工作就已經比企圖改變現狀、開創新局的領導人更值得稱許了。

這就是一位從小被要求克制自我衝動，並奉為一生圭臬、精益求精的人所發表的演說，是一位知道我們有幾斤幾兩重，並從骨子裡認定人類本身才是問題根源的領導者所發表的演說。他習於對他的顧問說：「別讓我們輕易犯錯。」因為他認為在時機成熟之前，按部就班做出決定會比急就章來得妥當。

這些是他母親早在幾十年前就灌輸給他的教訓，這就是不以自我表現，而是以自我克制所構築的人生。

04 行經蔭谷

一九〇六年四月八日晚上，當時八歲的多蘿西．戴伊（Dorothy Day）住在加州奧克蘭。那天晚上，她一如往常在就寢前禱告。她是家裡唯一虔誠信奉宗教規範的人，日後成為她自己筆下「對宗教虔誠的驕傲態度足以讓人作嘔」的人；幾十年後，成年的戴伊在日記裡表示，自己總能感受到內心深處另一個心靈的世界。

禱告到一半，竟然開始天搖地動，當悶雷般的轟隆聲開始作響時，她的父親急忙衝進孩子們的房間，拎起她兩個弟弟就直往前門衝，她的母親也從她手中抱走小妹妹。

父母親顯然認為戴伊有能力照顧自己，所以當黃銅色的床鋪在打過蠟的地面搖來晃去時，只有她孤伶伶的待在床上。

那一晚發生了著名的舊金山大地震，戴伊直覺認定是上帝來到了人間，她回憶當時的狀況說：「原本的地板變成了波濤洶湧的海面，用最驚人的方式襲擊我們家。」她聽見屋頂儲水槽的水在頭上四處飛濺的聲音，這種感覺「讓我聯想到上帝擁有的絕對力量。不帶人性、讓人感到害怕的上帝伸出手朝向我（祂虔誠的子民）抓了過來，不帶有任何情感。」

等到地震結束後，整棟房子已是一片狼藉，破掉的盤子砸了一地，書本、吊燈、天花板跟煙囪也統統掉在地上。整個奧克蘭滿目瘡痍，在一瞬間陷入困窘待援的處境，不過日後灣區居民同心協力度過難關。

戴伊幾十年後在回憶錄裡記載：「陷入危機的時候，我們彼此心手相連，就好像大家都齊聚在基督信仰底下。這會讓人去思考，如果願意的話，我們會如何在逆境中去關懷他人，不帶有預設立場的憐憫同情與誠摯關懷。」

作家保羅．艾利（Paul Elie）指出：「所有生命歷程都濃縮在當時的情境底下。」危機四伏的環境、近身感受上帝的威力、陷入貧困、被世界遺棄的孤寂感，不過也能在同時感受到社群之愛驅走了寂寞，特別是當眾人齊心克服最深層需求的時候。

戴伊天生是個熱情的理想主義者，就好像是喬治．艾略特小說《米德鎮的春天》裡的主角多蘿西亞一樣，如果順性發展，多蘿西亞將會擁有一段精采的理想人生。但是太過平凡的小確幸無法滿足多蘿西亞，像是擁有簡單的好心情、享受一段快樂時光、與好朋友共聚一堂，或取得一定的成就等。

艾略特在小說中這麼描述：「她的熱情很容易從心中引爆，熱切追求一個沒有止境、不會懷憂喪志的目標，因為超越生命局限的快感足以克服所有讓人感到絕望的時刻。」就像戴伊尋求的是精神上的不屈不撓，讓她可以為了某些不證自明的目的奉獻犧牲。

年少歲月

戴伊的父親原本是一名記者，但是隨著報社印刷廠在震災中付之一炬，父親也失去了工作，全家的財產都變得一文不值，讓戴伊親身感受到落入赤貧的困窘。父親帶著全家人搬到芝加哥，而後寫了一本從來不曾發表過的小說。重視威嚴又多疑的父親要求孩子們除非獲得許可，否則不准踏出家門一步，也不可以帶朋友回家。星期天全家人共進晚餐時，戴伊只記得所有人低頭咀嚼的聲音，剩下的就是令人鬱悶的沉默。戴伊的母親雖然想盡力扮演好自己的角色，但是她不但有過四胎流產的悲傷往事，有一天晚上還歇斯底里的把家裡所有盤子都摔到地上。隔天母親表現得若無其事，只淡淡的對孩子們說：「我昨天晚上失態了。」

住在芝加哥的戴伊注意到自己家庭的情感聯繫似乎比左鄰右舍都來得薄弱，「我們彼此都不牽手，寧可把手縮回來傲然而立，這一點跟其他義大利、波蘭、猶太裔朋友的家庭大不相同，我反而比較容易和這些朋友自然而然建立親密的互動關係。」戴伊會跟鄰居一起上教堂唱讚美詩，但是晚上在家向上帝虔誠禱告時卻會招來妹妹的碎唸，「我花很長時間禱告讓妹妹感到不耐，我會一直跪到膝蓋發痛，渾身又冷又僵硬，她會哀求我上床去講床邊故事給她聽。」

戴伊在回憶錄提到，有一天她和最要好的朋友哈林頓（Mary Harrington）聊到怎麼做才算是符合聖人的行為，她寫道自己已經不記得當時談的是哪一位聖人，「只記得內心充滿遠大的理想，渴望參與這些崇高的行為讓我內心洶湧澎湃，《詩篇》中的一句經文一直縈繞在腦海裡，『你開廣我心的時候，我就往你命令的道上直奔』……我不服輸的想法油然而生，準備好大無畏的接受一場心靈旅程的各種考驗。」

那個年代的父母親不認為自己有義務帶給孩子們歡樂，戴伊只記得和朋友們在海灘度過的快樂時光，一起在溪邊抓鰻魚，在沼澤邊緣廢棄小木屋裡你追我跑，幻想大家都住在一個可以永遠不分開的奇幻世界裡。戴伊當然也記得大多數時間的煩悶無聊，尤其是在暑假剛結束的那段時間。做家事跟閱讀是戴伊用來排解無聊的方式，她因此遍覽了狄更斯、愛倫·坡和耿稗思（Thomas à Kempis）所著《師主篇》（*The Imitation of Christ*）等各種文學作品。

青春期的戴伊開始對性事感到好奇，她知道這會讓她心神蕩漾，但是她也曉得這是危險又帶有罪惡感的。十五歲的某個午後時光，戴伊跟她的小弟弟一起去公園玩，那是個晴空萬里、生意盎然的好天氣，想必也有很多男孩試圖跟戴伊搭訕。

戴伊把當天的經歷寫成一封信寄給那時最要好的朋友，她說：「我的心頭打了個寒顫，」下一段她立即正色告誡自己：「沉迷在人世間的情愛是不對的，這些情感、欲望都跟性脫不了關係。我想，這個年紀的我們的確比較性衝動些，但是我認為這些想法是不純正的，只是在追求感官的快感而已，不是信奉上帝的那種心靈契合。」

戴伊把這封長信收錄在文筆斐然的回憶錄《漫長的孤寂》裡，她回想自己十五歲的情景寫道：「我怎麼這麼軟弱，我的自尊心讓我羞於下筆，看著這些字句都讓我覺得臉紅。但是年少時的每一段戀情都再次湧上心頭，然而那都是一時的肉慾。我知道，除非我能擺脫所有原罪，否則我不可能踏進天堂的國度。」

這封信自我檢討的深刻性與為了修正自我的嚴謹程度，會讓你以為這是一名早熟的青少年。在字裡行間可以發現她已經建立基本的宗教觀，雖然還無法掌握上帝給予人性的祝福，但已經汲汲於面對心靈上的修練，「如果我少看一點書的話，大概就不會一直這樣心癢難熬了。我這陣子開始看杜斯妥也夫斯基的作品。」這是她對抗內心欲望的藥方，「只有經歷過對抗原罪的痛苦掙扎，而且唯有成功克制原罪的惡行，我們才能感受到上帝應允的平靜與喜樂。……要克服原罪，我還有很多功課要做，我一直一直不斷努力緊盯著自己，不停祈禱自己能克服所有物欲橫流的誘惑，藉以純化自己的心靈。」

《漫長的孤寂》這本回憶錄，是戴伊在五十多歲時的作品，她坦承這封收錄其中的信「在虔誠中充斥著浮誇與傲慢。當時我寫下自己最感興趣的話題，也就是靈與肉之間的角力，而且我非常刻意假裝自己的寫作風格就像是位大文豪。」儘管如此，這封信還是展露了戴伊日後位列二十世紀最能鼓舞人心的宗教領袖與社會工作者之林的一些特徵：對於純潔的渴望、嚴以律己的特性、為了崇高目標的犧牲奉獻、寧可不畏艱難也不願自滿於唾手可得的歡愉，還有她明白自己可能會在哪邊失足，要如何奮起對抗才能得到上帝最終的救贖等等。

浪蕩人生

戴伊是高中班上唯三取得大學獎學金的學生，最主要是因為她對拉丁文與希臘文都有相當優異的掌握度。但是戴伊卻選擇以一般生的身分進入伊利諾大學就讀，靠著打掃清潔和燙衣服等工作半工半讀賺取住宿與伙食費。為了讓生活多采多姿，戴伊義無反顧的投入社團活動。她先是寫了一篇短文描寫三天不進食的情況而獲准加入寫作社，另外她也參加了社會主義人士組成的政黨，不但因此暫時脫離了宗教活動，甚至還設法惹毛經常上教堂的人。戴伊下定決心告別甜美的少年時光，向社會不公義宣戰的時候已經到了。

十八歲的戴伊已經在伊利諾大學度過幾個寒暑，此時她發現大學生活並無法滿足她，所以搬到紐約專心寫作。她在紐約市閒晃了好幾個月，孤寂感重重朝她襲來：「這座大城市有七百萬人，我居然一個朋友都沒有。我沒有工作，離群索居，城市喧囂中的那股孤寂讓我透不過氣；這是屬於我自己的孤寂，找不到人陪我說話的孤寂感籠罩著我，讓我的喉嚨也變得發不出聲音。無法發聲的雜念重重壓在我心頭，多麼希望能把這種孤寂感一掃而空。」

孤苦無依的這段歲月，讓戴伊愈來愈無法忍受在紐約看見的貧困景象，這種貧困跟她小時候在芝加哥所經歷的不一樣。「每個人都需要透過相互對照的方式才能內化成自己的感受，」戴伊之後寫道，「不論是內化成一個念頭、一種想法、一種希望、一個夢想或是一個願景；沒有願景的人與死無異。我十幾歲的時候讀過厄普頓・辛克萊的《叢林》（*The Jungle*）和傑克・倫敦的《長路》（*The Road*），這兩本書改變我對貧窮的看法，從此對於貧窮苦難（不論他是在地球哪個角落的勞動階級）多了一份關懷，開始擁抱解救無產階級的偉大夢想。」當時的俄羅斯是許多人的心之所繫，俄國文豪開啟了世人心靈的想像空間，蘇聯共產黨革命更是點燃年輕激進主義者對未來的想望。戴伊最親密的大學好友西蒙斯（Rayna Simons）直接飛到莫斯科想要參與打造未來的工程，可惜幾個月後一病不起，客死他鄉。戴伊在一九一七年參加一場慶祝蘇聯共產黨革命的遊行，當時的她意氣風發，總覺得屬於廣大人民的勝利就掌握在自己手中。

戴伊之後總算在激進報《召喚》（*The Call*）找到一份工作，每星期的工資只有五美元。戴伊要負責所有勞工抗爭的報導，還要撰寫工廠勞工的生活側寫，有一天還先後訪問了紅軍之父托洛斯基（Leon Trotsky）和一位百萬富豪的管家。報社的生活非常緊湊，接踵而來的事件讓戴伊忙得東奔西跑，根本沒辦法靜下心來仔細思考。

雖然戴伊選擇投身社運路線而不是只顧著愛惜羽毛、置身事外的高談闊論，不過她還是結交了一些藝術氣息濃厚的文人雅士，像是知名評論家馬爾康・考利（Malcolm Cowley）、詩人艾倫・泰特（Allen Tate）、小說家約翰・多斯・帕索斯（John Dos Passos）等人，也和鼓吹激進思想的作家麥可・高德（Michael Gold）結成莫逆。戴伊和高德有時候會一起在紐約東河河畔漫步好幾個小時，與高采烈的談論彼此閱讀心得和未來的夢想，高德偶爾一時興起還會用希伯來語引吭高歌。戴伊顯然也和能跟她一起深入探討孤寂、宗教與生死的劇作家奧尼爾（Eugene O'Neill）談過一段柏拉圖式的戀情，戴伊的傳記作者吉姆・佛瑞斯特（Jim Forest）寫道戴伊有時會扶喝醉酒、害怕到渾身發抖的奧尼爾上床睡覺，陪在身旁直到他入睡。奧尼爾曾經想和戴伊發生性關係，不過被戴伊拒絕了。

戴伊挺身為勞動階級不斷抗爭，不過她生命中最重要的演出卻發生在內心世界裡；她逐漸成為求知若渴的讀者，對托爾斯泰和杜斯妥也夫斯基的作品更是醉心不已。

要重現當時的人有多麼認真看待閱讀這件事並不容易。以戴伊和她身邊的人為例，他們認為閱讀重要文學作品形同開啟智慧的泉源，他們相信超凡脫俗的藝術家所擁有的深入見解，有如上蒼遞嬗給人間的天啟，可以透過作品中主要角色的深邃靈魂陶冶自己的心靈。戴伊因此將閱讀視為生命中不可或缺的一部分。

現代人很少把藝術家當成先知，也不會把小說看成上蒼的啟示，如果想要了解一般人的心靈世界，認知科學也已經取代了文學的功效，不過當年的戴伊卻是在杜斯妥也夫斯基的牽引下，「一路走向自我存在的真義。《罪與罰》當中有一段情節，是年輕娼妓向男主角拉斯柯尼科夫（Raskolnikov）說出《新約聖經》的故事，讓他覺得自己犯下的原罪甚至比她還重。《誠實的竊賊》是一個類似的短篇故事，另外也可以在《卡拉馬助夫兄弟》的字裡行間讀到相同概念，像是米嘉（Mitya）在獄中的皈依，或是改編成戲劇『宗教大法官』（*Grand Inquisitor*）裡的警世寓言，都是指引我一路往前的明燈。」戴伊針對自己特別欣賞的其中一個場景寫道：「佐西馬長老（Father Zosima）神采飛揚的說，對上帝的愛會轉化成手足之愛。杜斯妥也夫斯基筆下豐富的情感令人動容，他的作品以及其承載的宗教意涵，對我日後的人生產生很大的影響。」

戴伊不只看過俄羅斯作家的小說，自己更是身體力行。戴伊是位經常出入酒吧的酒國女英豪，考利曾經提到戴伊千杯不醉而贏得黑道人士器重的事蹟。瘦弱的戴伊能有如此能耐，確實讓人難以置信，只是她人生的陰暗面也是因此而起。戴伊一位名為哈樂戴（Louis Holladay）的朋友，就因為吸食過量海洛英死在她的懷裡。律己甚嚴如戴伊，只在回憶錄裡簡單提到自己換過一間又一間髒亂且空氣汙濁的公寓，不但對這段幽暗的經歷有所保留，也沒清楚交代自己的荒唐歲月，只是用「一段探索自我的時光」輕描淡寫帶過，並且語意含混的表示「原罪最令人難以承受之重，就是那說不出口的苦澀滋味。」

一九一八年春天，全球各大城市暴發了致命的流行性感冒（光是在一九一八年三月到一九二〇年六月這段期間，全球就有超過五千萬人因這場疾病而撒手人寰）。戴伊志願進入金斯郡醫院（Kings County Hospital）擔任護理工作，早上六點上班，一天工作十二小時，工作項目包括換床單、清便盆、協助注射、灌腸及洗洗刷刷等雜務。當時防疫工作如同作戰，當護理長走進病房時，資淺的護理師都要立正站好，戴伊回憶說：「我喜歡那種紀律和按部就班的生活方式，相較之下，在那之前的人生根本亂無章法也看不到未來。在醫院工作這一年得到的其中一個啟示，就是讓我了解到好好規劃自己並維持有紀律的人生，是世界上最艱難的事之一。」

戴伊在醫院認識了報社記者莫伊斯（Lionel Moise），兩人之間的親密關係如同乾柴烈火，一發不可收拾，春情蕩漾的戴伊在情書裡大剌剌寫著：「你好強，我愛死你那勇猛的床上功夫了。」不久後，戴伊懷孕了。莫伊斯要戴伊墮胎，她照做了（這段情節也沒出現在戴伊的回憶錄裡），不料卻換來被莫伊斯拋棄的結果。傷心的戴伊有一天晚上甚至還鬆脫公寓的瓦斯管線想要自殺，所幸被鄰居及時發現救了回來。

戴伊在回憶錄裡表示，醫院的志工工作讓她對苦難愈來愈麻木，也沒有時間從事寫作，所以她選擇離職。不過她沒說的是，當時她也答應年紀大她一倍、來自美國西北部富翁柏克萊・托比（Berkeley Tobey）的求婚。他們一起去歐洲旅行，等回美國之後就分手了。回憶錄裡，戴伊把這趟歐洲行寫成一個人的旅行，利用托比去歐洲玩這件事畢竟令人難以啟齒。戴伊之後跟記者德懷特・麥克唐納（Dwight MacDonald）坦承說：「這種丟臉的事情實在讓人難以下筆，總覺得利用他完成自己的心願很不光彩。」

戴伊還有兩次被捕入獄的不光彩紀錄，第一次發生在一九一七年二十歲時，另一次是一九二二年二十五歲之時。第一次是因為從事政治活動被捕，那時的戴伊積極參與婦權運動，結果在出席一場白宮前的示威抗議活動中遭到逮捕，最後連同其他異議分子都被判處三十日拘役。這些獄友入監後繼續發起絕食抗議，忍受飢餓的戴伊很快就陷入情緒的低潮，從一開始和絕食者的同仇敵愾，轉變成一切都沒意義且完全不對勁的感受。「那時的我覺得所有事情都沒有什麼因果關係，一點也不像是個激進分子，只感覺到自己被黑暗和疏離感層層圍繞。……我非常負面的認為人類的努力都將徒勞無功，人世間就是沒有出口的一齣悲劇，如果有所成果的話……大概也是撒旦刻意安排的陷阱。我只是個可憐的小東西，滿腦子都是自欺欺人跟自以為是、虛偽又不實的想法，落得坐牢的下場只能說是罪有應得。」

戴伊在獄中要來一本《聖經》卯起來讀。獄友告訴她，有些人犯會被關在單人禁閉室長達半年的驚悚故事，「這個打擊讓我難以承受，我真是不敢相信，人類怎麼可以用這麼殘忍的方式對待其他人。」

戴伊一向不能忍受不公不義的事情，而早年的她其實尚未建立一套堅定的信念，入獄後的戴伊已經在下意識裡隱隱約約感受到，欠缺理念的改革運動恐怕無法避免失敗的結果。

第二次入獄的經歷帶給戴伊更大的精神打擊。她原本只是去貧民窟的公寓找一位藥物成癮的朋友，而公寓所在大樓同時是激進社團世界工業勞工聯盟（ＩＷＷ）的倉庫及住所。當天警察直接闖進大樓搜捕破壞分子，認定戴伊和她朋友兩人都是娼妓，強迫她們衣不蔽體的站在大街上，然後將兩人又拉又拖的送往監獄。

那時候的戴伊不見容於美國反左傾的社會思潮，她也認為自己不該如此不小心與畏畏縮縮。

她把這次被捕視為自己散漫人生的報應，「不論我被指控觸犯什麼法條，我都不認為還有比那時候更丟臉、更抬不起頭的時候。不只是因為我被捕、被貼標籤或是被公然羞辱，也是因為我居然又認為自己是罪有應得。」

這些都是讓戴伊掏空自己，深切自我批判的過程。多年後戴伊已經不再用那麼尖銳的視角回顧年少輕狂的歲月，而是帶著一份驕傲感，看待自己在缺少其他楷模的指引下，如何建立起是非對錯觀念。「我認為，先不論法律問題的話，縱情聲色的日子對人生或多或少也有些好處。不服氣的說，我認為男人訂的法律只是用來壓迫別人的工具，掌權者可以量身訂做自己要的法律，過著悠悠哉哉的生活；說真的，他們根本沒有是非善惡的觀念。什麼是善，什麼又是惡？人的良知很容易被蒙蔽，反倒是縱情聲色自有一套遊戲規則。」

戴伊也不是只沉迷在花天酒地又自私自利的幽暗世界而已，她對自己的嚴厲批判源自於迫切追求精神上的滿足。她使用「孤寂」一詞形容自己的渴望，對一般人而言，這個詞只代表一種孤單的感受，雖然戴伊確實是獨自一人生活，這點也的確對她造成困擾。但是戴伊刻意強調「孤寂」一詞所描述的精神面孤立感，她認為冥冥之中存在著不證自明的理由、個體和行為，需要努力不懈的去把它們找出來。

戴伊認為自己沒辦法過著膚淺又庸庸碌碌的生活——只在意喜樂或成就，甚至只是沒意識的服務人群，她需要更深入挖掘出真正的神聖意涵，才能毫無保留的全心投入。

新生命的降臨

二十多歲的戴伊嘗試過各種不同的方向，試圖找出自己的志向。她試過從政，參與過示威抗議遊行，但是並沒有因此得到滿足。戴伊不像第二章的主角珀金斯那樣適合從政，因為政治這條路包含著妥協、利益優先和灰色地帶，是個會弄髒雙手的大染缸。戴伊尋求能讓內心毫無罣礙、可以為了單純理想而放下自我的發展方向。回首早年從事運動的過程，戴伊略帶愧疚的自我批判：「我其實不是很清楚自己到底有多麼熱愛救助窮人並服務他們……我想的是站到衝突第一線、被捕入獄、跟人打筆戰，並設法影響其他人，好讓自己在世上有些存在感。這一切看起來是那麼野心勃勃又自私自利。」

之後，戴伊走上了文學創作這條路。她以自身早年的荒唐歲月為背景，寫了一本小說《第十一位處女》（*The Eleventh Virgin*），不但獲得一家紐約出版社的賞識，一家好萊塢電影工作室還出價五千美元想要購買改編版權。但是文學創作仍無法滿足戴伊心中追尋的目標，這本揭自己瘡疤的小說還在日後讓戴伊感到尷尬不已，讓她想把市面上所有流通的作品全部收購回來。

她想，或許談一場轟轟烈烈的戀愛可以滿足她的渴望。她和名叫貝特漢（Forster Batterham）的男人相戀，他們未婚同居在史泰登島上一棟戴伊用小說版稅買下來的房子裡。在《漫長的孤寂》裡，戴伊用浪漫筆法形容帶有英國後裔血統的貝特漢是一位無政府主義者兼生物學家，事實上，貝特漢可不是一位詩情畫意的情人。他在測量儀器的工廠上班，從小在北卡羅來納州長大，之後進入喬治亞理工學院就讀，不過他的確對激進的政治主張興致盎然。

雖然貝特漢的出生背景與戴伊的描述有嚴重出入，但是戴伊的確深深愛上了貝特漢，愛上他的意志堅定與不屈不撓，也愛上他的熱愛大自然，儘管後來兩人愈來愈清楚彼此對事情的基本看法並不一致，戴伊還是希望能和貝特漢共結連理。戴伊一直是個熱情洋溢、散發性感魅力的女人，她真心愛上了貝特漢。她在一封死後才公開的信裡寫著：「渴望擁有你的愉悅已經轉變成迫不及待的焦慮，對你的意亂情迷讓我的眼睛再也看不清世上的其他事物，除非陪在你身旁，否則我幾乎失去了存在的意義。」一九二五年九月二十一日這一天，他們分隔兩地，戴伊在寄給貝特漢的情書裡寫著：「我替自己做了一件華麗的新睡袍，綴滿蕾絲與異國風情，還有幾件新的內褲，我相信你一定會喜歡的。好想你，每晚都會夢到你，如果我的夢能讓遠方的你感應到，我想應該會讓你興奮得睡不著覺。」

戴伊和貝特漢在史泰登島過著與世無爭的生活，成天讀書談心，興致一來就共赴巫山雲雨，給人的印象就跟許許多多剛陷入熱戀的情侶一樣，試著建立范納肯（Sheldon Vanauken）稱之為「放閃結界」（Shining Barrier）的領域——一座與世隔絕、封閉的失樂園，只有身在其中的人才能夠愛得轟轟烈烈。後來，「放閃結界」也無法滿足戴伊的視野了，儘管和貝特漢悠悠哉哉生活在一起，可以輕鬆沿著海灘信步而行，但是戴伊仍舊對人生有更多的期待，別的不說，光是養兒育女就是其中一項。沒有小孩，戴伊總覺得這個家庭還不夠完整。一九二五年，二十八歲的戴伊得知自己懷孕後興奮得不得了，但是貝特漢卻不這麼想。貝特漢是特立獨行的激進分子，一個充滿當代意識的男人，根本無法接受將生命帶來世上的想法。更重要的是，他無法接受中產階級式的婚姻制度，所以不考慮跟戴伊正式結為夫妻的可能。

懷孕期間的戴伊發覺大多數生產過程的紀錄都是出自男人之手，因而產生動手改變這個現象的念頭。剛分娩完不久，戴伊就把生產經驗寫成一篇短文刊登在《新大眾》（*New Masses*）刊物上，深刻描述生理上生產過程所經歷的磨難：

> 全身就像是著火似的，也像是大地震一樣抖個不停，在最難熬的時候就好像是被好幾千個劊子手聯手蹂躪，不斷侵蝕我最後一絲清醒的意識。所有衝擊跟嘶吼的狂亂都發生在我一個人身上，期間只聽到醫師和護理師在我的頭附近低聲交談，接著，謝天謝地，一陣白茫茫的暈眩感襲來，我知道那是麻醉劑開始發揮作用了。

女兒塔瑪（Tamar）出生後，戴伊滿懷感恩：「如果說，我寫了本最了不起的書，譜過最完美的交響曲，畫過最美麗的圖畫，或是雕刻過最美麗的身影，這一切創作的誕生，都不比上當醫護人員將孩子交到我手上時，我親自把孩子帶來世上那樣的成就與驕傲。」戴伊非常感謝命運的安排，「除非能像我一樣親自迎接新生命，否則便無法經常感受到恢弘的母愛和源源不絕的喜悅。我不得不對上蒼的恩賜感謝再三。」

問題是，該感謝誰呢？該向誰表示崇敬呢？戴伊此刻感受到上帝真真切切與她的精神同在，特別是在她外出散步很長一段時間後，居然發現自己開始禱告。戴伊不是會跪著禱告的虔誠信徒，但是她會一邊散步，一邊在心中湧現許多感謝、讚美和遵從上帝指引的字眼。原本出門前抑鬱寡歡的她，回到家後會變得神采奕奕。

戴伊沒打算釐清上帝是否存在的問題，她只是清楚意識到有些超越自身的存在。她接受在人類自有意志之外，還需要些具體事項才能構築完整人生的想法，如果激進分子意味著提出主張和積極進取，想要引導歷史的走向，戴伊現在選擇走上一條皈依的道路，接受上帝才是一切主導的想法。戴伊說，她開始了解「崇拜、敬愛、感恩、祈求，這些都是人類在一生中最高貴的行為」。孩子的誕生讓戴伊原本零碎的生活開始有了中心思想，從浪蕩而鬱悶，轉變為尋找到了天命人生。

戴伊並沒有以明顯的行為展露她的信仰，她甚至是不上教堂的那種人，畢竟她對宗教神學和傳統教派仍感到敬謝不敏。戴伊感受到上帝的召喚，她問貝特漢：「世界上有這麼多美妙的事物，怎麼可能會沒有造物主呢？」

戴伊選擇接受天主教信仰，不是因為天主教的歷史源遠流長，也不是因為教宗的崇高形象，更不是因為天主教特殊的政治與社會地位。戴伊對於天主教主張的教義一無所知，只知道教會本身就是一股落後又反動的政治勢力，其中吸引戴伊的是人，而不是教義。重要的是她想為天主教廣大的信徒做出奉獻，不論是改善他們的貧困，維護他們的尊嚴，加強他們的公眾意識，或是參與他們濟弱扶傾的慷慨義行。戴伊的朋友曾經告訴她，不需要透過宗教組織的形式也能尊崇上帝，尤其是像天主教這種食古不化的組織。然而參與過激進運動的戴伊，還是認為要盡可能跟苦難的人建立聯繫管道，才有辦法伸出援手，這就表示要加入他們所信奉的天主教。

她注意到天主教已經能有效協助都會區的貧困家庭，因此能贏得他們的信任，讓所屬信徒在星期天或是其他重要宗教節日能夠帶著豐富的情感，成群結隊走進教堂。相同的道理，天主教信仰也為戴伊的人生帶來穩固的依靠，她希望能夠把這種歸屬感傳給女兒，「我們每個人都在追求安定。《聖經．約伯記》描述地獄是個全然失序的地方。我想，宗教的『歸屬感』會（給塔瑪）帶來有秩序的人生，而這正是我缺乏的經歷。」

成年後的戴伊，對宗教的信念已經比十多歲時來得更和煦及喜樂，聖女大德蘭的事蹟尤其讓她感佩——她是十六世紀西班牙神祕主義教派的修女，有著類似戴伊經歷過的人生體悟：孩童時期對宗教深信不疑，面對自己的原罪會惶恐不安，在偶然機遇中感受到上帝的存在，從此心悅誠服，熱切想要改造人世間的問題，並援助貧困的人。

聖女大德蘭的一生是不斷放下一切的過程。睡覺時只用一條羊毛毯禦寒，住在修道院時，房間裡除了一座爐子外，沒有其他暖房設施，每天不是禱告就是贖罪，內心世界充滿一片光明。戴伊說，聖女大德蘭剛進入修道院那天身穿大紅禮服，某日隨著響板節拍翩翩起舞的景象還嚇壞了其他修女，這些記載都讓她再三玩味。等到聖女大德蘭晉升為修道院院長後，為了不讓院內其他修女看起來鬱鬱寡歡，她還會親自下廚，弄一頓好料招待她們。聖女大德蘭說過，人生就像是「在不怎麼樣的旅館過一夜」而已，所以應該要想辦法讓這段過程變得更開心。

戴伊最終成為天主教徒，只是她一點也不像是個恪遵戒律的信徒。有一天，戴伊走在大街上，對著迎面而來的修女開門見山說，希望自己能得到上帝的指引。這個舉動讓對方有些錯愕。戴伊一點也不了解天主教的規訓，甚至還指責修女眼中只有宗教戒律……雖然修女覺得戴伊有些莽撞冒失，不過還是歡迎她加入教友的行列。從此之後，戴伊每星期都會固定出席教會的服務工作，即使有時候她並不想這樣做。戴伊問自己：「我到底是比較喜歡教會的安排，還是我自己的意志？」她的結論是，就算她認為星期天的早晨應該用來讀書看報會比較有趣，她還是選擇參與教會活動，而不是放任自己率性而為。

信奉上帝這件事終究導致戴伊和貝特漢的感情不和。貝特漢重視科學實證，對宗教抱持懷疑立場，寧可把人生投注在有形的物質世界。貝特漢對自我信念的執著，猶如戴伊無條件相信自己的想法來自於上帝那般堅定。

他們經歷了一段不算短、淚眼相對的僵局。貝特漢有一次在吃完晚餐後，問了戴伊一些問題，這些問題是她那些激進的朋友也無法理解的：你是失心瘋了嗎？到底是什麼力量把你推往天主教這樣一個守舊又落伍的體制？到底是誰在背後操弄你的生活，讓你變得這麼墮落？

貝特漢提出質問的嚴苛氣勢讓戴伊有些詫異，最後才緩緩說道：「真有這麼一個人的話，那就是耶穌。我想，是耶穌基督將我帶向信奉天主教的道路。」

這個回應讓貝特漢臉色發白，陷入難堪的沉默，他一動也不動，只是坐在原位盯著戴伊看。戴伊問貝特漢能不能再多聊一些有關宗教的事情，貝特漢置若罔聞，既沒點頭，也沒搖頭。坐在桌邊的他緊握雙拳，戴伊覺得他好像是學校裡希望得到老師認同的小男生。貝特漢維持同一個姿勢好幾秒鐘，突然間舉起雙拳再重重往桌子捶下去，震得桌上的餐盤與水杯砰砰作響。戴伊害怕盛怒之下的貝特漢會對她拳腳相向，還好他並沒有這麼做，只是站起來指責戴伊，說她已經神智不清了，接著繞著餐桌走一圈便出門去了。

這些爭執並沒有中斷他們兩人的戀情，他們還是深深吸引著對方，戴伊也一樣希望能夠和貝特漢結婚，讓塔瑪有一位名實相符的父親。即使後來選擇信教的戴伊無法再和貝特漢維持同居關係，她還是在一封給貝特漢的信裡寫著：「每天晚上都會夢到你，夢到自己躺在你懷裡，夢到你親密的吻。這對我而言既是相思苦，卻也充滿甜蜜。我愛你勝過這個世上所有其他，但是我不能違背自己的宗教觀——只有依照我認為對的事情去做，我才能感到心安理得。」

戴伊對貝特漢這段禁忌的愛讓她有了更堅定的信仰。這段愛讓她破繭重生，讓她溫暖的那一面得以顯現，所以能夠接受超脫男女情感以外的愛。這段愛情成為戴伊的參考模型，她曾經說：「透過全面的、不分心靈或肉體的情感，我才得以來到上帝面前。」此時的戴伊對自己的性向有著更成熟的理解，不再像青少年時期會刻意區分肉慾與心靈兩個毫不相關的世界。

皈依

皈依信教的過程既沉悶又索然無味，對忠於自我的戴伊而言更是難熬，她會在每個時刻自我批判，質疑自己入教的動機，或是宗教儀式的必要性。她把自己區分成入教前追求激進主義的戴伊，以及獻身教會後獲得新生的戴伊。

有一天在前往郵局的路上，她滿腦子湧現藐視自己信仰的想法，「現在的你被快樂沖昏頭了吧？你就像是一頭牛一樣頭腦簡單，祈禱對你而言，就跟一般人吸食鴉片的癮頭沒什麼兩樣。」戴伊不斷在腦海裡重複這一句話：「一般人吸食鴉片的癮頭。」不過沒停下腳步的她接著找到了信教的理由：她並不是為了逃離痛苦才禱告，她禱告，只因為她樂在其中，只因為她想感謝上帝賜給她幸福的人生。

戴伊在一九二七年七月讓塔瑪受洗，儀式結束後有一場慶祝派對，貝特漢還特別準備了些龍蝦以饗賓客，結果卻在會上和戴伊發生口角，再次告訴戴伊這一切都只是莫名其妙的行為，然後負氣離開會場。

戴伊本人則是在一九二七年十二月二十八日才正式受洗，而這個過程並沒有為她帶來特別的感受，「我沒有感覺到心情特別篤定，也沒有特別喜悅，甚至也不確定自己的選擇是否正確，只是認為這是我必須要完成的，必須經歷的過程。」在懺悔、施洗、引領聖餐的一連串過程中，戴伊根本心不在焉，只覺得自己是名偽君子。她聽從指示逐一完成動作，冷冰冰的跪在地上，害怕其他人的眼光停留在她身上，害怕這樣做是對貧困者的背叛，一步步踏上歷史錯誤的一方，加入一個由權貴精英階級組成的集團。戴伊不禁質問自己：「你真的確定要這樣做？你難道不知道這些儀式有多麼矯揉造作？你知道自己接下來還要做哪些動作嗎？」

維持一貫自我批判的精神，讓戴伊在受洗後有好幾個月都不停質疑自己的決定，懷疑自己是否真的有那麼強烈的信念，會不會無法遵行該有的教規：「自從成為天主教徒之後，想想看，我的付出有多麼渺小而微不足道？我是多麼自我中心、獨善其身又欠缺群體意識？我把夏日時光用在靜靜的閱讀跟禱告上而已，看著其他教會的兄弟姊妹不只是為自己，也為了其他人而戮力以赴，只顧著讓自己有所成長的我真是罪孽深重。」

戴伊選擇走上一條艱困的信仰之路。通常我們認為信教可以讓人活得更自在，有一位全知全能的天父，提供溫潤的情感關懷，然而戴伊對宗教的體會全然不是這麼一回事。信教對戴伊而言，是個自我衝突的艱難挑戰，猶太拉比斯洛維奇克在作品《執法者》（*Halakhic Man*）中，用一段著名的注解描述這種自我衝突的現象，在此節錄做為說明：

一般人咸認為宗教可以帶給人心靈平靜、井然有序、溫柔而細緻的體驗，可以撫慰憤恨的靈魂，穩定狂亂的心靈。「從田野回來累昏的人」（《創世記》二十五章二十九節），走過人生奮鬥戰場的人，走過世俗猜忌恐懼的人，充滿矛盾困挫的人，都像是嬰兒迎向母親一樣緊緊依靠著宗教信仰，以為可以在母親的膝上找到「心靈的避風港，被遺棄者的避難所」，因為他們可以在宗教領域撫慰自己的煩憂苦難。

這種盧梭式的意識型態從浪漫主義的起源到衰敗（真是悲劇！）都留下了深刻的痕跡，呈現當代人類的自主意識。宗教團體的代表也因此成為肖像畫作的主題，帶有豐富而令人炫目的色彩，如同香格里拉般詩情畫意，營造出簡約、完整又平和的國度。只不過，這種意識型態本身就是虛假不實的。宗教觀建立在個人體會上，最能觸動人心、最讓人情緒激昂、最能填充在天地之間的個人體會，往往都不是輕輕鬆鬆、唾手可得的。

相反的，這些個人體會都是極為複雜、嚴苛又迂迴曲折的成果。唯有發現當中的複雜，你才能感受到它的偉大。人類的宗教意識充滿自我控訴的苦澀，充滿悔恨，必須用非常嚴格的視角評論吾人的欲望與貪念，同時更要求自己劃清界線，嚴厲批判欲念的根源並堅壁清野，讓自己能夠戰勝欲念的誘惑。宗教意識是心靈陷入危機時的產物，是在你拿不定主意、不知所措下的產物，一方面要你自我克制，另一方面又要你相信自己。宗教，自始就不是解決沮喪失望、充滿慈愛恩典的庇護所，也不是撫慰受創靈魂的一股暖流，而是人類用自我意識面對危機、苦難衝擊時，交織而成一股喧囂震天的大洪流。

剛開始皈依宗教信仰的時候，戴伊曾經眼見三位女性愛上自己想要婚配的對象，卻沒有因此和對方發生性關係，即使明眼人都知道她們其實很想這樣做。戴伊看著她們否定自我欲望，更有此覺察：「天主教教義比我想像的更豐富、更真實也更美好……我看著她們對抗道德上的考驗，卻依舊遵循自己的生活原則，這讓她們在我眼中變得更高尚。」

每天早上，戴伊都會去望彌撒，這意味著她每天都要很早就起床。她堅持每天都奉行苦行僧的方式過日子，每天都要保留一點時間給自己的宗教信仰，翻閱經文，低聲誦詠，當然也包括了齋戒跟告解。

就像聲樂家每天都要練嗓子一樣，這些舉止都成了戴伊的例行公事。不過戴伊認為，所謂的例行公事就算再怎麼呆板也是必要的：「如果沒有教會安排的聖餐儀式，我真不敢想像自己能否堅持這條信仰的道路。……我的宗教之路多半不是出自於需要，也不是基於喜樂和感恩。經歷過三十八年每天引領聖餐的儀式後，我承認這對我而言已經沒有什麼好稀奇了，但是這就像每天都要進食一樣，是不可或缺的例行公事。」

這些例行公事打造出戴伊的精神生活重心，並與她早年零碎的人生體會合而為一。

傳誦福音

戴伊已經三十歲，此時，大蕭條的陰影全面籠罩著社會，戴伊在一九三三年創辦一份名為《天主教勞工》（*The Catholic Worker*）的報紙，試圖透過天主教的社會觀，鼓勵勞工階級朝著更願意與人為善的社會目標前進。事實上，《天主教勞工》不只是一份報紙，設在曼哈頓下城區的簡陋辦公室，更承載了一股社會運動的力量。報社裡的每個人都是志工，卻能在三年內橫跨全美國五百個教區，取得十五萬份發行量的成績。

報社還成立了慈善餐廳，每天早上要替一千五百多人張羅餐點，另外還資助許許多多物資欠缺的慈善之家，光是在一九三五至一九三八年間，就幫助將近五萬人解決寒冬夜晚的住宿問題。戴伊和其他工作夥伴還在英、美兩國協助超過三十間慈善之家的成立，後來還在加州、密西根和紐澤西等地協助成立農村公社。組織遊行、帶動議題是他們的專長，一部分是為了有利於成立社區共同體，另一部分則是為了治癒生而為人就注定要背負的孤寂感。

對戴伊而言，分離是一種罪：不管是與上帝分離，或是人際關係的疏離。團結一致是神聖的：不論是人與人之間的融合，或是身心靈的合而為一。《天主教勞工》帶動了許多活動，不但是一份報紙，也是一個糾集活躍社運分子的組織；它不只是一份宗教界的出版品，同時也訴求推動經濟轉型，不單關注內在的人生，同時提出激進的政治理念，讓貧富階級有機會相互連結。這份報紙融合神學與經濟思潮，結合物質與精神的雙方面關懷，追求身心靈的一體發展。

戴伊堅持自己的激進人士身分，會彎下身直視社會問題的根源。雖然辦了一份天主教的報紙，她依然熱烈擁抱個人主義的哲學信仰，力主人人都是根據上帝形象創造而成的完整個體。身為個人主義的支持者，戴伊對所有大型組織抱持懷疑的態度，不論是大政府或是大公司，就連大型慈善機構都不值得信任。戴伊一直要求同仁「自視甚渺」：就從生活周遭開始做起，設法滿足你身邊微不足道卻具體的需求，盡力抒解工作場所的緊張關係，就從你眼前的對象開始，聞聲救苦。基於個人主義的原則，我們應該深切體認到簡單生活是每個人的義務，進而關心是否有機會對我們的兄弟姊妹伸出援手，不論歡喜悲傷都與之同在。個人主義者會全心投入，將服務對象等同視為完整的個體——要能實現這個做法的唯一方式，就是透過小型社群的緊密互動。

戴伊日後的歲月，一直到她一九八〇年十一月二十九日與世長辭為止，所作所為都是為了天主教，包括辦報和提供慈善餐點給貧困與心智障礙的人。她總共寫了十一本書，還有上千篇文章，這可是在電腦與影印機都還沒問世的年代，因此這些奉獻工作不但不輕鬆，還相當乏味。每個月工作同仁都得用打字機列出成千上萬的地址，才能把報紙順利寄到訂戶手中，報社記者有時還要直接上街推銷自己的工作成果。戴伊認為，光是關心貧苦人士是不夠的，「我們必須真的跟他們共同生活，實際感受到他們的痛苦，放棄我們的個人隱私，放棄我們在物質面或精神面可以享有的安逸生活。」戴伊不但會離開自己舒適的住家前往庇護所和慈善之家探視，甚至會直接入駐慈善之家，和其他需要接受幫助的人住在一起。

這些工作看不到盡頭，無限供應慈善餐點就不提了，此外還要處理募款事宜，外加報紙投書等。戴伊有一次在日記裡寫著：「早餐是一片厚片乾麵包，還有些難以入口的咖啡。寫完十幾封信之後，現在我的大腦一片空白，甚至連上樓梯都有點困難。我想，我今天應該乖乖躺平在床上，但是我一直認為問題出在我的意志上。我被脫序、吵鬧和一堆人交織成的障礙物困住了，感覺到我整副精神都沒有作用，欲振乏力。」

有人認為聖人，或者是身體力行聖人教誨的人，都過著一種比較超凡入聖的生活，實際上我們卻看見許多例子證明，大多數人都比他們過得更無憂無慮。他們其實比我們更融入世間，為身邊的人承擔更多粗鄙的現實問題。戴伊和她的工作夥伴住在寒冷的小房間裡，身上穿的是他人捐贈的衣服，也沒有支領薪俸。

戴伊大多數時間都不是花在思考神學問題，而是思考該如何解決眼前的財務危機，或是設法讓傷患能夠得到妥善的醫療照顧。戴伊在一九三四年某篇報上文章描述每天的日常活動：起床、望彌撒、替同仁準備早餐、回信、記帳、讀些文學作品、寫些立志嘉言交給報社同仁付印，接下來，有位教會志工來問她，某位十二歲小女孩入教儀式所需的物品備妥了沒，然後是另一位教友來找她分享新的宣教作品，再接著是一名法西斯分子跑來煽動左鄰右舍之間的紛爭，還有藝術系學生帶來一份聖加大利納的畫像給她——如此如此、這般這般的混雜著神聖的宗教與一般日常的瑣碎事務。

這就如同德國行醫宣教士史懷哲描述自己在非洲叢林設立醫院一樣的做法。他從不招募理想主義者去非洲工作，也不招募那些認為自己對世界貢獻良多因而顧盼自雄的人。換句話說，他不會招募「想要做出一番特別事業」的人去非洲，只希望找到能持之以恆、不帶有色眼光從事服務工作的人。因為他們才能夠簡簡單單的去從事需要完成的工作，「只有那些更重視過程、不會異想天開、不抱持英雄主義，願意踏踏實實承擔責任的人，才是這個世界所需要、在精神面能先人一步的先鋒。」

戴伊原本不具有入世的天性，她比較屬於作家冷眼旁觀、偏好遠離群體的性格，但是她卻強迫自己要跟人群站在一起，而且幾乎是每一天、無時無刻都要站在一起。許多她服務的對象都有精神方面的疾病，或是有酗酒的問題，發生爭執需要排解的情況更是家常便飯。來找戴伊的人可能很魯莽齷齪，也可能口沒遮攔，不過她還是會要求自己好好坐在桌旁，全神貫注對待眼前的訪客。就算對方已經酩酊大醉、語無倫次了，端坐的戴伊還是會待之以禮，專心傾聽。

戴伊會隨身攜帶一本筆記本，一有空檔就寫作，內容包括刊在自家報紙上的文字，或是在其他報章雜誌上的專欄、散文與相關報導等。其他人犯下原罪的故事讓她有機會反思自己是否犯下了更嚴重的罪行，她有一次在報紙上寫著：「喝醉酒和其他各種隨之而來的原罪，確實是醜陋又駭人，和這樣不幸又可憐的人碰面時，更重要的是，我們有沒有因此戴上偏見和歧視的眼鏡。在上帝的眼中，隱而未顯的原罪一定比看得見的罪行更加嚴重，所以我們一定要用盡每一分意志力去發揮愛的力量——用滿滿的愛去包容別人。唯有愛的力量能夠照亮我們見不得人的原罪罪行，才能證明我們真的為原罪感到懺悔並盡力排除。」

戴伊對於傲慢心態相當敏感，盡力排除所有因為行善而自以為正義的想法，她說：「有時候我必須強迫自己放慢腳步，當我發現面對的人一個又一個接踵而至，一碗湯接著舀過一碗湯、一盤麵包接著遞過一盤麵包、受惠者感謝的聲音盈滿我耳際之時，我期待被讚揚的飢渴和受惠者的饑腸轆轆沒什麼兩樣，只沉浸在不斷聽到他們表達感謝的喜悅中。」傲慢的原罪會發生在任何角落，戴伊相信，所謂的任何角落就連在慈善之家也不例外，想要服務人群的生活其實也充滿著極大的誘惑。

承受苦難

戴伊依照杜斯妥也夫斯基筆下的方式生活——年輕的她，生活不是狂飲就是脫軌行事，就連她心目中的上帝都拉不住自己。不過如同作家保羅．艾利注意到的，戴伊內心深處其實是托爾斯泰的信徒，而不是杜斯妥也夫斯基的信徒。她不是無意間墜入陷阱、受環境所迫的動物，而是自發性的選擇承受苦難。當大多數人尋求舒適與安穩的時候（也就是經濟學家稱之為追求自我利益，或是心理學家所謂的追求幸福），戴伊一路走來，都選擇另一條不同的道路，接受艱辛和困難的考驗，以期達到她心目中所追求的神聖境界。選擇在非營利組織工作的戴伊，不只希望能夠有效改變世界，更是因為她希望能遵照《聖經》所揭示的福音而活，儘管這代表一定程度的犧牲和磨難。

大多數人著眼於未來，夢想將來能夠過更美好的日子，但是你是否發現，記憶中促使我們成長的關鍵時刻，通常都不見得跟幸福美滿有關，而是和我們所遭遇的艱困考驗息息相關。大多數人雖然追求幸福的日子，卻明白承受苦難才得以讓人成長。

戴伊並不是一般人，甚至可以說她根本有違常理，她有時會用承受苦難的方式走進內心深處。她或許注意到（我們也都知道）一個人的深度幾乎都因經歷苦難，或是一連串的難關磨練而成，而她就是這樣義無反顧選擇荊棘的道路，迴避一般人生小確幸式的喜悅。戴伊時常尋求能在道德層面成為英雄，以承受苦難的方式服務人群。

我們通常不認為承受苦難本身是一件特別值得歌頌的事，因為失敗就是失敗了（而不是讓你有機會成為下一個賈伯斯），就這麼單純。苦難有時候只會帶來破壞性的效果，需要盡快轉換心境加以調適才行。如果苦難的背後沒有承載更恢弘的目的，那就只會是消磨人心的懲罰；如果不能用更寬廣的視角看待承受苦難的過程，這些磨難只會造成懷疑、猜忌和失望的結果。

有些人卻得以用更大的格局看待磨難，他們認為自身受苦和他者受苦密不可分，因此更能清楚明白苦難背後高貴的意義。換句話說，光是承受苦難這件事並不會帶來什麼改變，而是如何經歷苦難的過程。比如理解罹患小兒麻痺症後重回政壇的小羅斯福何以變得更有深度、更有同理心便能略知一二。通常來自生理或是社會的折磨，可以讓我們擁有旁觀者的視野，能切身感受其他人也有著相同的遭遇。

經歷過苦難，能夠引領我們更深入自己的內心世界，這是最重要的一件事。神學家田立克（Paul Tillich）曾經指出，受苦受難可以將我們帶離一成不變的忙碌人生，發現自己似乎跟想像中的那個人不太一樣，包括以生命譜寫偉大音樂作品或突然失去摯愛的悲痛，都會猛烈衝擊心靈的最後一道防線，這才會發現這道防線也有缺口，可以讓感傷長驅直入，直抵下一道防線的缺口，周而復始不斷循環，讓深陷痛苦之人猶如墜入無底深淵。

苦難亦會揭開不願再提起的痛苦往事，讓已被抑制的恐懼經驗和不堪回首的恥辱再次暴發，刺激痛苦萬分的我們必須小心翼翼去檢視內心深處的靈魂，同時也讓我們因為能夠愈來愈接近真理而感到欣慰。苦難中的喜悅來自於你能夠穿越表象抵達最根本的問題，形成現代心理學家指稱的「憂鬱現實主義」（depressive realism），讓我們能夠看清自己到底是怎麼樣的一個人。苦難打破了我們自我安慰的合理說詞，也打破了我們自我感覺良好的敘事視野，讓我們無法用輕率、天真的方式處於天地之間。

接下來，我們將更清楚掌握自身的局限，知道什麼事情操之在我，哪些事情需要看人臉色。當我們被逼著往自己內心深處靠近，被逼著面對自我赤裸裸的真面目時，同時也被逼著面對人世間有許多無法盡如人意的事實。

苦難，就跟愛一樣，打破了我們自己以為是人生主宰的幻覺。承受苦難的人沒辦法要求自己忽視痛苦，或不再思念已離我們遠去的人。當我們重拾心靈的平靜，失去摯愛的哀傷獲得緩解時，我們並不清楚這些撫慰人心的力量從何而來，也不知道究竟是如何得到心靈的慰藉，只知道自然而然得到恩賜的過程並非我們所能控制。處於亞當一號的世界、追求奮發向上的文化中，所有事情都是經由自己的努力奮鬥爭取得來，苦難的試驗則捎來不能狂妄自大的訊息，告訴我們人生是那麼樣的不可預期。以為天賦異稟的我們能夠無所不能，其實不過是自欺欺人而已。

值得一提的是，苦難同時也教會我們要懷抱感恩的心。平時，我們會認為自己得到愛是理所當然（也認為自己值得被疼愛），但承受苦難卻讓我們知道自己不見得會被愛，對於能夠被愛應該心懷感激。意氣風發的時候，我們不認為自己虧欠其他人，只有在謙卑的時候，我們才會發覺自己或許一點也配不上外界投來的關愛。

承受苦難的人會有種自己被更宏觀的天命引導向前的感覺，亞伯拉罕・林肯一生都相當消沉，還要承擔引發美國內戰的痛苦。但是他感覺到冥冥中似乎有種天命掌控著他的人生，他只是一個不起眼、用來完成天賦使命的工具罷了。

困頓的人就是在這個時刻，感受到上天的召喚。雖然他們無法掌控全局，但也不是孤立無援。雖然無法控制自己會遭遇哪些磨難，但卻能夠選擇該如何做出回應，而他們通常會覺得自己有道義上的責任做出正確的回應。剛遭遇苦難時，他們可能會問「為什麼是我？」、「為什麼這麼不幸？」很快便會發現該問的問題是「如果我非得面對這些苦難，我該要如何回應？我只能成為不幸的受難者嗎？」

設法替自己的苦難做出正確回應的人，會發現自己已經超脫出個人層次的幸福，他們不會說：「好吧，為了對抗喪子之痛，我應該做些能讓自己快樂的事來平衡一下，或許我應該到處跑趴，盡情吶喊。」

回應苦難的正確方式不是追求快樂，而是昇華其中的神聖意涵。那樣的神聖意涵不只局限在宗教領域，而是站在道德觀點看待痛苦，試著將原本的不幸轉換成某種犧牲，透過犧牲奉獻，將個人遭遇回應應恆久不變的道德需求，進而對廣大社群貢獻博愛互助的精神。失去孩子的父母親，或許能透過成立基金會的方式，讓他們不幸早夭的孩子，嘉惠其他以往未曾謀面之人。承受苦難讓我們認清自己的能力有限，敦促我們盡可能擴大人際之間的連結，從中找出苦難不幸的神聖意涵。

從苦難中解脫跟從疾病中痊癒是不一樣的概念。很多人或許沒有解脫的機會，因而舉止失措的陷入個人利害算計而找不到出口，發展出完全不同的結局。這些人無法用充滿愛的承諾回應苦難，反而讓自己陷入更痛苦的深淵。另外有些人即使經歷過最慘痛、最糟糕的局面，卻還是能義無反顧敞開心胸，反而能在愛的懷抱中得到解脫。這樣的人會走向自己內心更深的地方，以感恩之心對大愛做出承諾。

如此一來，苦難也成為一種令人畏懼的恩賜，與另一種我們習慣的幸福的恩賜大不相同。後者會帶來喜悅，而前者能建立品格。

服務人群

經過數十寒暑，關於戴伊的報導愈傳愈廣，她的事蹟大大鼓勵年輕世代的天主教徒，不只因為戴伊是天主教社會觀的代表性人物，也因為她能夠實實在在以身作則。天主教的社會觀，一部分建立在每個生命都應該享有相同尊嚴的概念上，疾病纏身、無家可歸的人，跟擁有最高成就、值得讚揚的人一樣都是無可取代的，亦即建立在上帝會特別關照貧困者的理念上。《以賽亞書》裡提到：「真能崇敬上帝的做法，是替貧困和受壓迫的人帶來關懷與正義。」這樣的觀念著重在世人同屬一個大家庭，信奉上帝的人應該要團結起來彼此關照，建立休戚與共的社群意識。戴伊就是根據這些原則，建立與她相關的各個團體。

《漫長的孤寂》在一九五二年出版後成為暢銷書，自此再版不斷。隨著戴伊參與的服務工作經營得愈有聲有色，這些團體也開始吸引更多仰慕者的注意，此現象也形成一種精神面的挑戰。「我受夠了那些人沒事就說我們的工作有多麼美妙，很多時候工作內容的困難實在不足為外人道。這裡每個人都超時工作，身心俱疲到讓人變得易怒，有時候還會聽到救濟隊伍中傳來惡意的攻訐，這些都讓我們失去耐心，隨時有可能進入爆走狀態。」一如以往，戴伊還是會擔心自己和工作夥伴會被外界的讚譽沖昏了頭，這份戒心自然也導致了她的孤寂感。

雖然戴伊幾乎都被人群圍繞著，但是她和自己所愛的人之間卻經常有一道隔閡。因為無法全然接受戴伊的天主教信仰，因此戴伊和家庭成員的關係有些疏離，除了貝特漢之外，戴伊不再有過其他戀情。和貝特漢分手後，她就一輩子處於單身的狀態，「每當我醒來，看不到自己所愛的那張臉在我胸口磨蹭，也沒有一隻臂膀搭在我肩上，這個狀態已經維持了好幾年，失落感不可言喻，而這就是我人生中必須付出的代價。」

雖然沒有什麼原因可以說明為什麼戴伊必須忍受從一而終的孤寂做為代價，但是她就這樣堅持了一輩子。

戴伊住在慈善之家，又得外出巡迴演講，這就表示她必須和女兒塔瑪分隔兩地。戴伊曾經在一九四〇年的日記裡寫著：「想念塔瑪讓我幾乎無法成眠。每到夜晚就會特別難熬，白天的時候還沒這麼容易陷入情緒的低潮之中，但是晚上的我通常都是傷心難過的，似乎只要一躺下來，就會被架上痛苦的刑台，等到白天才能重新拾回力氣，去參與充滿信念與愛的活動，找回心靈的平和與歡樂。」

戴伊是一位帶領多項具急迫性社會運動的單親媽媽，經常在各地活動，因此要拜託許多人幫忙照顧塔瑪，讓她覺得自己是個失敗的母親。塔瑪從小在《天主教勞工》報社大家庭中成長，年紀稍大之後就進入寄宿學校就讀，十六歲時和一位《天主教勞工》的志工軒尼詩（David Hennessy）陷入熱戀。戴伊告誡塔瑪，十六歲並不是適婚年齡，除了要求她一年之內不能再和軒尼詩聯絡外，也把軒尼詩寄來的信統統原封不動退回去。戴伊直接提筆寫信給軒尼詩，請他別再干擾塔瑪的生活，不過軒尼詩也依樣畫葫蘆，把這些信原封不動退還給戴伊。

有情人終成眷屬，塔瑪十八歲時終於得到戴伊的祝福，和軒尼詩在一九四四年四月十九日完成終身大事。小倆口搬到賓州伊斯頓定居，塔瑪在這邊迎接新生命的到來，亦即戴伊九位孫子女中的第一位。軒尼詩長年失業並患有精神疾病，兩人於一九六一年離婚，塔瑪也搬回《天主教勞工》位於史泰登島的大本營。根據他人描述，塔瑪是一位謙恭有禮又好客的人，不像她母親一樣急於追求心靈面的成長，願意接受每個人原本的樣貌給予無條件的愛。八十二歲的塔瑪在二〇〇八年於新罕布夏州與世長辭，雖然她繼承母親的腳步投入社工運動，但是卻少有和母親共度的珍貴時光。

改變

成年以後，被各種服務工作和心中拉扯的戴伊幾乎全年無休，有時候她甚至想要離開報社，「我在《天主教勞工》這個大家庭裡似乎顯得多餘了，世界上到處都有苦難的人需要援助，但是待在這裡，卻沒有陷入困境的急迫感，只是寫寫文章，跟人談論罷了。」她甚至想要變成隱形人，去找家醫院擔任清潔工，在哪邊隨便找個房間住都無所謂，如果能住在教堂邊就更好了：「在一個冷漠的城市裡，和貧困的人住在一起，一起工作，學會禱告和努力，默默承受一切不幸。」

戴伊最後還是沒有離開。她創立了許多社群，包括報社、慈善之家、農村公社等等，這些社群都帶給她有如家人般的溫馨快樂。

戴伊在一九五〇年一篇專欄中提到：「寫作是形成社群的一種發法。一封信，可以帶來撫慰人心的效果，可以帶給收信的我們需要的幫助和建議，當然也可以適用在寄信來的你身上。這就是建立人際互動的一種方式，可以表達對他人的關愛之意。」

戴伊不斷重複與社群相關的想法，藉以解決她人生的兩個面向：天性孤單的她卻樂於和他人共度。戴伊說：「為了克服我們每個人都是孑然一身的感受，人世間的唯一解答，就是社群。生活在一起、工作在一起、分享在一起，敬愛上帝一如敬愛自己的兄弟姊妹。在社群中跟人建立更緊密的互動，就是彰顯我們敬愛上帝的做法。」戴伊在《漫長的孤寂》結語哩，大量傾訴她盈滿胸懷的感恩：

我是個沉悶無趣的女人，卻也是個子孫滿堂、充滿喜悅的母親。想要永遠充滿歡樂並不容易，但要記住，我們有義務讓人生過得更快樂。有些人說，《天主教勞工》最了不起的地方是樂善好施，有些人則說，最了不起的地方在於形成一個大家庭，無論如何，因為有愛，我們都不再孤單。佐西馬長老的格言愈陳愈香，面對眼前的艱難困苦，相信愛的我們必能通過烈焰的考驗。除非攜手同心，否則就不可能成為上帝的信徒。我們的愛建立在相知相惜的基礎上，我們在分享食物時感受上帝的恩典，拉近彼此的距離，所以我們都不再孤單。天堂讓人嚮往，分享的人生亦然，即使只是些粗茶淡飯，都不影響彼此分享的情誼。

乍看之下，戴伊從事的社群服務工作，跟現在年輕人的社區服務相去不遠——提供慈善餐點和遮風避雨的地方，然而對比於今日的行善方式，戴伊的人生不但建立在全然不同的基礎上，發展的方向也跟著大異其趣。

《天主教勞工》想要消弭貧困的痛苦，而這一點並非社群的主要目標或是組織原則，《天主教勞工》大家庭的主要理念，是提供一種生活模式，見證基督徒確實可以依照福音所揭示的方式，讓生活中充滿愛的光輝。他們不只想要幫助窮人，還希望能透過行善的過程，藉此反思自身的缺陷。根據戴伊日記裡的說法：「晚上上床睡覺時，身心疲累到連澡都沒洗，說起來還真是難為情。不過基督耶穌誕生在馬槽，那樣的環境當然也是五味雜陳且不太乾淨。既然聖母都能夠處之泰然，我為什麼不能見賢思齊呢？」

記者史瓦茲（Yishai Schwartz）指出，對戴伊而言，「所有行動都只有在產生神聖意涵的時候才有意義。」每當她替別人張羅到物資時，她都會特別感謝上蒼；戴伊很不認同「發放慈善物資」的想法，這種貶抑想法是對窮人的不敬。戴伊認為，所有慈善服務的動作，都應該對受惠者帶有一份敬意，這樣才符合上帝的意旨，也才能使個人的內心世界獲得滿足。史瓦茲還說，戴伊認為有必要「把安貧樂道內化成個人的品德」，擁抱貧困才能和其他人建立休戚與共的關係，更接近上帝。如果不能用感恩的心從事社群服務工作，這些慈善事業也將失去原本良善的用意。

看過戴伊日記的人，或多或少會對她記載自己承受的孤寂、痛苦和磨難而感到不捨。上帝真的要這樣考驗人性嗎？她真的要摒除世上許許多多簡單而快樂的事物嗎？就某種程度而言，她確實放棄了很多東西，但是太著重在她的日記或寫作，也會產生一種錯誤的印象。就跟一般人一樣，文字底下的戴伊會比她日常生活來得更陰鬱，畢竟就算她會參與一些令人開心的活動，她也不曾把快樂的時光寫成文字。戴伊只有在深入思考時才會動筆，日記也就成為她反覆琢磨痛苦來源的工具。

戴伊的日記容易讓人產生受苦受難的印象，但是關於她的口述歷史，卻呈現出身旁經常有孩子與好友圍繞，且成功維繫社群關係而受人推崇的形象。拉斯洛（Mary Lathrop）很敬愛戴伊，她說：「誠摯的友情讓戴伊充滿能量，能做到這一點的人非常少見。每一段友情對戴伊而言都是獨一無二的，她的朋友多到數也數不清，大家都愛她，她也一樣愛著大家。」

有些人記得戴伊熱愛音樂和世上各種感性事物，如凱瑟琳·喬丹（Kathleen Jordan）所言：「戴伊是很有美感的人。……有一次我在她聽歌劇（她正從廣播中收聽『大都會歌劇』的演出）時去找她，聽得入神的她壓根沒注意到我已經進她房間了，這一幕讓我充分了解她所謂虔誠的祈禱是怎麼一回事。……她曾經提到杜斯妥也夫斯基說：『美，可以拯救世界。』我們也從她身上看到了這一點。她就是這樣一個能在俗世與靈性間來去自如的榜樣。」

娜瑞特

時間來到一九六〇年，這時候的戴伊已經和貝特漢分手超過三十年了，這段期間他一直和一位天真迷人的女孩娜瑞特（Nanette）住在一起。不幸的是，娜瑞特後來罹患癌症，貝特漢撥了通電話給戴伊，問她能否在娜瑞特過世之前給她一點宗教上的力量，戴伊當然二話不說答應了。接下來幾個月，戴伊幾乎每天都在史泰登島陪伴娜瑞特，並在日記裡寫下這段過程：「娜瑞特經歷了一段苦日子，不只要面對臨終前的壓力，癌症的痛苦也在她全身上下噬齧。今天她只能躺在床上無助的哀號，我能做的不多，只能陪在她身邊，什麼也別多說。我告訴她，幾乎沒有辦法可以減緩她的疼痛，我們只能靜靜面對痛苦襲來，娜瑞特咬緊牙根回應我說：『是啊，死了就一了百了了。』我對她說，我會唸一段經文給她聽。」

戴伊擁有敏銳的心靈，能體恤照顧受苦之人。我們都會遇到在他人受苦時給予安慰的時候，而多數人卻都不知道如何是好，但有些人辦得到。首先，他們不會離開受苦的人，而是用陪伴的方式給予支撐的力量。然後，他們不會任意比較；感受能力較強的人，知道每個人都有大限到來之時，不應據以做為比較。隨後，他們會動手做些實用的工作，做午餐、打掃房間、清洗毛巾等，最後，他們不會刻意輕描淡寫，不會用虛偽、不實在的說詞安慰人。他們不會說痛苦是通往天堂的必經之路，不會竭盡全力爭取一絲絲的希望。這些人會用智慧面對悲劇與苦難，用消極的方式做出回應，不會衝動的去解決自己根本無法解決的問題，只會確保受苦的人能維持尊嚴，走過這些過程。戴伊會讓受苦的人用自己的方式理解苦難，在夜晚靜靜坐在一旁，陪伴他們經歷痛苦和黑暗，用務實、人道、簡單又直接的方式，面對無常。

貝特漢沒辦法這樣做，在面對大限到來時會舉止失措，他選擇逃避，拋下娜瑞特和戴伊，迴避來關切的人。戴伊在日記裡寫著：「貝特漢非常傷心，一點也不願意花時間陪伴娜瑞特。娜瑞特也好不到哪裡去，她的腳水腫得厲害，胃痛也沒停過。崩潰的娜瑞特在傍晚時分大聲嘶吼，不停尖叫。」

戴伊發現自己和娜瑞特一樣痛苦，特別是不敢恭維貝特漢的行為，「他總是想辦法躲著娜瑞特，這讓我愈來愈沒耐心。他只會自憐自艾暗自垂淚，我認為不需要這樣，而且要想辦法走出來，走出對疾病和死亡的恐懼。」

娜瑞特在一九六〇年一月七日要求受洗為信徒，隔天就過世了。戴伊還記得她人生的最後階段：「現在是早上八點四十五分，經過兩天的痛苦掙扎後，娜瑞特永遠離開我們了。她說，大概沒有比癌症更痛苦的方式回歸主懷，她還說，被關在集中營的人也都經歷過這些痛苦，同時舉起她的手。略微出血的她最後走得相當平靜，臉上掛著淺淺的笑容，平和安詳。」

完美典範

激進主義在六〇年代發展到鼎盛，戴伊不但在反戰運動中相當活躍，也很熱中那個年代許多的政治訴求，但是她的生活方式卻與其他激進分子有著根本上的不同。其他激進分子鼓吹解放、自由和自主權，她則重視服膺教義、克勤克儉和找到皈依。戴伊一點也不贊同性解放和漠視道德的主張，年輕人想用野營炊具分享聖餐的行徑也會讓她火冒三丈。戴伊其實和當時非主流文化的精神有點格格不入，對時下以反叛為樂的年輕人也多有批評：「這些反叛行徑讓我更想要找到歸屬感，變得比以往更離不開了。」

一九六九年戴伊寫了一篇報導，反對有人打算在教會長久運作的原則之外，另行建立社群的想法。戴伊並非不清楚教會的諸多缺點，但是她可以理解教會組織結構的必要性。她身邊的激進分子往往只看到缺點就想要砍掉重練，「這種做法就如同青少年發現父母也不是那麼可靠之後大受震撼，結果居然就想摒除家庭結構直接走進『社群』。……他們認為自己是『少年老成』，但是對我而言，他們還沒脫離青少年的叛逆期，滿腦子只有浪漫主義的思潮而已。」

多年來在庇護所真正接觸到身心障礙人士的經歷，讓戴伊變得更實際，有一次她在專訪中提到：「我無法忍受天真浪漫的想法，我是宗教界裡的現實主義者。」周遭她所看到的許多激進的示威運動，都把事情想得太簡單，也犯了得過且過的毛病。戴伊為了建立社群體系的服務機制、實踐信仰，付出非常大的代價——和貝特漢結束戀情，與家人感到疏離等。「我認為，信奉上帝並沒有為我帶來金山跟銀山，反而讓我內心淌血。信仰的世界裡可沒有濫竽充數這回事。」

當身邊的人都在歌頌自然、希望能順著人類天性而活時，戴伊認為人性本惡，必須要壓抑原始的本能才能得到救贖。她曾經為文表示：「人必須要經過教養才能成長，必須摒棄人類天性中的惡習。如果要讓本性不再出亂子，信奉上帝是讓人改過自新的辦法，過程中難免要經歷不同的考驗，但是只要一個喜樂的念頭，不論是發自資質駑鈍還是心情鬱悶的人身上，都能夠讓我們的心靈有所成長。」

六〇年代末期「非主流文化」這個字眼隨處可見，但只有戴伊的生活方式才是真正不折不扣的非主流文化，不只是和現代社會的主流文化不同（重視經營、追求成功的文化），同時也跟媒體讚揚的胡士托式（Woodstock）非主流文化有所不同（拋棄道德束縛、全心強調個人自由、「隨心所欲」式的非主流文化）。表面上看起來，胡士托式的非主流文化試圖對抗主流價值，然而經過數十年的摸索之後，所呈現的也不過就是反對社會大我的另一種版本罷了。

不論是資本主義或是胡士托文化，追求的都是個人自由，盡力展現自我。在商業社會裡，展現自我的方式是透過購物消費建立「生活品味」，胡士托文化則是以擺脫枷鎖、我行我素的方式。正因為兩者都強調個人自由，都鼓勵世人設法滿足自身欲望，並以其做為衡量人生價值的標準，因此商業社會的中產階級文化和六〇年代的波希米亞浪蕩文化才能互為表裡，相互呼應。

戴伊的生活方式恰恰相反，她把自己擺在次要，接受上帝絕對超然的地位。她這一生中少有機會上電視節目受訪，只要現身在螢光幕前，就能看到她用一針見血、言簡意賅的表達方式掌握全場。《漫長的孤寂》和其他作品是她用來向社會大眾告解的工具，同時深深吸引著她的讀者。戴伊不避諱展現內心世界，這是珀金斯和艾森豪都做不到的；戴伊不是惜字如金的人，不過她不只是要向世人告知自己得到了什麼上天啟示而剖析心路歷程，而是認為就長期而言，每個人要面臨的問題都大同小異，因此樂於提供自身經驗供他人參考。史瓦茲表示：「戴伊把一切公諸於世的原因，是希望透過案例彰顯恆常的真理。和神職人員交談的過程可以提供我們自我反省的空間，告解的人就能利用自身的經驗提升生命價值。換句話說，雖然告解只是私人的道德行為，卻有助於提供公眾的道德水準。在反省自己做出的決定時，必須先能了解問題的本質和人性的掙扎——所謂人性，就代表數十億人都要面對的選擇問題。」戴伊的告解當然也具有宗教神學的色彩，想要更深入了解自己和人性的努力，自然能讓她更加體會上帝的旨意。

戴伊在精神面的追求從來不曾達到心如止水、自我滿意的境界。在她過世那一天，她把一張書籤插在報紙的最後一頁，上面有篇文字記載敘利亞神學家聖厄弗冷（Saint Ephraim the Syrian）的懺悔祈禱：「喔，上帝，我生命的主宰，請將我心靈中懶惰虛弱、爭權奪利與胡言亂語的劣根性拔除，再賜予你的僕人誠正、謙卑、耐性與關愛的氣質。」

她用一生一點一滴建立自己的內心世界，服務他人的工作讓她對自己更加篤定，這是年輕時的戴伊無法想像的結果。戴伊最後還將這份篤定感轉換成感恩的心，因此在墓碑上寫滿了對各方的感謝詞。在生命即將劃下句點之前，戴伊和摯友哈佛兒童精神科醫師柯爾斯（Robert Coles）會面，告訴他：「我的時間快到了。」然後花了點時間說明自己想要用文章總結一生的功過。一輩子都在寫作的戴伊自然想留下一本回憶錄，她告訴柯爾斯有一天坐在書桌前構思回憶錄時所發生的事：

> 我想要回想過去的事情，回憶造物主賜給我的這一生。幾天後我用「記憶中的人生」為題開始書寫，想要替我的人生做個總結，寫下最值得記錄的事蹟，可是我竟然沒辦法做到這一點，我

只能坐在那邊感謝主。上帝在好幾世紀前就來過人間，我告訴自己，這一生當中最幸運的，就是能在腦海中一直得到上帝的指引！

柯爾斯寫下這個過程：「她說著說著，聲調開始有些激動，我看見她的眼角有些泛光，但就算有過這個片刻，她也很快把話題轉到自己有多欣賞托爾斯泰了。」這是一個平凡中見偉大的時刻，在經歷許多犧牲奉獻的工作，以及許多想要改變這個世界的付出之後，所有風波終將平息，否極泰來。亞當一號終究不如亞當二號禁得起時間的考驗，孤寂的感受總有終結的一天。用一輩子行經蔭谷、自我批判的最終，是福杯滿溢的感謝。

05 精益求精

喬治・卡特利特・馬歇爾（George Catlett Marshall）出生於一八八〇年，在賓州的尤寧敦成長。尤寧敦是一個只有三千五百人口的小型煤礦城市，正要開始工業化發展。馬歇爾在父親三十五歲那年出生，他父親是一位成功的生意人，在鎮上是個有頭有臉的人物，對自己出身的南方大家族非常自豪。最高法院法官約翰・馬歇爾（John Marshall）還是他們的遠親。馬歇爾的父親嚴肅而保守，尤其在家中，態度就像個莊園領主。

然而，父親在中年出脫了自己的煤礦事業，轉而投資維吉尼亞州盧瑞鐘乳石洞的不動產，結果很快就破產收場。他失去二十年來打拚得到的所有財富，之後就退縮到自己的小世界，把時間花在研究家譜上，家境每況愈下。長大後的馬歇爾還記得，後來家人得去飯店餐廳乞討殘羹剩飯，有時能拿到一些燉肉。「這個痛苦難堪的經驗，是我童年的黑暗時光。」他後來回憶。

馬歇爾並不是個聰穎機伶的男孩。九歲時，父親帶他註冊當地的公立學校。由校監史密斯（Lee Smith）教授面試學生並決定分班。史密斯詢問馬歇爾一連串簡單的問題，以衡量他的智商與學習基礎，但馬歇爾一個也答不出來。當父親看著他，馬歇爾說話開始吞吞吐吐、結結巴巴，身體也不安的左右扭動。即便之後馬歇爾領導美軍打二次事件大戰，擔任國務卿，贏得諾貝爾和平獎，仍舊記得這個當眾讓父親失望、折磨難熬的一幕。馬歇爾回憶，他的父親因為覺得沒面子感到「痛苦萬狀」。

馬歇爾的學業表現落後許多。他畏懼任何形式的公開演講，極度害怕被同學嘲笑，因為總是扭捏不安讓他更常失敗受辱。長大後的馬歇爾回憶，「我不喜歡學校。事實是，我不只是個糟糕的學生，甚至連學生都稱不上，我的課業成績總是讓人傷心。」他變得喜歡惡作劇、惹麻煩。姊姊瑪麗（Marie）稱他是「班上的傻瓜」，當晚她就會在床上發現一隻青蛙。當「未經他允許」的訪客來到家門，他就會爬上屋頂，把水球擲向訪客毫無戒心的腦袋。但馬歇爾也有天才之處，他曾自創一個小事業，用自製的木筏載送一群女生通過小溪。

小學畢業後，他想追隨最喜歡的哥哥史都爾特（Stuart）加入維吉尼亞軍校。後來，在一次知名傳記作家波格（Forrest Pogue）的訪談中，馬歇爾回想起哥哥殘酷的反應：

當我拜託父母讓我到維吉尼亞軍校就讀，無意間聽到史都爾特與母親的對話。他力勸母親不要讓我去，覺得我會侮辱家族的名聲。這件事帶給我的影響，比來自任何師長與父母的壓力，或其他每件事都還要深刻。當下我就決定，一定要讓史都爾特刮目相看。最後我終於超越了哥哥的成績。這是我此生第一次拿到這樣的成績，也是我第一次真的記取教訓。哥哥與母親的對話賦予我對成功的迫切感，對我的職業生涯帶來了永久的心理效應。

許多原本平凡、但後來取得非凡成就人士，都歷經這個共同情節。這些人沒有特別聰明或天賦異秉。白手起家的百萬富翁大學平均GPA（成績平均積點）只有B-。但在他們生命中某個關鍵時刻，有人批評他們太愚笨以致成不了事，他們才奮起要讓這混帳知道自己大錯特錯。

馬歇爾並非完全缺乏家庭的溫暖與支持。雖然父親一直對他很失望，但母親看到他總是眉開眼笑的，給他無條件的愛與支持。為了讓馬歇爾上大學，母親賣掉家裡僅剩的房地產，包括尤寧敦的一小塊土地，原本她打算在上面蓋一棟房子給自己。從學校與家裡所受的屈辱也讓馬歇爾學到，若想往上爬，不能單靠與生俱來的能力，還必須靠不斷磨練、辛勤工作，並發揮絕對的自律。當馬歇爾進入維吉尼亞軍校（據說他沒有參加入學考就獲准入學），他發現軍校的生活方式與對紀律的要求，正合他胃口。

馬歇爾在一八九七年進入維吉尼亞軍校，立即愛上學校的南方傳統。維吉尼亞軍校擁有一項德行文化，集結了數個古老傳統：奉獻服務與彬彬有禮的騎士精神，堅忍不拔的自我情緒控制，以及為榮譽獻身的傳統。這所學校縈繞著南方騎士精神的回憶：南北戰爭時人稱「石牆」的傑克森將軍（Stonewall Jackson）之前是學校的教授；一八六四年五月十五日，兩百四十一位軍校學生（有些年僅十五歲）在新市場戰役（Battle of New Market）奮勇阻擋了北方聯軍的攻勢；南方英雄李將軍的亡靈，更是所有學生努力仿效的完美典型。

維吉尼亞軍校教導馬歇爾崇敬為何物，在他心中永遠有一位英雄，他可以效法對方所有適當的行為，並把對方當作評斷自己的標準。不久之前，曾興起揭穿英雄假面具的風潮。直至今日，「倨傲不恭」一詞還常被視為高度讚美。但在馬歇爾的年少時代，培養崇敬的能力還有一項更重大的意義。

羅馬傳記作家普魯塔克的作品常奠基於一個前提：卓越人士的故事總能激起一般人的企圖心。哲學家與神學家阿奎那則認為，若想過上好生活，你必須把焦點放在典範人物（而不是自己）身上，並盡可能仿效他們的行為。哲學家懷海德認為，若沒有偉大事物的耳濡目染，就不可能實現德性教育。一九四三年，英國探險家李文斯頓寫道，「世人傾向認為缺德是人格缺陷所致，事實上，更常是缺乏典範的結果。我們能察覺別人（有時察覺自己）缺乏勇氣、勤奮與毅力，這些都是導致失敗的因素。但我們沒有發覺更隱晦的嚴重缺點，是我們的標準錯誤，而且從不知道孰是孰非。」

藉著培養學生尊敬古代英雄、長者、自己人生中領導者的習慣，老師不只說明了怎樣可以稱作偉大，也試著鼓勵學生起而效尤。舉止合宜不只代表知所對錯，也代表擁有做正確事情的動機，以及主動行善的動力。

維吉尼亞軍校的生活充滿了偉大歷史人物的故事，如雅典將軍伯里克利（Pericles）、奧古斯都、猶大．馬加比、喬治．華盛頓、聖女貞德、多莉．麥迪遜（Dolley Madison），其中有些故事是虛構的，有些被浪漫化。社會學家杭特曾寫道，品格不需仰賴宗教信仰來建立。「但不能缺少對神聖真理的信念，它一如意識與生命中的基石恆久不變，同時被道德團體的制式習慣強化。因此，品格不接受權宜之計，無法倉促成就。這無疑是齊克果形容品格有如『深深蝕鏤雕刻而成』的原因。」

維吉尼亞軍校在學術方面表現平庸，馬歇爾在當時也不是一個成績優秀的學生。但這所學校會把受崇敬的人推舉為英雄，也認真培養學生制式自律的習慣。從馬歇爾的成年時光，可以看出他盡力想在各個方面表現得完美無缺。與一般建議「只做最重要的事」相違的是，他連在區區小事上都非常努力。

維吉尼亞軍校也教導「斷念」，這是一種為了享受更大滿足放棄小愉悅的能力。維吉尼亞軍校讓它大多數來自優渥家庭的年輕學生變得堅強，放棄在家的奢華享受，得到他們所需、面對人生困厄時的鋼鐵心智。馬歇爾徹底吸收了學校的禁欲文化與嚴格訓練。維吉尼亞軍校要求一年級學生就寢時把宿舍的偌大窗戶完全打開，所以冬天時有可能被身上的積雪冷醒。

在預定進入維吉尼亞軍校的前一週，馬歇爾罹患了傷寒，因此被迫比其他學生晚一週報到。這對一年級學生已經不是好事，馬歇爾病懨懨的慘白臉色與北方口音，無奈又引起了高年級生的矚目。因為鼻子短扁上翹，他被笑稱為「北方來的老鼠」與「哈巴狗」。「老鼠」馬歇爾的生活充滿了令人厭煩的掃除工作，清理了數不盡的馬桶。但在這段時期的回憶裡，他沒有反抗或厭惡這樣的對待。「對於做這種事，我想我比許多男孩能逆來順受。這就是生活的一部分，你唯一能做的就是盡力去接受它。」

在馬歇爾「老鼠生涯」的早期，曾經歷一項惡作劇傳統，他被迫裸體蹲在一個樓板的洞上方，洞裡塞了一把尖尖的刺刀。這項考驗名為「坐上無極限」，被當作一種取得認同的儀式。在一群高年級學生的注視下，馬歇爾使勁全力不讓自己跌落，但最後再也支持不住了。他不是直直摔下，而是偏了一邊，他的右邊屁股被切了一道雖然深、但可以癒合的傷口。即使以今日的標準來看，這樣的惡作劇太殘忍，完全違反校規。這群高年級生趕緊把馬歇爾送到醫療中心，卻擔心他會告狀。沒想到馬歇爾什麼都沒說，他堅定的沉默立即贏得所有人的尊敬。其中一位同學說：「此後進入一個新階段，再也沒有人嘲笑他的口音。即使說外星話，大家都會接受。他已經被當成自己人。」

馬歇爾在維吉尼亞軍校的課業成績仍然不理想，但他在術科操作、整潔、組織能力、嚴謹度、自我控制、領導能力上都表現優秀。他完美呈現了紀律的美學，永遠是姿勢正確、背脊挺直、敬禮俐落、眼神直視、衣服熨燙平整，一舉一動就是內在自我控制的向外展現。在他一或二年級的美式足球賽中，他右臂的韌帶被嚴重撕裂，但拒絕就醫，因為他認為可以自己痊癒（結果花了兩年的時間）。維吉尼亞軍校有項遇見師長要敬禮的傳統，右臂的傷一定會在他舉起右手肘行禮時感到不適，這兩年一定很不好受。

今日，這般的刻板拘謹早已不時興。我們表現得比以往更自然輕鬆，不想看起來矯揉造作。但在馬歇爾的軍事世界更相信的是，偉大的人不是天生如此，而是透過訓練造就。改變是由外而內。透過演習的訓練，才會自我規範。透過表現謙恭，才學會禮貌；透過對抗恐懼，才培養出勇氣；透過控制臉部表情，才變得冷靜。總是先有良行，才有美德。

這一切行為的重點在於將情感與行動分離，削弱一時情緒的力量。人可以感覺恐懼，但是能做到不驚慌失措；或許想吃甜食，但仍可以壓抑吃的欲望。禁欲主義認為情緒不值得被信任。情緒會劫奪你的力量，不要輕信你的渴望。不要受憤怒擺布，就算是悲傷與痛苦也不例外。把情緒當作是火焰：嚴格控制時很有用，但放任它就會引發燎原災難。

這種人總是用禮貌的不變防火線來控制情緒。維多利亞時代，所有的嚴格禮儀都是藉著控制情緒保護人性的脆弱，人總是用精心設計的方式交談。這類型的人（馬歇爾也是其中一位）一生都刻意過得簡樸而平淡。馬歇爾看不起拿破崙和希特勒的誇張風格，甚至對於兩位之後合作的將軍——麥克阿瑟和喬治．巴頓的戲劇化表現也不甚認同。

「方法並非總是微妙隱晦，」馬歇爾的傳記作者寫道，「這個人的秉性適合慢慢由抑制走向自我控制。直到最後，他首次面對自己對欲望所加諸的限制時，幾乎無法忍受。」

馬歇爾不幽默，情緒不易波動，也不習慣自我反思。他不寫日記，因為覺得這麼做會讓自己把焦點過度放在自己、自己的名聲，以及未來別人將怎麼看他上。他在一九四二年對李將軍的傳記作者弗里曼（Douglas Southall Freeman）說，寫日記會不知不覺導致「自我欺騙以及決策猶豫」，而在戰爭中，他必須客觀的把專注力放在「贏得勝利一事」上。馬歇爾從沒有抽出時間撰寫自傳。《週六晚間郵報》（*The Saturday Evening Post*）曾經開出超過一百萬美元的條件，希望馬歇爾講自己的故事，但被他拒絕了。他不想讓自己或任何其他將軍難為情。

維吉尼亞軍校訓練的目的，在於教導馬歇爾如何運用受到約束的權力。這背後的概念是，權力會放大一個人的性格，讓粗魯的人更粗魯，讓愛控制的人控制欲更強。當人生爬得愈高，就愈少人會給你誠實的回饋，或約束你令人不快的特質。所以，最好在年輕時就養成自我克制的習慣，包括情緒上的自我克制。「我在維吉尼亞軍校學到自我控制、紀律，而且永誌不忘。」他之後回憶。

他在維吉尼亞軍校最後一年被任命為第一上尉，這也是軍校的最高級別。四年的軍校生涯，他從未被記任何缺點。馬歇爾在軍校培養了嚴格的將領風範，這也永遠標誌了他的個性。他當兵的表現可圈可點，也是他們班一致肯定的領導者。

維吉尼亞軍校校長懷斯（John Wise）在推薦信中，以該校特有的說法讚美了馬歇爾的成就：馬歇爾是「多年來，本工廠製造出最優秀的炮灰之一。」

自非常早年，馬歇爾就建立起無論軍人或女性都會普遍推崇的有條不紊作風。西塞羅在《塔斯庫倫論辯集》（Tusculan Disputations）寫道：「這個人，不論他是誰，只要他的思想穩定一致且自我控制，內心滿足，不會因為逆境癱瘓，不會因為恐懼崩潰，不會因為急切的渴望憤怒，不會被狂熱無益的興奮沖昏頭，他就是我們在尋找的智者，而且他很自足。」

軍旅生涯

在成功者的人生階段中，總有一個有趣的時刻，他學會了怎麼做事的時刻。對馬歇爾而言，那就發生在維吉尼亞軍校中。

想要進入美國陸軍，必須要有政界的支持。馬歇爾於是在沒有約見下，逕自跑進華盛頓特區的白宮。他自顧自走到二樓，一位接待員表示他不可能就這樣衝進去找總統，於是馬歇爾就混在一大群人中間潛入了橢圓辦公室。當其他人離開，他就向麥金利總統說明了自己的狀況。沒有人知道麥金利是否真的幫他關說，但在一九〇一年，馬歇爾得到接受入伍考試的許可，並在一九〇二年接到授銜令。

就如艾森豪，馬歇爾也是大器晚成。他工作專業，服務他人，但並未快速崛起。他是個絕佳的幫手，有時長官還刻意不讓他執行自己的勤務。「不論是教學或實務，馬歇爾中校對於行政工作特別擅長，」一位將軍寫道，「我懷疑今日軍隊裡有任何人比得上他。」他對做軍隊生活中無趣的幕後工作極有天分，尤其是後方勤務，因此一直沒有被推到前線。馬歇爾在第一次世界大戰服役的末年已三十九歲，他還只是一個臨時中校，許多年輕人早就超越他拿到作戰指揮權。這些挫折都讓他痛心不已。

但他慢慢掌握了技巧。在利文沃斯堡（Fort Leavenworth）的研究生訓練中，馬歇爾成為一位成功的自學者，彌補了他可悲的學業成績。他被派到菲律賓以及橫跨美國南方到中西部做工程人員、炮長、軍需後官、糧秣服務後官，及其他不起眼的職務。他每天的生活充滿了瑣碎雜事與微不足道的小成就。然而他對細節的關注以及耐心，在之後的生涯發揮了作用。如他所說：「真正偉大的領袖能克服所有困難，而戰役與戰鬥只不過是一連串需要克服的困難罷了。」

他將自我意識昇華。「你愈不同意上級的政策，就該把愈多注意力放在他們的成就上。」傳記作者地毯式調查了他的人生經歷，發現最驚人的特點，在於找不到馬歇爾任何明顯的道德瑕疵。他做了許多差勁的決定，但從來沒有出軌、背叛朋友、撒彌天大謊，或是做讓自己、他人失望的事。

雖然沒有獲得升遷，馬歇爾仍逐漸建立起他「組織與執行傳奇大師」的名聲。事實上，這並不是軍旅生活迷人的一面。一九一二年，他在美國組織了一項含括一萬七千位軍官與士兵的軍事演習。一九一四年，他在菲律賓的訓練演習中，成功指揮四千八百人的入侵部隊，以計謀打敗了防禦方。

第一次世界大戰時，馬歇爾成為美國遠征部隊（American Expeditionary Force, AEF）在法國第一師團的副參謀長，這是美國陸軍派駐歐洲的第一師。與一般人想像不同，在這裡，馬歇爾比其他參戰的美國人歷經更多戰鬥，閃過更多子彈、炮彈與毒氣的攻擊。他的任務是讓美國遠征部隊總部了解前線物資、形勢，與軍隊士氣的狀況。他大多數時間花在法國前線，進出戰壕，了解士兵的情況，並把他們最迫切需要的東西記錄下來。

當馬歇爾安全回到總部後，他會跟參謀長報告並規劃出下次軍隊大規模往前移動、撤離前線所需要的後勤路線。有一回，他規劃的行動，將六十萬人及九十萬噸物資及彈藥，從前線的一端移師到另一端。這是戰時最複雜的後勤問題，而馬歇爾傳奇的表現，為當時的他贏得了「巫師」的暱稱。

一九一七年十月，美國戰時資深司令官、人稱黑傑克的潘興（John “Blackjack” Pershing）將軍來視察馬歇爾的部隊。潘興批評軍隊差勁的訓練與表現，譴責馬歇爾當時的指揮官西伯特（William Sibert）將軍與參謀長，他們只比潘興早兩天到。當時是上尉的馬歇爾決定，該是他稱之為「犧牲打」時候。他往前一站打算向將軍解釋狀況。然而已經怒氣沖沖的潘興要馬歇爾閉嘴，轉身就走。馬歇爾於是做了一件極有可能會毀了他職業生涯的事，他抓住潘興的手臂不讓對方離開。他激動的反駁老將軍，滔滔不絕陳述潘興總部的失誤：糟糕的補給、部隊錯置、缺乏運輸車輛，以及許多其他不容忽視的困難。

之後是長長的沉默，每個人都對馬歇爾的大膽冒犯非常驚訝。潘興仔細的看著他，然後防衛的回應，「噢，你必須了解我們遇到的問題。」

馬歇爾馬上說：「是的，將軍，但我們每天都遇到問題，問題多不勝數，而且必須在晚上把問題全數解決。」

潘興不發一語、憤怒的揚長而去。馬歇爾的同袍感謝他仗義執言，但也預言他的軍旅生涯將就此結束。但正好相反，潘興記住了這位年輕人，雇用了他，並成為他最重要的導師。

當馬歇爾收到一紙召喚他加入總部位於肖蒙（Chaumont）的總參謀部時，非常震驚。他渴望升遷到一個可以領導士兵作戰的職務。然而，他仍立即打包好行李，與認識超過一年的同袍道別。在戰事報告中，馬歇爾一反常態的寫了一段關於他離開的感傷說明：

> 要與這些我在法國密切共事超過一年的人道別，實在很難保持冷靜。我們曾受到囚禁，試煉與磨難把我們緊緊綁在一起。我看到他們，聚在城堡廣闊的大門與我說再見。當我坐上凱迪拉克，他們友好的玩笑與充滿情感的道別，已經深深烙在我的心版。當我開車離去，幾乎不敢想像我們何時能在何處重聚。

六天後，第一師加入了一場迫使德軍撤退的大反攻，在短短七十二小時內，絕大部分在大門與馬歇爾道別的人，包括陸軍校級軍官、營長，與第一師的四個陸軍中尉都非死即傷。

一九一八年，馬歇爾在法國幾乎要被升遷為陸軍准將。然而戰爭結束了，結果他十八年後才得到第一枚星章。他回到家，花了五年時間在華盛頓為潘興處理文書工作。他盡心盡力為上級軍官工作，但幾乎沒有升遷。

之後，馬歇爾投入自己的專業，來到屬於他的地方——美國陸軍服役。

組織

現今，很難遇到有人擁有組織心態（institutional mindset）。我們生長在一個體制焦慮的時代，人人都想將大型組織推翻。一部分是因為我們看到這些機構的失敗，也因為現在是個自我中心的時代，大家都把個人放在第一位。我們重視自己任意探索、選擇生活方式的自由，不願壓抑自我來迎合官僚機構與組織。我們傾向認為，人生的目的在於過得富裕充實，只要符合需要，可以任意從一個組織跳到另一個組織。意義是從自我創造的行動而來，是從我們成就與奉獻的事物而來，是從無窮無盡的選擇而來。

沒有人想當組織裡的人。我們喜歡新創事業，喜歡破壞者與反抗者。那些想永久改革或修補組織缺陷的人，已被認為缺乏優勢。年輕人從小就認定龐大問題可以靠一小群相互連結的非營利組織與社會企業家解決。大型組織只是恐龍。

這樣的心態造成了機構的衰落。如編輯布朗（Tina Brown）所言，如果人人都被教育要跳脫框架思考，就能預期框架正開始朽毀。

如馬歇爾這般擁有組織心態的人，想法層面很不一樣，往往從與上述方向不同的歷史自覺思考起。在他們心中，社會就是基本現實，在社會中許多機構已經存在多年或經歷數個世代。人不是出生在沒有任何社會組織的曠野中。出生時，周遭就已經有很多存在已久的組織，軍隊、神職人員、科學機構，以及許多專業職，如農夫、建築工、警察與教授等。

人生不是在茫茫大海中航行。人總會投身幾個機構，它們在你出生前就已穩固建立，在你離開人世後仍將持續存在。

人生就是在接受已逝者的餽贈，擔負起保存與改善組織的責任，讓它能以更好的面貌傳給下一個世代。

每個機構都有特定的規則、義務，以及對卓越的定義標準。在新聞學的標準中，記者應對受訪者保持心理距離。科學家必須以特定的方法、一步一腳印推進並驗證知識。老師要平等的對待所有學生，並投注額外時間協助學生成長。當我們成為機構和組織的一分子，也更走向真正的自己。組織的慣例給了靈魂依循的框架，讓人更容易做好。歷經長時間考驗的特定規範，能逐漸引導組織中的人的行為。藉著依循組織機構的規矩，我們覺得自己並不孤單，就像獲准進入一個超越時間的社群。

在這樣的觀點下，有組織心態的人對於前人以及傳承而來的規矩，懷有深深的敬意。來自專業及組織的規矩並非教人把事情做好的實用要訣，而是深深進入實踐者的心中，成為他的一部分。如同老師之於教學技巧，運動員之於體育，醫生之於醫術，都不是出於前者個人的選擇，即使對心靈上的好處弊大於利，也無法輕易拋棄。這是塑造生命與定義生命的重要承諾。就像找到天命，它們所給予的承諾也超越了個人的一生。

一個人的社會功能，定義了他是怎樣的人。個人與組織機構間的委任關係，更像是一項契約。是一項必須傳承的遺產，必須償還的債務。

技術性的工作，比方木工，傳承下去的深刻意義更超越了手工藝本身。有很長一段時間，你投入組織的遠比從中獲得的多，但在其中工作提供你許多任務完成時的滿足，以及立足於世的穩當位置。它提供你一個可以放下自我，平息焦慮與層出不窮需求的途徑。

馬歇爾順著組織的需求過人生。在上個世紀末，很少人像馬歇爾一樣得到這麼多的崇敬，即使在他有生之年，以及在熟識他的親友間，亦是如此。

同時，也很少人覺得和馬歇爾相處全然自在愉快，包括艾森豪。他完美的自我否定與自我控制的代價，就是冷淡超然。一旦穿上軍服，他從不會不拘禮節，或讓任何人進入他的靈魂深處。不論什麼情況，他都能保持冷靜。

愛與死

馬歇爾也有私人生活，但他把私生活與公眾角色徹底分開。今日我們常把工作帶回家，不斷用手機回覆公司郵件。但對馬歇爾而言，兩者是完全不相干的領域，不論是情緒或行為模式都截然不同。家是無情世界的避風港。馬歇爾的家，是以妻子莉莉為中心。

馬歇爾在維吉尼亞軍校的最後一年，開始追求被朋友暱稱為莉莉的伊莉莎白．卡特．科爾斯（Elizabeth Carter Coles）。他們花許多時間一起乘坐馬車，他冒著被開除的風險偷溜出學校，只為與她共處。

馬歇爾比莉莉小六歲，而一些學長與維吉尼亞軍校畢業生，包括馬歇爾的哥哥史都爾特，都在努力贏得莉莉的芳心。她是個引人矚目的黑髮俏妞，也是列克星敦市（Lexington）數一數二的美女。「我深深愛上她。」馬歇爾回憶，而這份愛從未改變。

兩人在馬歇爾一九〇二年畢業後不久結婚。馬歇爾覺得自己非常幸運能娶到她，而他也一直以一種感激之情對待她。他對莉莉的態度被形容為極度殷勤，而且恆久不變。在他們結婚不久後，馬歇爾發現她患有甲狀腺疾病，導致心臟非常衰弱。她一生都要像個半殘廢的人一般過活。因為風險太大，他們永遠不能有孩子。莉莉隨時可能因為太勞累而猝死。儘管如此，馬歇爾對妻子的熱愛與感激依然有增無減。

馬歇爾很樂於為她服務，常常給她小驚喜、讚美與安慰，永遠都把最大的關注放在各種小細節上。當她把針線籃忘在樓上，馬歇爾總會一馬當先去拿，絕不會讓她費力起身上樓。馬歇爾有如俠義騎士，無微不至的照顧他的夫人。遇到這些情況，莉莉有時不免苦笑。她遠比馬歇爾想像的要強健能幹，但還是享受丈夫的服務。

一九二七年，五十三歲的莉莉心臟狀況惡化。她被送到沃爾特・里德醫院（Walter Reed Hospital），並在八月二十二日動了手術。她雖然復原得不快，但很穩定。馬歇爾發揮所長，滿足她所有的需要，莉莉也一天天康復。九月十五日，她得知隔天可以出院回家，馬上坐下要寫一則便箋給母親，但才寫下「喬治」二字，就頹然倒下，撒手人寰。醫生表示，因為她得知要回家後太過興奮，導致脈搏不規律大增。

當時，馬歇爾正在華盛頓的戰爭學院授課。警衛打斷他的課程，請他去接電話。他們走進一間小辦公室，馬歇爾接了電話、聽了一會兒，然後頭枕著胳臂靠在桌上。警衛詢問是否有什麼幫得上忙的地方。馬歇爾平靜且拘謹回答：「不用。圖卡摩頓（Throckmorton）先生，我只是得知，今日原本要來此與我相伴的妻子，方才過世了。」

他一絲不苟的措詞，停了一下想起警衛的名字（馬歇爾不擅長記名字），精準呈現了他無時無刻的自律與情緒上的自我控制。

妻子過世讓馬歇爾深受打擊。他將家裡擺滿她的照片，所以不論在哪個房間，她都能從制高點眺望他。莉莉不只是他甜美的妻子，更是他唯一的、最信任的知己。唯有莉莉有權了解他內心的重擔，並幫他分憂解勞。殘酷的是，剎那間他已經孤身一人、飄泊無依。

失去妻子與三個女兒的潘興將軍，寫了一封弔唁信給他。馬歇爾回覆說他極度思念莉莉：「我從不知道這種感受，二十六年的親密相伴，她的離去讓我失去了調整自己面對未來的能力。如果我熱中俱樂部生活，或是在體育活動外有熟稔的男性友人，或因戰爭及需要集中注意力的迫切任務，我想我會好得多。不過，我會找出方法恢復的。」

莉莉的過世改變了馬歇爾。曾經沉默寡言的他，開始變得溫和而健談，像是他想吸引訪客留久一點，以填補寂寞的時光。多年來，他的信變得更體貼周到，更願意大方展現同情。雖然他獻身軍旅，有幾次工作多到讓他喘不過氣，但是馬歇爾從來不是個工作狂，為了不讓健康受損，他傍晚就完全不工作，而去種花蒔草、騎馬，或是散步。只要有機會，他都會鼓勵、甚至命令下屬這麼做。

隱私

馬歇爾是個重視隱私的人。可以說，他與現代人非常不同，把私領域與公領域劃分出清楚的界線，也把視為知己的人與一般人分開。面對他信任與喜愛的自己人，他會表現得詼諧甚至講很長的笑話，但面對大眾時，他的態度永遠是禮貌自持。他也極少直接稱呼別人的名字。

這種對隱私的態度，與今日臉書與 Instagram 當道的隱私觀念大不相同。他對珀金斯表示，他覺得唯有經過長時間的互動與信任，隱私的藩籬才能逐漸被打破。私人世界發生的事，不應該立即在線上分享或跟別人吐露，更不該被廣為公告周知。

馬歇爾禮貌的社交態度，恰恰符合了他謙恭的內在心態。法國哲學家孔特-斯朋韋爾（André Comte-Sponville）說，禮貌是偉大美德的先決條件：「德行就像是靈魂的教養、內在生命的規矩，以及行事的準則。」

馬歇爾一向周到體貼，但拘謹讓他很難發展友誼。他極為反對八卦，蔑視低俗故事，而且從不喜歡與男性閒扯瞎聊搏感情，而這卻是艾森豪所擅長的。

馬歇爾早期的傳記作者弗萊（William Frye）寫道：

> 馬歇爾是個節制且有紀律的人，他從內在就能得到鼓舞與獎勵，而不需要其他人的激勵與掌聲。這種人極端的孤獨，大多數人會藉著與他人分享或交心來釋放壓力，但他們不這麼做。這些自給自足的人，其實並不完整。
>
> 如果幸運，他們會找到一或兩個人成就他的完整。通常，人數不會超過兩位，他會把心對一位愛人敞開，把思想與一位朋友分享。

改革者

馬歇爾後來終於找到一項可以消耗精力、緩解傷悲的任務。在該年底，他被授命領導喬治亞州本寧堡的步兵學校計畫。馬歇爾行事謹慎，但是在軍事行動上，他不是個傳統主義者。終其一生，他都在衝撞軍隊裡令人窒息的傳統行事方法。在步兵學校四年的時光中，他大幅改變了軍官的訓練，由於二次世界大戰大多數重要軍官都是來自他領導的本寧堡，馬歇爾等同徹底改革了美國陸軍。

他所承襲的教案是建立在一個荒謬的前提下，教案中預設在戰時，軍官可以取得關於自家軍隊與敵人位置的完整資訊。但是馬歇爾在演習中，是不給學員地圖的，即使有，也會給已經過時的——他告訴學員，在真正的戰爭中，地圖通常不存在，或者有害無益；而且真正的關鍵在於何時應該做決策，以及決策結果為何。他說，在正確時間採行的平庸解決方案，遠勝太慢決定的完美方案。

直到馬歇爾主政，教授才開始寫下他們的授課內容，並在課堂上誦讀。馬歇爾打破慣例。他把補給系統手冊從一百二十頁刪減到十二頁，讓訓練國民軍變得更容易，而且賦予指揮系統更大的裁量權。

即使成功改革也沒能加速他的升遷，軍隊有自己的資歷體系。但隨著一九三〇年代到來，來自法西斯的威脅愈清楚可見，個人的長處也變得更加重要。馬歇爾最終獲得一連串重量級升遷，快速超越那些比他資深卻不那麼受到尊敬的人，一路來到華盛頓權力中心。

將軍

一九三八年，小羅斯福舉辦一場內閣會議，商討軍隊組成的策略。小羅斯福認為，下一場戰爭的成敗，主要由空軍與海軍軍力決定，而非地面部隊。他繞著會議室走一圈，尋求與會者同意，大部分人都點頭稱是。最後他走到新來的副參謀長馬歇爾旁邊問：「喬治，你不這樣認為嗎？」「對不起，總統先生，我完全不這麼認為。」馬歇爾陳述了地面部隊重要的理由。小羅斯福大吃一驚，並宣布會議結束。這也是最後一次總統冒昧直呼馬歇爾的名字。

一九三九年，小羅斯福不得不更換即將離任的參謀總長，這也是美國軍隊的最高職位。當時馬歇爾在資歷上排名第三十四，但最後的選擇落在他與莊穆（Hugh Drum）之間。莊穆是一位能幹的將領，但個性有些浮誇。他為了得到這項工作，砸下大錢籌組了大型遊說活動，取得大量背書以及諸多媒體正面評價。馬歇爾拒絕遊說，也要求別人不要代表他遊說。但他在白宮確實有得力友人，其中最重要的是霍普金斯（Harry Hopkins），他是小羅斯福的至交，也是新政的擘畫者。最後小羅斯福選擇了馬歇爾，即便兩人之間幾乎沒有私交。

戰爭是一連串的失策與挫折。在二次世界大戰開始之際，馬歇爾就知道他必須無情剔除不適任的將領。當時他娶了第二任妻子，凱瑟琳．圖佩兒．布朗（Katherine Tupper Brown），迷人的凱瑟琳過去是位女演員，舉止優雅、個性強烈的她，成為馬歇爾的終身伴侶。「情緒對我而言太奢侈，我無法負擔，」他對她說，「我必須有冷靜的邏輯，情緒是屬於別人的。我不允許自己憤怒，憤怒使人筋疲力竭，鑄下無可挽回的錯誤。我的頭腦必須保持清楚，不能顯現疲倦。」

去蕪存菁的過程很殘酷，馬歇爾終結了數百位同僚的事業。「他曾經是我們的好朋友，但他毀了我丈夫。」一位高級將領的妻子在得知丈夫被判出局後說。一天晚上，馬歇爾對凱瑟琳坦言：「我實在厭煩了說『不』，這讓我疲倦萬分。」當戰爭一觸即發，組織起自己軍區的馬歇爾評述：「要告訴別人他哪裡失敗很不容易，我的生命中充滿狀況與問題，而且必須執行困難艱辛的任務。」

馬歇爾老派的做法，顯現在一九四四年於倫敦與媒體的見面會上。他手裡沒有拿任何文件，進入會議室後，就指示每位記者問一個問題，默默的聽。在三十多個問題問完後，馬歇爾開始仔細解釋戰爭的狀況，暢談更大的願景、策略目標與技術細節，每講幾句話，他就刻意把眼光放在另一位記者臉上。四十分鐘後，他結束談話，並感謝記者撥冗前來。

在第二次世界大戰中，確實有表現戲劇化的將領，像麥克阿瑟和巴頓，然而其中大多如馬歇爾與艾森豪，則剛好相反。他們是講求精準的組織者，而非浮誇的表演者。馬歇爾厭惡會咆哮或拍桌的將領。他喜歡簡單樸素的制服，而非今日許多將領偏好的擁有許多裝飾（如授帶橫過胸前），像告示版一般的樣式。

在這段期間，馬歇爾開始累積驚人的聲望。哥倫比亞廣播公司隨軍記者塞瓦雷德（Eric Sevareid）扼要勾勒出這位將軍的形象：「高大、樸實的男人，擁有卓越的才智，非比尋常的記憶力，如聖人般的正直。他所散發控制權力的氛圍，讓其他人感覺自己像弱者。他無私奉獻公務，讓所有公眾壓力與個人友誼都起不了影響。」眾議院發言人雷伯恩（Sam Rayburn）表示，沒有任何美國人對國會擁有和馬歇爾一般的影響力：「我們面對的這個人，講的永遠都是他所見的事實。」如杜魯門總統的國務卿艾奇遜（Dean Acheson）所言：「每個人想起馬歇爾將軍，心中第一個浮現的就是他無以倫比的正直。」

然而正直並沒有讓馬歇爾立即贏得眾人的青睞。他擁有軍人蔑視政治的特質。他有個特別反感的回憶：有次他面見羅斯福總統，告訴他北非進軍計畫已經準備底定。總統闔起雙手假裝祈禱後說，「請在選舉日之前達到目標。」之後，馬歇爾的副參謀長漢迪（Tom Handy）在接受訪問時解釋：

> 說馬歇爾將軍是個隨和的人完全白搭，因為他根本不是。他可以極端頑固剛硬。但他擁有極大的影響力與權力，尤其對英國與國會更是如此。我想羅斯福應該很羨慕他這一點。基本上他們

知道，馬歇爾絕對光明正大，絕不會有自私的動機。

英國知道，他從不是站在美國立場或英國立場，而是試著用最好的方式贏得戰爭。國會知道他有話直說，從不摻雜政治動機。

最能彰顯馬歇爾的時刻，出現在戰爭中。盟軍計劃進行攻入法國的諾曼第登陸行動，但總司令官的人選懸而未決。馬歇爾暗自渴望得到這份任務，而大多數人也覺得他是最適合的人選。這將是有史以來最大膽的軍事行動，不論誰指揮這場偉大的戰役，都將青史留名。其他的盟軍領袖邱吉爾與史達林都告訴馬歇爾，他將得到這份工作。艾森豪也認為馬歇爾會雀屏中選。小羅斯福知道，如果馬歇爾主動爭取，自己一定得把這個任務交付給他。這是馬歇爾應得的，他的德行如此崇高。

然而，小羅斯福需要馬歇爾在華盛頓附近，但諾曼第登陸司令官必須到倫敦。小羅斯福對於馬歇爾嚴肅的個性也有些疑慮。指揮諾曼第登陸意味著要與政治盟友互動，溫暖的性格可能會派得上用場。論辯愈演愈烈。一些參議員認為馬歇爾應該留在華盛頓，不應該受命這項職務。潘興將軍則從醫院病床上，向小羅斯福爭取讓馬歇爾上戰場指揮。

儘管如此，幾乎人人都認為馬歇爾將成為總司令。一九四三年十一月，小羅斯福到北非訪視艾森豪時，對他這麼說：「你我都知道南北戰爭末年的參謀長是誰，但其他人幾乎毫無概念……

我實在不願這麼想，五十年後有沒有人記得誰是喬治．馬歇爾呢？這也是為什麼我想讓喬治擁有最大指揮權——做為一位偉大的將軍，他有資格在歷史上占有一席之地。」

然而，小羅斯福還是有疑慮，他說：「瞎弄勝利的團隊很危險。」他派霍普金斯去試探馬歇爾對這項任務的態度。馬歇爾沒有上鉤。他告訴霍普金斯，自己很榮幸能為國家服務，他別無所求。「不論總統做任何決定，我都會盡心盡力完成。」十幾年後，在一次與作家波格的訪談中，馬歇爾為自己的行為做出解釋：「我下定決心，不要用任何方式讓總統為難，這樣他就可以有完全的自由來決定，怎麼做最符合國家的利益。我發自內心想避免其他戰爭中常發生的事，以個人感受而非國家利益為主要考量。」

一九四三年十二月六日，小羅斯福在他的辦公室召見馬歇爾。他尷尬的花了數分鐘拐彎抹角，提了幾個無關緊要的議題後，詢問馬歇爾是否想要這份工作。馬歇爾不願上鉤，他請小羅斯福做自己認為最好的決定。馬歇爾堅持私人的感受，不應該對決策造成影響。他一而再的拒絕以任何方式表達自己的偏好。

小羅斯福看著他。「好吧，你不在華盛頓，我想我很難睡得安穩。」之後是長長的沉默。羅斯福說：「那就讓艾森豪領軍。」

馬歇爾的內心想必十分受挫，而小羅斯福有欠體貼的要求他把這項決定傳達給盟軍。做為參謀長，馬歇爾被迫要自己寫下指令：「我方決定，立即任命艾森豪將軍指揮諾曼第登陸計畫。」

他大方留下紙條並寄給艾森豪，「親愛的艾森豪，我想你或許想留下這個做為紀念。這是我昨天在最後會議結束時倉促寫成，總統立刻加以簽署。G.C.M.（馬歇爾）」

這是馬歇爾職業生涯中最大的失意，而這也是馬歇爾拒絕表達內心渴望所造成。但那無疑是他終身奉行的信條。

歐洲戰爭結束，以勝利將領之姿凱旋歸來華盛頓的是艾森豪，而非馬歇爾。然而，馬歇爾還是引以為傲。約翰．艾森豪還記得他父親回到華盛頓的場景：「這一天，我看到馬歇爾將軍完全放鬆。他站在艾森豪後面，避開攝影師的鎂光燈。他對艾森豪與艾森豪夫人瑪米流露出慈祥父愛的神情。他那天的態度行為，完全不像平日冷淡的喬治．馬歇爾。之後，他就隱沒到背景中，讓艾森豪做為一整天的焦點——在車隊護送之下來到華盛頓街頭，訪視五角大廈。」

邱吉爾在一封給馬歇爾的私人信件中寫道，「指揮偉大軍隊並非你的天命。你必須創造它，組織它，並鼓舞它。」馬歇爾的鋒芒完全被他升遷的人蓋過，只被當作是「勝利的策劃者」。

最後的任務

戰後，馬歇爾試著要過退休生活。一九四五年十一月二十六日，在五角大廈舉行的一項簡單儀式中，馬歇爾卸下了陸軍參謀長的職務。他開車前往他與凱瑟琳在維吉尼亞州利斯堡購買的多多納莊園（Dodona Manor）。他們走過陽光明媚的院子，一同期待退休的悠閒生活。晚餐前，凱瑟琳上樓休息，在爬樓梯時聽到電話聲響起。一小時後，她下樓看到馬歇爾在躺椅上伸直雙腿，一臉蒼白的聽著廣播。新聞播報宣布，美國駐中國大使剛才辭職，馬歇爾在總統的請託下接受這份任務。剛才的電話，是杜魯門總統要求馬歇爾立即出發。「天啊，喬治。怎麼能這樣？」

這項工作吃力不討好，但他和凱瑟琳還是在中國待了十四個月，試著協調中國國民黨與共產黨間無可避免的內戰。這是他第一次重大任務失敗，在回家的飛機上，六十七歲的馬歇爾再一次接到總統的請託電話，希望他擔任國務卿。馬歇爾答應後掛上電話。在新職務中，他制定了馬歇爾計畫，雖然他自始至終都稱呼計畫的正式名稱「歐洲復興計畫」（European Recovery Plan）。小羅斯福總統希望馬歇爾被歷史永遠記住的願望終於實現。

之後，還有其他的職務接踵而來：美國紅十字會會長、國防部長、伊莉莎白二世加冕典禮的美國代表團主席。接下來有高潮，如在一九五三年贏得諾貝爾和平獎；也有低潮，如成為麥卡錫（Joe McCarthy）及其黨羽的仇恨運動攻擊目標。每當新任務降臨，馬歇爾總覺得有義務接受。他做了不少正確決定，也做出一些錯誤的——如反對以色列成立國家。他不斷接下自己不想承擔的任務。

有些人生來就感激自己活在世上。他們意識到世代傳承，以及前人留下的遺產，他們對前輩充滿感恩，認為自己有義務完成歷久彌新的道德責任。

這種態度最純粹的展現之一，是南北戰爭時一位名為沙利文．巴羅（Sullivan Ballou）的士兵，在戰爭初期的第一次奔牛河之役（Bull Run）前夕寫給妻子的信。身為孤兒，巴羅深知成長過程沒有父親的痛苦。即便如此，他對妻子寫道，自己願意以死來報答先人的恩情：

如果必須為國家戰死沙場，我已經準備好了……我明白美國文明寄託在政府的勝利上，也明白革命先烈經歷的流血苦難對我們的恩情有多深重。因此我願意，由衷願意放下此生的快樂，來協助維繫這個政府，並報答先人恩情。

但是，我親愛的妻子，我知道當我放下自己的快樂，等於也剝奪了你的幸福，取而代之的是憂愁與悲傷，我在漫長的孤兒院歲月嘗盡苦果，理應成為我親愛孩子的唯一寄託。然而當目標的旗幟在微風中平穩自豪的飄揚，這個想法就變得軟弱而可恥。我對你們，我親愛的妻子與孩子，懷抱無盡的深愛，即使徒勞，是否應該與我對國家的愛，激烈的一較高下？

莎拉，我對你的愛至死不渝，就像有條強大鎖鏈把我緊緊繫在你身邊，除了萬能上帝外，無人可以切斷。然而，對國家的熱愛卻像一陣劇烈的強風，把我與這些鎖鏈一同吹進戰場……我想這樣，但我知道只有少數人能得到上天的眷顧，一個輕聲的耳語——或許是我的小愛德加的祈禱，希望我毫髮無傷的回到所愛的人身邊。但如果我沒能回來，親愛的莎拉，永遠不要忘了我有多愛你，當我在戰場上嚥下最後一口氣，口中低喚的必是你的名字。

當然，巴羅隔天確實上了奔牛河的戰場，也真的戰死沙場。他就像馬歇爾，唯有完成對國家與社會的責任，才能得到滿足。

我們身處的社會大力強調個人幸福的重要，認為個人幸福就是實現自己想要的事物，沒有受到外界阻礙。但道德傳統不會消逝。它們穿越數個世紀，在新的情況鼓舞了新的人。馬歇爾生在一個有飛機與核彈的時代，但在許多方面，他是由古希臘與古羅馬的道德傳統所形塑。他的道德觀部分來自荷馬，重視勇氣與榮譽。部分來自斯多葛學派，強調道德紀律。但在之後幾年，他更受到伯里克利的影響，體現一種我們稱為雅量，或偉大情操的領導風範。

希臘黃金時代大器的領導者，對自己的德行有著崇高而精準的看法。會把自己與周遭大部分的人歸屬不同類別，了解自己受到上天眷顧，特別幸運。這個想法讓他與周遭人的關係變得緊張。除了在幾個熟朋友前，他看起來都是孤獨而超然，拘謹而莊重。他待人處世的態度友善合宜，對人親切但從不暴露內心的感受、想法與恐懼。他隱藏自己的脆弱，厭惡可能要倚賴他人的想法。如福克納在《偉大的案例》（*The Case for Greatness*）中寫道：「他不是木匠，不是團隊合作者，也不是一般職員。他不會輕易把精力放在尋常工作上，當扮演的只是個次要角色時尤其如此。他也不期盼互惠。」

他喜歡施予恩惠，但以接受恩惠為恥。他就如亞里斯多德所述：「無法讓自己的生命，去迎合他人的生命。」

大器領導者並未擁有一般的社交關係。這也是他的缺憾，許多雄心勃勃的人都為了追求高遠理想而放棄友誼。他從不允許自己顯現愚笨，或是單純的快樂逍遙。他就像一塊堅硬的大理石。

大器的領導者天生有一種志向，想要造福人民。他給自己設定更高的標準，讓自己進入公家機關。唯有公共或政治生涯能充分展現大器海量。唯有政治與戰爭是夠龐大、夠競爭，且夠重要的舞台，能喚起最崇高的犧牲，並吸引最優秀的人才。由此定義看，把自己藏在商業與私人生活領域的人，遠不及進入公共領域的人影響重大。

在古希臘政治家伯里克利的時代，有偉大靈魂的領袖應該永遠保持穩健與清醒。他應該比性格暴躁的荷馬英雄更明智、更自律。最重要的是，他被期盼要大規模造福人群。他應該解民倒懸，或改造人民以符合新時代的需要。

有高尚靈魂的人不一定處處討喜，他不是時時保持友善、同情、體貼與愉悅，但他是個偉大的人。他贏得無上榮譽，因為這是他應得的。他得到不同形式的快樂，就希臘思想推廣者漢密爾頓（Edith Hamilton）的定義，是「在人生的範圍內，依著卓越的標準，盡情發揮生命能力。」

過世

一九五七年，馬歇爾為了移除臉上的囊腫，住進沃爾特・里德醫院。義女羅絲・威爾遜

（Rose Wilson）前來探望，看到他突然衰老的面容大吃一驚。

「現在我有好多時間可以回憶。」馬歇爾說，回想起自己是個小男孩時，與父親在尤寧敦一起玩雪橇。「馬歇爾上校，」她回答，「真可惜你的父親不夠長壽，沒能知道他的兒子如此偉大。他一定會為你感到萬分自豪。」

「你真的這麼認為？」馬歇爾回答，「我願相信，他對我的表現能滿意。」

馬歇爾的情況持續惡化。全世界的每個角落似乎都關切起將軍的病情。邱吉爾、戴高樂將軍、毛澤東、蔣介石、史達林、艾森豪、鐵托元帥、蒙哥馬利元帥紛紛捎來關心問候。來自普通老百姓、數以千計的慰問信也紛紛湧入。艾森豪總統探望了他三次。杜魯門來探訪。當時八十四歲的邱吉爾也到醫院看他。然而當時馬歇爾已陷入昏迷，邱吉爾只能站在門口，望著友人瘦弱的身體掉淚。

馬歇爾在一九五九年十月十六日過世，距離他的八十大壽剩沒幾天。他長期搭檔的副參謀長漢迪將軍曾詢問他關於葬禮的安排，但馬歇爾打斷他說：「你無須擔心，我已經把所有必要的指示寫下。」指示在他去世後被開啟，內容出人意料：「請簡單的將我埋葬，就如埋葬任何一位光榮為國家服役的尋常軍官一般。不用勞師動眾，無須繁文縟節。讓儀式盡量簡短，邀請家人參加即可。最重要的是，一切保持低調。」

在他明確的指示下，沒有舉辦國家葬禮。靈柩沒有放在國會圓形大廳供人瞻仰。他的遺體停放在國家大教堂的伯利恆禮拜堂二十四小時，讓朋友能前往致意。參加葬禮的只有馬歇爾的家人、少數幾位同事，以及過往戰時的理髮師托塔羅（Nicholas J. Totalo），他跟著馬歇爾從開羅、德黑蘭、波茨坦，一路剪進五角大廈。之後，在維吉尼亞阿靈頓的邁爾堡（Fort Myer）也舉辦一場簡短而簡單的告別式，採用《公禱書》死者葬禮的標準程序，沒有讚頌的悼詞。

06 尊嚴

在「統御成效」廣播節目播出時，美國最傑出的民權領袖是菲利普·藍道夫（A. Philip Randolph），他是非裔美國人的領袖，組織並號召民眾遊行，他會見總統，而民權運動的形成，也得助於他的名聲與道德權威。

藍道夫出生於一八九九年，靠近佛羅里達州傑克遜維爾。他父親是非洲衛理公會教會（African Methodist Episcopal Church）的牧師，由於教會薪水很少，父親絕大部分的收入是來自於當裁縫師與屠夫，他母親也幫人做裁縫以貼補家用。

藍道夫並不是一個虔誠的人，他回憶道：「我父親講道的內容中有種族意識。他會提到教徒的社會條件，經常提醒他們衛理公會是美國第一個激進的黑人組織。」老藍道夫也會帶兩個兒子出席黑人所主持的政治會議。他還帶他們認識成功的黑人，並一再講述歷史上的黑人典範：美國獨立戰爭烈士阿塔克斯（Crispus Attucks）、號召同胞起義的特恩納（Nat Turner）、主張廢奴的首位美國外交使節道格拉斯（Frederick Douglass）。

藍道夫一家人生活窮困，但居家環境卻一塵不染。他們遵循著老派的教養、規矩與禮節。藍道夫的雙親咬字清晰，說話鏗鏘有節，他們教兒子要把每個字的每個音節都說得很清楚，於是藍道夫的一生中，說話都像是一場漫長莊嚴的遊行。

面對種族歧視的屈辱，他們仍以德修身、深富教養，這與他們的物質處境成了強烈對比。根據傳記作家安德森（Jervis Anderson）所描述，老藍道夫是位「非常簡單、自力更生的紳士，他遵從禮貌、謙遜與正派的價值觀，宗教與社會服務對他影響甚深，而且他活出了生命的尊嚴。」

藍道夫在學校受教於兩位白人女士，她們從新英格蘭到南方來教育弱勢的黑人孩童，藍道夫曾說她們是「史上最好的兩位老師」。慧特妮（Lillie Whitney）教藍道夫拉丁文及數學，內芙（Mary Neff）教他文學與戲劇。高大健碩的藍道夫很會打棒球，但他熱愛莎士比亞與戲劇，並發展出長久的興趣。在他妻子生命的最後十年，由於行動不便，只能坐在輪椅上，藍道夫每天都會為她朗讀莎士比亞。

絕大多數人都是環境的產物，然而，藍道夫的雙親、老師與他本人，都創造出能超越周遭的道德環境，他們的為人處世，總是比所在的世界更好、更正式、也更有尊嚴些。終其一生，藍道夫的體態總是挺直合宜，德樂姆斯（C. L. Dellums）是藍道夫的同事，也是勞工領袖，他記得「藍道夫學到要站如松、坐如鐘。你幾乎不曾看他身體歪斜的靠在椅背上。無論是多麼愜意的場合，藍道夫都坐得直挺挺的，彷彿背上黏了塊板子。」

他的聲音溫柔低沉且平靜，眾人形容他的口音介於波士頓上層階級與西印度之間，言談間充滿《聖經》警句，還會使用如「惠賜」及「確乎」之類的古文。

他克己自制，以避免過於鬆懈，或陷入道德上的懶惰，無論是小如個人品性的細節，或是大如拒絕誘惑的舉動。他在旅行途中，常有女人主動對他投懷送抱，但他總是婉言相拒，令他的屬下不敢置信。「我不相信有男人像他這樣，遇過那麼多女人請求他、追求他，」德樂姆斯對一位傳記作家這麼回憶道，「她們試過各種方法，只差沒強逼他就範。我跟韋柏斯特兩個私底下開玩笑說，我們只要跟在老大後面撿芝麻粒就夠了。而且她們都是絕世美女……每次不得不離開時，總是令人沮喪。我見過那些女人使盡各種絕招，懇求他一起上樓，去她們的旅館房間，喝杯睡前酒或做點什麼都好。他都只回答：『抱歉，我累了，今天已經很辛苦了，我們最好休息了。』有時候我會對他說：『老大，真的嗎？你在開玩笑嗎？』」

他不相信自我暴露有何好處。除了他寫的文章之外（他的文字可能會有些強硬偏激），他很少批評別人。他的禮貌總讓人感覺很難看清他，即使是他最親近的同事魯斯丁（Bayard Rustin）也總是稱呼他「藍道夫先生」。他對金錢沒興趣，也認為個人奢侈品會讓道德淪喪。即使當他年紀大了，成為全球知名人物，他還是每天都從辦公室搭公車回家。有一天他在住家的走廊遭人搶劫，搶匪在他身上只搜出一點二五美元，沒有手錶，也沒有珠寶之類的物品。當有些捐助者想為他募款，以提升他的生活水平時，他拒絕了。他說：「我相信你們知道我沒有錢，而且，我也不期待賺更多錢。總之，我不會想要發起一個為我及我家人募款的活動。有些人就是很窮，這就是我的命，我一點也不感到遺憾。」

他的清廉、他的寡言拘謹以及最重要的，他的尊嚴，這些特質都意味著沒有人能屈辱他。他的反應跟內在狀態都由自己決定，無論是面臨種族歧視，或者身邊人對他的阿諛諂媚，都影響不了他。藍道夫的重要性在於，他建立起身為民權領袖的風範，他散發出自我主宰的氣質，與喬治·馬歇爾一樣，在其身後留下無數對他尊敬仰慕的人。

「從沒見過藍道夫的人很難相信，他必定是本世紀美國歷史上最偉大的人，」專欄作家肯普頓（Murray Kempton）寫道，「但要認識他的人不這樣想，那是難上加難。」

公共精神

藍道夫生命中最大的挑戰在於：如何帶領不完美的人，組織他們，以形成一股改變的力量？如何大權在握，卻不被權力腐化？即使投身二〇世紀最崇高的事業——民權運動，像藍道夫這樣的領袖，還是對自己充滿了懷疑。他們感到自己必須提防懶散鬆懈、留心自己的罪愆，也感到即使自己是在對抗不公不義，也有可能做出恐怖的錯事。

《出埃及記》之所以會令眾民權運動領導者念茲在茲，是有原因的。《出埃及記》中的以色列人不團結、短視、任性。帶領他們的人是摩西，他懦弱、被動、暴躁，也不認為自己適任。摩西領導眾人時遇到的無解難題，同樣也是民權運動者必須處理的：如何協調熱情與耐心、擁有權力與分享權力、明確的意向與自我懷疑？

他們的解答是某種「公共精神」。時至今日，我們說「熱心於公共事務」，是指某人會蒐集請願書，發動抗議遊行，為公眾利益發聲。但是在早期的年代，卻是指某人願意收斂自己的熱情，節制自己的意見，以達更大的共識，聚集更多立場分歧的人。我們認為公共精神是有自我的主張，但在過去，它卻是某種形式的自我統御與自我控制。沉默謹慎、有時還有點冷淡的喬治·華盛頓是這類公共精神的表率，藍道夫也是。他結合了政治上的激進主義與個人的傳統主義。

有時候，他的顧問們會受夠了他一貫保持的禮貌。「我認為他任由禮貌礙事，」魯斯丁對肯普頓說，「一旦我提出抱怨，他就會這麼回答：『貝雅德，我們必須以禮對待每一個人。現在，是我們學習禮貌的時刻。等戰爭一結束，當我們得勝之後，我們會需要禮貌的。我們必須表現出風度。』」

文雅的激進

一九一一年四月，紐約史上傷亡最慘重的工業災難——「三角女裝襯衫成衣廠」發生大火。一個月之後，藍道夫從佛羅里達州搬到了紐約哈林區，他的事業自此展開。他活躍在戲劇團體之間，憑他的談吐與長相，極有可能成為莎劇演員，但他的雙親打消了他的這個想法。他曾短暫的就讀於城市大學，他在那裡大量閱讀馬克思的著作。他幫忙出版了一系列與種族議題有關的刊物，把馬克思主義帶入黑人社群中。在某篇社論中，他稱蘇聯革命是「二十世紀最偉大的成就」。他反對美國參加第一次世界大戰，認為戰爭只為軍火製造商及其他工業的利益服務。他也反對嘉維（Marcus Garvey）的「重回非洲」（Back-to-Africa）運動。在這場對峙之中，敵陣有人匿名寄了一個盒子給藍道夫，裡面裝有一封恐嚇信，以及一隻斷掌。

在他因觸犯「反對煽動性言論法」而遭到逮捕的同時，他的個人生活變得更加中產階級且正經。藍道夫娶了一位出身於哈林區顯赫家族的優雅女士。每逢星期天，他們很喜歡參加每週一次的午後散步活動。大家會穿上最好的衣服——打上綁腿、拄著枴杖、在鈕扣眼上插花、套上鞋套、戴上時髦的帽子，在藍諾斯大道（Lenox Avenue）或第一三五街上漫步，一路上與鄰居互相問候寒暄。

一九二〇年代早期，藍道夫開始進入勞工組織。他協助成立六個小型工會，組織服務生、女侍及其他不滿的團體。一九二五年六月，幾名普曼（Pullman）公司的員工來找他，他們希望找到一位具有領袖魅力、受過教育的領導人，來為他們成立工會。普曼公司提供奢華的鐵路臥鋪車廂，出租給鐵路公司。車廂裡會有一整隊穿制服的黑人服務顧客，把鞋擦亮、換床單、送食物等。美國南北戰爭結束後，創辦人普曼（George Pullman）雇用了之前的黑奴來做這些工作，他相信這些黑奴會是溫順的工人。這些服務人員從一九〇九年起就曾試圖組織工會，卻總是受到公司阻撓。

藍道夫接下這項挑戰，在接下來的十二年裡，他試圖為這些服務人員成立一個工會，並贏得公司的認可。他走遍全國各地，試圖說服服務人員加入工會。在當時，只要與工會有關的一絲風吹草動，就會使人賠上工作，甚至遭到毆打。藍道夫打動人的關鍵就是他的態度。有名工會成員回憶：「他抓得住人心，你感覺得到自己並不想疏遠他。他對你就像是師父帶徒弟。你那時候或許不知道，但等你回到家，一想到他說的話，就只想追隨他。就是這樣。」

這份工作進展緩慢，但是接下來四年，工會成員成長到接近七千人。藍道夫發現這些人不喜歡他批評公司，他們對公司仍懷抱著忠誠。他們並不像藍道夫對資本主義有所批判，所以他改變戰術，將這定位成「為尊嚴而戰」。藍道夫也決定拒絕同情他們的白人的捐款。這將會是一場由黑人動員組織、靠自己的力量贏得的勝利。

不久之後，經濟大蕭條，公司奮起反擊，威脅甚至開除任何投票罷工的人。到了一九三二年，工會成員減少到七百七十一人，九個城市的辦公室都關閉了。藍道夫及其他總部工作人員也因為付不出房租被趕了出去。藍道夫原本的薪水是週薪十美元，如今一毛也沒有。他一向衣冠楚楚，如今卻衣衫襤褸。從肯薩斯市到傑克遜維爾，工會的活躍分子都遭人毒打。一九三〇年，奧克蘭一名叫摩爾老爹（Dad Moore）的忠誠分子在臨死前的一個月寫了一封充滿決心的信：

我背靠著牆，但是除非我死，否則我不會再後退。我不是為了自己而奮鬥，我是為了那一萬兩千名服務生跟女僕……即使挨餓受凍，我也不會改變心意，只為了等待我們得勝的那一天來臨。告訴你那區的人，他們應該追隨藍道夫先生，就像他們信仰耶穌基督一般。

非暴力抵抗

黑人媒體與教會因為工會過於激進，轉而反對工會。紐約市長拉瓜迪亞提供藍道夫在市府的工作機會，年薪七千美元，不過被藍道夫回絕了。

一九三三年，隨著小羅斯福當選美國總統，以及勞工法的改變，事情有了不同的發展。公司管理階層仍不甘心屈就事實，若要擺平勞工糾紛，就得與黑人服務生及他們的代表平起平坐。一直要到一九三五年七月，公司與工會的領導者才在芝加哥會面協商。兩年後，雙方終於達成協議。公司同意每月工時由四百小時減少到兩百四十小時，並且將公司的薪酬總額提高到一年一百二十五萬美元。由此，結束了二十世紀史上最漫長，也最辛酸的勞工抗爭。

此時，藍道夫已是二十世紀最出名的組織者。他果決的揮別了青年時期著迷的馬克思主義之後，花了許多年時間在肅清勞工運動中由蘇聯控制的組織。一九四〇年代早期，美國因戰爭而動員起來，黑人社群又遭逢新的不公平待遇。當時有許多工廠成批雇用大量勞工打造飛機、坦克與船隻，但是這些工廠卻不聘用黑人。

一九四一年一月十五日，藍道夫發表聲明，若歧視情況未獲改善，他會號召人民在華盛頓進行超大規模的遊行。他宣稱：「我們這些忠誠的非裔美國人，應該有權為國家工作與上場奮戰。」他組織了華盛頓遊行委員會，並且很切合實際的期望他們能帶領一萬甚或兩到三萬名黑人，一起到廣場抗議遊行。

他對遊行規模的預期，驚動了美國的領導人。小羅斯福總統請藍道夫到白宮開會。

「哈囉，菲爾，」在他們碰面時，總統問候他，「你在哈佛念哪一班？」

「總統先生，我從沒念過哈佛大學。」藍道夫回答。

「我確定你念過啊。總之，你跟我有共同點，我們都對人類與社會正義有濃厚的興趣。」

「沒錯，總統先生。」

接下來，小羅斯福總統說了一些笑話與政壇軼事，但藍道夫切回正題。

「總統先生，時間所剩不多。我知道你是大忙人，但是我們想跟你談談黑人在美國工業的就業問題。」

小羅斯福說他會打電話給幾位公司負責人，敦促他們雇用黑人。

「我們希望你能做得更多，」藍道夫回應，「我們希望看到更具體的做法……我們希望你頒布行政命令，強制這些公司聘用黑人。」

「這個嘛，菲爾，你知道我不能這麼做。要是我為了你們頒布行政命令，其他團體也會要求我這麼做，那會沒完沒了。除非你取消遊行，不然我不會做任何事。像這樣的問題，不能拿把大榔頭來解決。」

「總統先生，我很抱歉，遊行不能取消。」藍道夫還虛張聲勢，誓言要號召十萬名黑人來參加遊行。

「你不能帶十萬個黑人來華盛頓，」小羅斯福抗議，「這會死人的。」

藍道夫堅持不退。兩人僵持不下，直到與會的拉瓜迪亞市長跳出來說：「很明顯的，藍道夫先生不會取消遊行，我建議我們尋找解決方案。」在原訂遊行日期的前六天，小羅斯福簽署了八〇二號行政命令，禁止國防工業的就業歧視。藍道夫取消遊行，有許多反對聲浪來自於其他民運領袖，他們希望利用這次遊行，推動其他條款通過，譬如反對軍隊歧視等。

戰後，藍道夫將觸角伸得更廣，為勞工爭取權利、廢除種族隔離。如同以往，他的權力來自於他鮮明的良好德行、個人魅力，為了目標而服務的清廉典範。無論如何，他不是一絲不苟的管理者。他也很難將心力專注在單一目標上。他身邊的人毫不掩飾對他的崇拜，可能會威脅到組織的效能。「尤其是在全國辦公室，對藍道夫先生不良的領袖崇拜，」一名旁觀者分析一九四一年華盛頓遊行的組織時說道，「會癱瘓組織的行動，並妨礙組織產生有智慧的決策。」

但是藍道夫對民運還有一項重大貢獻。在一九四〇及一九五〇年代，有些人倡導以非暴力抵抗做為推展民權運動的策略，藍道夫也是其中之一。在受到甘地及早期勞工運動策略的影響之下，一九四八年，他協助成立了「非暴力公民抗命反對軍事隔離聯盟」（League of Non-Violent Civil Disobedience Against Military Segregation）。絕大多數已成立的民權團體，提倡教育與和解，而非抗爭與反對，藍道夫則主張在餐廳靜坐及「禱告抗議」。正如他在一九四八年對參議院的軍事委員會所說：「我們採非暴力運動……我們很願意吸收暴力、吸收恐怖主義，去面對現實及任何將發生的事。」

非暴力行動策略有賴於強大的自我紀律，正是藍道夫一生所服膺的。藍道夫的助手及同事魯斯丁，影響了他，也深受他所影響。魯斯丁比藍道夫年輕二十多歲，與他的導師之間有許多共同的特質。

魯斯丁

魯斯丁成長於賓州西徹斯特，由祖父母扶養長大。他在進入少年期之前都很順利，那時他還不知道他以為是姊姊的人，其實是母親。他父親深受酗酒之苦，住在同一個鎮上，卻沒對魯斯丁的生命盡一丁點心力。

魯斯丁記得祖父的「腰桿挺得比任何人都直，沒有人記得他有一絲不仁慈之處」。他的祖母是貴格會的教徒，也是郡上第一批接受高中教育的黑人女性。她教魯斯丁要牢記保持冷靜、保有尊嚴，並要求自我控制。「不可發脾氣」是她最喜歡的格言。他的母親也經營一個暑期聖經夏令營，以《出埃及記》為研習重點，他每天都會出席。「我祖母，」他回想道：「徹底相信黑人若要獲得解放，必須多向猶太人學習，而不是馬太、馬可、路加與約翰。」

魯斯丁在高中時是傑出的運動員，他還會寫詩。跟藍道夫一樣，他的口音也帶著宜人的英國腔，對第一次見到他的人來說，恐怕會覺得他很高傲。他的同學會因為他自尊心過強而嘲笑他。他的一位高中同學回憶道：「他會跟你聊《聖經》裡的詩歌，聊英國詩人勃朗寧。他會擒抱你之後，又站起來朗誦一首詩。」

他高一時就成為該校四十年來第一位贏得演講比賽的黑人學生。高中最後一年，成為郡足球隊的隊員，也是畢業生代表。他熱愛歌劇，和莫札特、巴哈及帕雷斯崔納（Palestrina）的音樂，最喜愛的書之一是桑塔耶納的《最後清教徒》（*The Last Puritan*）。他還自己找了威爾與愛麗兒·杜蘭（Will and Ariel Durant）的《世界文明史》（The Story of Civilization）來讀。他說，這本書像是「某種氣息，打開了你的鼻孔，只不過它打開的是我的腦袋。」

魯斯丁後來去念俄亥俄州的威爾伯福斯大學，又轉到賓州就讀切尼大學。他在大學的時候意識到自己是同性戀。這樣的領悟並未引起太多情感風暴。他成長於一個寬容的家庭，一輩子或多或少能公開過著同性戀生活。但這的確導致他搬到紐約居住，這裡至少發展出地下文化，更能接納同性戀者。

到了紐約哈林區之後，他開始多元發展，加入左派組織，並自願幫忙組織藍道夫的華盛頓遊行。他加入基督教和平組織（Christian pacifist organization）、唯愛社（Fellowship of Reconciliation, FOR），迅速成為社運界的後起之秀。

和平主義是魯斯丁的生活方式，既可做為內在美德的修養之道，又能做為改革社會的策略。通往內在品德的道路，意謂著壓抑個人內在的憤怒與暴力傾向。「減少世界上醜陋之事的唯一方法，就是讓自己內心的醜陋消失。」魯斯丁這麼說。

在他後來寫給金恩的信中，他提到以和平主義做為改革社會的策略：「要靠兩大支柱。其一是抵抗，持續的軍事抵抗。壞人會受到壓力，所以無法休息；其二則是以良善的意志對抗邪惡的意志。這麼一來，非暴力抵抗就是一股力量，可對抗我們自己陣營中的冷漠。」

在他二十幾歲、近三十歲時，為了唯愛社到全國各地旅行，讓人留下深刻印象。他經常演出公民抗命的行為，很快的，他就在和平主義與民權分子的圈子中成為傳奇人物。一九四二年，在納士維，他堅持坐在巴士的白人專屬座位上。司機叫來警察，四名警察趕到後動手毆打他，魯斯丁堅持不抵抗，仿效甘地的做法。唯愛社的成員麥克雷諾（David McReynolds）回憶道：「他不只是唯愛社最受歡迎的演講者，還是個策略天才。唯愛社把魯斯丁培養成美國的甘地。」

一九四三年十一月，魯斯丁收到入伍通知書，他決定採取不合作的立場，寧可因拒絕服兵役入獄，也不要當兵。那個時候，聯邦監獄中每六名囚犯就有一名是良心犯。這些良心犯認為自己是和平主義與公民權力的突擊部隊。即使是在獄中，魯斯丁還是積極對抗監獄的種族隔離政策。他堅持在餐廳裡只限白人使用的區域用餐。在自由時間，他就待在牢房的白人專屬區。有時候，他的做法會惹惱其他囚犯。有一回，有名白人囚犯追著他，拿拖把柄猛打他的頭跟身體。魯斯丁再一次採取甘地式的不抵抗策略。他只是一遍又一遍重複說著：「你無法傷害我。」終於，那把拖把柄被打斷了。魯斯丁的手腕骨折，還被打得滿頭包。

魯斯丁英雄式的作為，很快就散播到監獄外頭，在更廣大的媒體與社運分子圈中流傳。在華盛頓，由貝內特（James Bennett）領導的聯邦監獄局官員，將魯斯丁歸類為「惡名昭彰的囚犯」，與黑幫首領卡彭同等級。為魯斯丁作傳的傳記作家戴米力歐（John D'Emilio）這麼寫道：「在魯斯丁坐牢的這二十八個月裡，貝內特不勝其擾，他的屬下寫信請教他要如何處置魯斯丁；監獄外，魯斯丁的支持者也寫信給他，緊盯著他被處置的方式不放。」

放蕩淫亂

魯斯丁的行為很英勇，卻也帶著高傲與憤怒，有時候，他的魯莽行為還違背了他所宣稱的信仰。在一九四四年十月二十四日，他覺得有必要寫信給典獄長，為他在懲戒聽證會上的行為致歉。他寫著：「我很慚愧，我發了脾氣，而且行為粗魯。」他的性生活也很輕浮。魯斯丁是同性戀，當時同性戀生活被迫不能公開，社會大眾對於男同志與女同志都無法認可。然而，魯斯丁對伴侶的追求從未間斷，就連他的情人也很困擾。他在入獄前後的巡迴演講途中，不斷引誘別人。他有個長期交往的情人抱怨道：「回家時發現他跟其他人同在床上，對我來說一點也不好玩。」他在監獄裡也毫不掩飾他的性趣，好幾回都被逮到與其他囚犯口交。

獄方終於召開懲戒聽證會。至少有三名犯人作證，他們看到魯斯丁與他人進行口交。起初，魯斯丁說謊，嚴詞否認指控。當獄方宣布會將他另外隔離監禁以示懲罰，他便雙手雙腳抱住旋轉椅抵抗警衛，但最後還是被單獨監禁。

這個消息傳遍了全美國的社運界。其中一些支持者得知他是同性戀後很不高興，但魯斯丁從未隱瞞這點。大部分支持者之所以不高興，很大的原因是他性氾濫的生活方式破壞了他被視為是有紀律、英雄般的抵抗者典範。在一項要求領導者要和平、要自我約束並自我淨化的運動中，魯斯丁卻發脾氣，顯得高傲、放縱而任性。唯愛社的領導人、也是魯斯丁的導師穆思特（A. J. Muste）寫了一封嚴厲的信給他：

你因行為不檢而有罪，尤其是你有心當個領導者，你也希望自己能提升道德。更何況，你欺騙了每一個人，包括你的同志以及你最忠誠的朋友……現在你還無法面對事實，如今的你及過去的你，無法令人尊敬，你必須無情的深刻自省，滌清內在讓你無法面對事實的每一件事。唯有如此，你的真我才能誕生——在煎熬中，以如孩童般的謙卑，浴火重生……你還記得《詩篇》第五十一篇是這麼寫的：「神啊，求你按你的慈愛憐恤我！求你將我的罪孽洗除淨盡……我向你犯罪，唯獨得罪了你……神啊，求你為我造清潔的心，使我裡面重新有正直的靈。」

穆思特在後來又寄給他的信中清楚表明，他反對的並非魯斯丁的同性戀身分，而是他濫交無度。「在關係中無節、無度，是多麼的恐怖與廉價。」正如一名藝術家，他以最嚴謹的紀律來駕馭最自由的洞察力與最強大的創造力，陷入愛情之人也必須馴服自己的衝動，以達到「以紀律、控制與努力，來了解所愛的人。」穆思特繼續寫道，濫交放蕩「可說是對愛的嘲弄與否定，因為愛若是有深度的，是超越凡俗的理解……是生命血液的交換，又怎麼可能會跟數不清的人發生關係呢？」

一剛開始，魯斯丁抗拒穆斯特嚴峻的批判，但是在遠離人群、獨處幾個禮拜後，他誠服了，並發自內心寫了好長一封信回覆穆思特：

眼看我們對抗種族歧視的運動就快要成功，我的行為卻阻礙了進步……我濫用了在我領導之下的黑人同胞的信心，我讓他們質疑非暴力抵抗的道德基礎，我傷害全國各地的朋友，也讓大家失望了……我是個叛徒（以我們的思想工具），正如一名軍隊統帥故意在戰爭中暴露軍隊所在地。我真的一直致力在改善「自我」。我一直將自己的力量、時間、精力投入在偉大的奮鬥中，我想以我的聲音、我的能力和我的意願去為非暴力做先鋒。但我並未謙遜的接受神給我的禮物……如今我看到（這一點）導致自大與驕傲，然後又讓我軟弱，矯揉造作及失敗。

幾個月之後，魯斯丁在警衛的陪伴下，返家探望臨終的祖母。在回家的路上，魯斯丁遇到了溫妮摩爾（Helen Winnemore），一位老朋友及運動界的夥伴。溫妮摩爾告訴魯斯丁，她愛他，她想成為他的人生伴侶，讓他有個異性戀關係，或者至少能做為掩護，這樣他就可以繼續他的工作。魯斯丁在一封寫給他的長期男性戀人普拉特（Davis Platt）的信中，說明了溫妮摩爾的提議，並引用了她的話：

「我相信一旦你重新拿回你服務人群的力量，就會有眾多人獲得救贖，也因為我相信現在的你很需要真正的愛、真正的諒解與信心，所以我願意坦然的告訴你，我對你的愛，我渴望跟你在一起，無論光明或黑暗，我願意給你我的全部，讓你內在的良善得以存活，並如花朵綻放。世人必須看到你內在本有的良善，並稱頌你的造物主。」而她又繼續說，「貝雅德，事實上，這是我對你的愛，我很樂於奉獻給你，我這麼做，不單是為了你我二人，也是為了全人類，這就是你整合自我的意義，全人類也會因此受益……」接著，有很長一段時間，我們都保持沉默。

溫妮摩爾的提議，讓魯斯丁深受感動。「我從未聽聞哪個女人有如此無私的愛。我也沒見過有這麼單純完整的告白。」他並未接受溫妮摩爾的建議，而將之視為是來自於神的旨意。他們之間的對話，讓他感到「超乎理解的喜悅，一道方向正確的光芒——新的希望……突然的領悟……照亮了我該去的方向。」

魯斯丁誓言克制自己的傲慢，還有阻礙了和平運動的憤怒之氣。他還重新思考性生活。他接受了穆思特對他濫交的批評。魯斯丁努力維護他與長期愛人普拉特之間的關係，與他有多封書信往返，並與他一起摸索，希望能建立起一段屬於真愛的關係，以對抗欲望與放蕩的行為。

一九四六年六月，魯斯丁出獄。他一獲得釋放，立刻在民權運動中活躍起來。他與一些運動分子在北卡羅來納，坐在種族隔離的巴士前座，不只遭到毆打，還差點遭人動私刑處死。在賓州雷丁的旅館，有一名職員拒絕讓他入住，後來旅館經理前來跟他道歉。在明尼蘇達州的聖保羅，他持續靜坐，直到旅館願意給他一間房。在從華盛頓到路易斯維爾的火車上，因為服務生不肯為他送餐，他從早餐坐到午餐時段。

當藍道夫取消抗議活動，魯斯丁嚴詞批評他的導師，說他發表的聲明是「老奸巨猾、虛偽做作、不要臉」。他很快就對自己的發言感到慚愧，接下來兩年他都避開藍道夫。當他們倆終於要再度碰面時，「我緊張到發抖，等著他降怒於我。」藍道夫一笑泯恩仇，兩人重修舊好。

魯斯丁繼續巡迴世界演講，再度成為社運明星。到了每一站，他還是持續引誘男人。普拉特終於忍無可忍，把他趕出公寓。之後，一九五三年在帕撒迪納，剛過凌晨三點，他因與兩名男子在汽車裡進行口交，遭到兩名郡警上前以猥褻閒蕩罪名加以逮捕。

他被判入獄六十天，名聲也很難再恢復清白。他不得不與運動組織保持距離。他曾試著去出版社應徵公關工作，卻未獲錄用。一名社工建議他去醫院找打掃浴廁及走廊的工作。

幕後工作

有些人試圖從醜聞中脫身，在跌倒之處再站起來，繼續過生活。有些人則是脫胎換骨，重新開始。魯斯丁終於明白自己的新角色，是要位居幕後、造福他人。

魯斯丁繼續投入民權運動。這一回，他不再是光環加身的演講者、領導者及組織者，而是幾乎完全隱藏自己，不具名、不居功，將榮耀歸給他人，譬如他的朋友兼門徒金恩。魯斯丁寫信給金恩，讓金恩明白他的理念，也將金恩引介給勞工領袖，推他上陣，演講有關經濟及民權的議題，還指導他非暴力對抗及甘地的哲學，並以金恩為名，組織一個又一個的行動。一九五二年的蒙哥馬利市公車罷乘運動，魯斯丁是主要推手。金恩寫了一本關於罷乘運動的書，但是魯斯丁要金恩刪除所有提到他的部分。當有人要魯斯丁以某立場公開發表聲明，他也一概拒絕。

即使他退居幕後，他的地位還是很脆弱。一九六〇年，鮑威爾（Adam Clayton Powell）牧師，同時也是紐約市選出的國會議員，擺明了如果金恩及魯斯丁不與他合作採取某項戰略，他將會指控他們有不軌的性關係。藍道夫勸金恩力挺魯斯丁，因為這項指控很明顯是子虛烏有。金恩卻猶豫了。魯斯丁遞上辭呈，辭去南方基督領袖會議（Southern Christian Leadership Conference）的工作，並希望金恩會拒絕接受。可是金恩卻二話不說接受了他的辭呈，讓魯斯丁大失所望。金恩也遠離魯斯丁，不再尋求他的建議，也不再偶爾送卡片給他（請他做決策的掩護），並與他斷絕來往。

一九六二年，魯斯丁五十歲，如今的他已不為人知。在主要的民權領袖中，只有藍道夫堅定支持他。有一天，他們在哈林區坐著閒聊，藍道夫開始回憶起二次大戰時，在華盛頓從未發生的那場遊行。魯斯丁立刻嗅出眼前正是完成夢想、組織大遊行的好時機。美國南方的遊行與抗議活動，正開始動搖舊秩序的基礎，甘迺迪總統的當選，使華盛頓再次成為世人關注的焦點。正是時候透過大規模對抗，迫使聯邦有所回應。

起初，主要的民權組織，譬如城市聯盟（Urban League）及全國有色人種協進會（NAACP）都抱持懷疑或完全敵對的態度，因為他們不想得罪國會或行政單位。示威遊行可能會削弱他們與當權者的關係，讓他們不再能由內部發揮影響力。甚至長期以來，他們彼此對於民權運動的看法也南轅北轍，不只是策略運用上的爭辯，對道德與人性更有截然不同的見解。

正如查培爾（David L. Chappell）在《希望之石》（*A Stone of Hope*）一書所說，有兩種民權運動。第一種是定居北方、受過良好教育的運動分子。這群人對歷史與人性保持樂觀，他們不加思索的認為歷史的弧線是逐漸上升的，人類在科學與心理學上的知識逐漸進展，穩定的邁向更大的繁榮，先進的立法也有成長的趨勢，人類正由野蠻狀態緩步提升。

這群人相信種族歧視很明顯的違反了美國立國根本，民權運動的主要工作便是訴求理性與人性良善的一面。隨著教育水平提升，人的意識也會提高，富足與經濟機會愈來愈普及，就會有愈來愈多人明白種族歧視是錯的、種族隔離是不公正的，而且眾人也會挺身對抗之。教育、經濟繁榮與社會正義，都會一起提升。一切好的事物，都是兼容並蓄、相輔相成的。

此陣營的人傾向於相信「對話而非對抗」、「共識而非敵視」、「文明客氣而非政治角力」。

查培爾指出，還有第二群人，他們成長於《聖經》的預言傳統中。這些人的領導者包括金恩及魯斯丁，他們會引用《耶利米書》與《約伯記》為例。他們主張，在這個世界，不公不義橫行，公義就會受苦。成為義人，不見得會獲勝。人本來就是有罪的。他會合理化對自己有利的不公平。他不會放棄自己的特權，即使你能說服他這些特權是不公不義的。即使人站在正直的一方，也會被自己的正直給腐化，也會把無私的運動變成工具，來服務自己的虛榮心。無論他們獲得怎樣的權力，他們會墮落，甚至也會因為無能為力而腐敗。

金恩宣稱，邪惡在宇宙中「蔓延著」。「唯有膚淺的樂觀主義者才會拒絕面對生命實相，看不到這顯而易見的事實。」在這派現實主義的陣營裡，絕大多數都是來自南方、有宗教信仰的人，他們鄙視北方那群相信人類會慢慢自然進步的人。「事實的殘酷邏輯，讓這類樂觀主義者顯得不可信，」金恩繼續說，「人類並未在智慧與禮節上有確實的進步，反而很快便舊態復萌，不只是淪入獸性中，還透露出精明的殘酷，這是動物所不能及的。」

這個陣營的人認為，樂觀主義者在崇拜偶像，只不過他們所崇拜的不是神，而是人。而當他們真的崇拜神時，也是在崇拜將人類特質發揮到極致的神。因此，他們過度高估了人類的善意、理想主義、慈悲與他們自己的高尚意圖。他們太容易放過自己，對自己的德行太不在乎，也太看輕了對手的決心。

藍道夫、金恩及魯斯丁正是這麼嚴峻的看待自己的奮鬥。他們認為捍衛種族隔離的人不會倒下，善意的人一遇到危險，便不會採取行動。民運分子也不能仰賴自己的善意或意志力，因為通常他們會濫用這份理想。一項運動若要取得任何進步，所需要的不只是投入，還要全然臣服，不惜犧牲個人的幸福、成就，甚至是性命。這樣的態度中有著強烈的決心，這是樂觀主義陣營的世俗盟友所無法匹敵的。正如查培爾所說：「民運分子的決心有個嚴格的源頭，是自由主義者所缺乏的，卻也是必要的。」《聖經》文字無法讓現實主義者免於痛苦煎熬，卻能解釋痛苦煎熬的無可避免與救贖。

這種態度的結果是，預言派現實主義者的作為更加激進。他們理所當然的認為人的本質是有罪的，不可能僅透過教育、意識提升、機會的擴展而加以改變。把信仰加諸歷史的進程、人類的組織或人的良善，是錯誤的。如魯斯丁所說：「黑人對中產階級主張教育與文化要透過長期變革的想法，帶著恐懼與不信任。」

他們認為，改變來自於持續的壓力與脅迫。也就是說，這些《聖經》現實主義者不是托爾斯泰派，而是甘地派。他們並不單單相信，把另一面臉頰轉過來讓人打，或是透過友誼與愛就能贏得人心。非暴力讓他們能採取一系列戰術，以進行長期抵抗。他們不懈的進行抗議、遊行、靜坐及其他行動，迫使對手做出違反意願的事。非暴力讓《聖經》現實主義者積極的暴露在對手的邪惡面前，當他們面對愈來愈野蠻的動作時，敵人的罪惡就作用在他們身上。他們逼使對手犯下惡行，因為他們願意吸收邪惡。魯斯丁贊成要摧毀現狀，需要極端的做法。或者，如藍道夫所說：「我認為在道德上有義務持續擾亂黑鬼美國的良心。」

即使身處這些衝突對立中，藍道夫、魯斯丁及其他民運分子在最意氣風發的時期，都意識到會因自己的激進行為而陷入腐敗的危險。他們在最鼎盛的時候，也明白因他們的理想是正義的，所以他們可能會自以為是；他們會因為組織了對抗團體，而變得惡劣狹隘；因為使用宣傳方式動員支持者，而更加教條、簡化；因為支持者愈來愈多，而變得虛榮；當衝突愈來愈險峻、對敵人的怨恨日益加深，心腸愈來愈硬；當愈來愈靠近權力，便可能會做出有道德汙點的選擇；改變歷史的幅度愈大，便愈來愈驕傲。

魯斯丁雖然在性生活方面不檢點，但他視非暴力為反對者的手段，並據此修養自己，對抗腐敗。從這一點來看，非暴力的抗議便不同於一般的抗議。它需要持續不懈的自我控制。甘地式的抗議者，必須身處種族暴亂中卻不動手動腳，必須在面對危險時保持平靜與溝通，必須帶著愛去對抗那些值得仇恨的人。這需要肢體上的自律，緩慢並刻意的走入險境，在亂棒如雨下時以雙手抱頭；這需要情緒上的自制，克制憎恨他人的衝動，不對任何人懷有惡意，對所有人保持仁愛心；這需要吸收痛苦的能力。正如金恩所言，長久受苦的人若要終止受人壓迫，必須忍受更多痛苦。因「不應得的受苦是種救贖」。

非暴力道路是條有諷刺意味的道路：弱者可透過承受苦難而得到勝利；如果受壓迫者希望打敗壓迫者，就絕對不能還手；在正義的一方可能會因自己的正直而腐化。

這是種反向邏輯，在這群人眼中，周遭世界是墮落的。二十世紀中葉，與此具有諷刺意味的邏輯有關的思想家是神學家尼布爾。藍道夫、魯斯丁及金恩他們的想法與尼布爾如出一轍，也受到他的影響。尼布爾宣稱，人天生就有罪，因此人對他自身來說，本身就是個問題。人類行動發生在一個太過廣闊的意義框架裡，超出了人類能理解的範圍。我們無法理解從自己作為所引發的一長串因果鏈，也無法明白自己的衝動源頭。尼布爾因此不認同現代人不假思索的心安理得，也反對各個陣線的自得意滿。他提醒讀者，我們從不像自己所想的那麼有德行，我們的動機也不會如自以為的那麼純粹。

即使我們認知到自己的脆弱與腐敗，還是有必要採取積極的行動，對抗邪惡與不公正。很重要的是，要持續意識到自己的動機並不純粹，無論我們試圖獲得及使用怎樣的權力，最終都會淪入墮落的下場。

「我們要採取、也必須繼續採取有道德風險的行動，以保護我們的文明，」尼布爾在冷戰中期時這麼寫道，「我們必須行使權力。但我們不應該相信一個國家能夠對權力的行使完全超然，也不能自滿於某種程度的影響力與激情，它們都會腐蝕令權力行使合法化的正義。」

這麼一來，他接著又寫道，我們需要有鴿子般的清白與蛇般的精明。但最大的諷刺在於，不管我們怎麼做，「如果我們真的像我們假裝的那麼清白，不可能是有德行的。」如果我們真的是清白的，便無法運用所需要的權力，以達到好的結果。然而，如果採取的策略是建立在自我懷疑與自我猜測上，那就能達到部分的勝利。

達到顛峰

剛開始，魯斯丁及藍道夫在召集民運領袖共襄盛舉、一起到華盛頓遊行時，遇到了困難。但是在阿拉巴馬州伯明罕的暴力抗爭，改變了氣氛。全世界都看到了伯明罕警方放狗對付十幾歲的青少女，還發射強力水柱攻擊群眾，並把男孩扔往牆上。這些畫面讓甘迺迪政府採取行動，準備進行公民權立法。魯斯丁及藍道夫也因此幾乎說服了民運中的每一個人，如今正是大舉前往國家首都的好時機。

這項遊行的主要組織者是魯斯丁，他本來以為自己會被任命為總指揮。但是在一場關鍵的會議上，全國有色人種協進會的韋爾金（Roy Wilkins）提出反對：「他有太多傷痕了。」金恩也搖擺不定。最後，藍道夫出面，他說他會親自上陣，擔任遊行總指揮。這讓他有權選擇副手，而他會任命魯斯丁當副手。魯斯丁雖然沒有名分，卻掌握了實權。韋爾金被這樣的策略擊退。

魯斯丁管理大小事，從交通系統、廁所設備到麥克風的架設。為了避免與華盛頓警方對抗，他還組織了一隊不當班的黑人警察，訓練他們了解非暴力的策略。遊行時，他們將會圍在遊行者外圈，以避免發生衝突。

遊行前兩個禮拜，種族隔離主義者、也是參議員瑟盟德（Strom Thurmond）在參議院抨擊魯斯丁是性變態，並使得帕沙第納警方的逮捕紀錄被登入國會紀錄。正如戴米力歐在他為魯斯丁所寫的傑出傳記《失落的先知》（*Lost Prophet*）中所說，魯斯丁立刻意外的成為全美能見度最高的同性戀者。

藍道夫跳出來捍衛魯斯丁：「我很失望在這個國家裡，有人披著基督徒的道德外衣，卻為了迫害其他人，而傷害到人類道德、隱私及謙卑的最基本概念。」既然遊行在兩週之後就要展開，其他民運領袖別無選擇，也只能力挺魯斯丁。結果佘盟德反倒幫了魯斯丁一個大忙。遊行前的那個星期六，魯斯丁發表一項最後聲明，總結他的策略——他會緊密的控制敵對的狀況。他聲明，這場遊行「將會很有秩序，但不是屈服；會是自豪的，卻不自大；會是無暴力的，卻不膽怯。」

在遊行那天，藍道夫先開場演說，之後同是黑人民權運動的領袖路易斯（John Lewis）以火熱激進的演講，將廣大群眾的心情帶到高潮，發出怒吼。接著，瑪哈莉亞・傑克森獻唱，然後便是金恩發表「我有一個夢」的演講。

金恩的演講結束在一首古老的黑人靈歌之後。「終於自由了！終於自由了！感謝萬能的上帝，我們終於自由了！」接著，司儀魯斯丁登上主席台，再度介紹藍道夫出場。藍道夫帶領群眾誓言將繼續奮鬥：「我發誓在贏得勝利之前，我不會鬆懈……我發誓我的心、我的理智、我的身體將毫無疑問的，並不惜犧牲個人，透過社會公義，以達到社會和平。」

在遊行之後，魯斯丁及藍道夫兩人碰面。魯斯丁回憶此時：「我對他說：『藍道夫先生，看來你的夢終於實現了。』當我看著他的雙眼，眼淚由他的臉頰流淌而下。這是我記憶中，他唯一一次無法控制自己的情緒。」

在他人生最後幾十年裡，魯斯丁努力終結南非的種族隔離，在一九六八年紐約市關鍵的教師罷工中謀求民權運動的建立，在種族融合的理想上對抗全國性知名度更高的麥爾坎・X。在他生命最後的階段，他真的找到了個人的和平，他與一位名為奈格（Walter Naegle）的男人建立起長期關係。魯斯丁幾乎從未公開談論過他的私生活，然而，他的確在一段訪問中提到：「最重要的是，在尋尋覓覓這麼多年後，我終於找到一段穩固、能持之以恆的關係。我與這個人在每一件事情上都有共同點，每一件事……過去我花了許多年時間在尋找刺激的性愛，而不是尋找一個能跟我合得來的人。」

藍道夫與魯斯丁的故事，讓我們看到了有缺陷的人在墮落的世界裡如何掌握權力。他們有共同的世界觀，也都意識到社會與個人的罪，黑暗的血管貫穿了人的生命。他們學到要建立起內在組織，以含納內在混亂的衝動，這一點，藍道夫很快就明白，而魯斯丁卻用了一生來學習。他們也學到要透過捨己為人，透過將生命帶離最壞的傾向，間接的對抗人類的罪。他們的風度是極為莊嚴高貴的。但是，同樣的想法，也讓他們在對外時採取了激進的策略。他們知道在必要時，巨大的轉變很少來自於甜言蜜語的勸說。社會的罪需要有人用大榔頭猛力敲門，而且這些人同時意識到自己並不值得如此勇敢。

這是權力哲學，來自於兼具極端服罪與極端自疑的人的權力哲學。

07 愛

「我想，人的生命，」喬治．艾略特（George Eliot）寫道，「應該穩固的扎根於故鄉的某處。在這兒，世人會從那片地景、從勞動的人前往之地，還有縈繞不去的聲響與鄉音中，獲得一股親近熟悉的愛。縱使見識愈來愈廣，早期的家鄉始終讓人有種熟悉、與眾不同的感覺，且如此清晰無誤。」

艾略特的故鄉在英國中部的瓦立克郡，這裡地勢平緩，景觀柔和平凡。從她住的房子，可以看到古老的農田隨地勢起伏，以及新建的骯髒煤礦區；經濟衝突讓維多利亞時代充滿了獨特的張力。她出生於一八一九年十一月二十二日，本名為瑪麗．安．伊凡絲（Mary Anne Evans）。

她的父親原本是名木匠，因為個性自律，又有抓住機會的能力，後來成為一位非常成功的地產經紀人。他監管別人的地產，變得頗為富有。艾略特崇拜父親。當她成為小說家之後，她以父親的特質——重視實用的知識、從經驗中得來的智慧，及對工作的忠誠奉獻做為基礎，創造出好幾個她欽佩有加的角色。父親死後，她保留他的金邊眼鏡，彷彿父親還看護著她，也提醒女兒記得自己對世界的觀點。

在瑪麗・安幼年時，母親克莉絲蒂娜的身體狀況一直不太好。瑪麗・安出生八個月之後，她失去了一對雙生子，於是她便把其餘孩子全送到寄宿學校，以免為了撫養他們而過度勞動。對於失去母親的關愛，瑪麗・安似乎感到極為難過，一位為她作傳的傳記作家休斯（Kathryn Hughes）說她的反應「很憤怒的混合了尋求他人注意力與自我懲罰的行為。」表面上，她看起來是個早熟的孩子，意志力堅強、略顯尷尬，跟大人一起比跟其他小孩相處自在。然而在她內心深處，卻有某些需求未獲滿足。

由於對他人情感的飢渴、並恐懼遭人遺棄，還是個小女孩的她，將注意力轉向哥哥艾薩克。當哥哥從學校返家，她會跟在他後頭，追問他生活裡的大小細節。有段時間，哥哥會回應她的愛，他們享受了「時光中的小火花」，在草地上、溪流間度過了美好的日子。但是等哥哥日漸成長，有了一匹小馬，對麻煩的小女孩失去興趣後，她就被棄置一旁，暗自哭泣。

在她生命的前三十年，一開始是她對愛的迫切需要，然後男人會惱怒的拒絕她，這成了一種模式。正如她最後一任丈夫克羅斯（John Cross）的描述：「在她早年的生活中，她在道德發展上所呈現的特質，終其一生都明顯可見，也就是對某個人的絕對需要，這個人應該要全心全意為了她而活，而她眼裡也只有這個人。」

一八三五年，她母親罹患乳癌。五歲時，瑪麗・安因為母親身體欠安，被送到寄宿學校，十六歲時，她被召回家中照料母親。沒有資料可以了解，當她母親最終因為這個疾病而辭世時，她是否極度哀傷，不過，她的正式教育就到此為止。她開始掌管家務，幾乎成了父親的代理妻子。

在她的作品《米德鎮的春天》著名序言中，艾略特寫出諸多年輕女性感受到的召命感危機——她們體會到內在有偉大的嚮往，一種精神上的熱情，想將自己的能量投入更具實質性、有英雄氣概，且富有意義的方向。她們感覺到有股道德想像力在推動，促使她們想用自己的人生做出史詩般的豐功偉業。這些年輕女性有「內在的滋養」，在獲得「無限的滿足，讓她們不再感到厭倦，能讓她們以超越自我的狂喜意識來調和自身的絕望」之後，她們會向上揚升。然而，維多利亞時期的社會提供給這些能量的抒發管道卻那麼的少，她們「慈愛的心在無法實現的美好抖落之後，跳動著、啜泣著，她們處處遇到阻礙，無法專注在某項長期受到認可的功績上。」

瑪麗．安受到道德熱情的驅使，追求精神上的完美。在她二十歲左右，她成為宗教狂。在她所成長的年代，社會正處於巨大的宗教動盪中。科學界剛開始揭露教會宣稱「人類是上帝創造出來的」，這種說法是有破綻的。這種懷疑的看法散播開來後，使道德觀出現問題。許多維多利亞時期的人更緊抱嚴格的道德觀念，即使他們對神的存在懷疑日增。有些人對神依舊保有信仰，努力讓教會更加活躍、更具靈性。紐曼（John Henry Newman）及牛津運動試圖讓聖公宗回歸到天主教的根源，並努力恢復對於傳統及中世紀儀式的尊敬；福音派則讓信仰普及，創造出更多具有吸引力的服務，強調個人的禱告、良知，以及每個個體與神的直接關係。

瑪麗．安在青少年時期陷入宗教狂熱，自我中心的不成熟舉動，體現了許多宗教最自負、最不具吸引力的面向。她的信仰，多半著重在自吹自擂的克己行為，卻缺乏喜悅或人類的同情心。她放棄了閱讀小說，相信道德嚴謹的人應該關注真實世界，而非想像的世界。她也不再喝酒，身為家務總管，她逼迫身邊的人也要禁欲。她採納嚴格的清教徒穿衣風格。以往音樂一直是快樂的來源，如今她決定只有在做禮拜的時候才能有音樂。在社交場合，可看到她不贊成粗俗的行為，然後就哭了起來。在她寫給朋友的信上提到，某次宴會上，「沉重的噪音伴隨著舞蹈，」讓她不可能「維持真正基督徒的清教徒性格。」她開始頭痛，變得歇斯底里，並誓言拒絕「可疑人物的所有邀請」。

英國作家勞倫斯（D. H. Lawrence）曾寫道：「這一切確實是從喬治．艾略特開始的。是她開始把行動的意念放入內心。」在她的青少女時期，瑪麗．安活得很誇張與自戀，充滿了孤獨的內在痛苦、掙扎與屈從。她想過著受難與臣服的生活。但是她卻刻意窄化自己，將每一塊放不進僵硬框架中的人性與溫柔的片段，全都切除。她的行為矯揉造作，與其說她想成為聖人，不如說她想要其他人把她當成聖人來崇拜。

她在那段時期的信裡，處處可見痛苦、賣弄的自我意識，即使在她早期寫得很糟糕的詩句裡也是如此：「喔，聖人！但願我能稱聖／那獨特尊貴的名字／且讓我自信的這麼說／即使是神聖樂隊最資淺的成員！」傳記作家卡爾（Frederick R. Karl）總結了普遍的看法：「一八三八年，快十九歲的瑪麗．安，除了非常聰明之外，令人很受不了。」

還好，她漫遊的心無法被長期控制。她太過聰明，很難要她不準確的觀察到自己。「最困擾我的罪，是最具摧毀性的一種罪，它是其他罪的根源：野心，我有著永不滿足的欲望，想獲得同類的尊敬，」她在一封信中如此寫道，「我所有的行動似乎都源自於這個中心。」在某種程度上，她了解她表現出來的正直，只是想博取注意力。此外，她的好奇心太過旺盛，無法待在強加的心理束縛中太久。她對知識非常渴求，無法僅閱讀狹窄領域間的書籍。

她仍一直讀著《聖經》的評注，也學習義大利文及德文，閱讀英國桂冠詩人華茲華斯以及歌德的作品。她的閱讀還延伸到浪漫主義詩人，包括雪萊與拜倫，這兩人的生命，肯定禁不起她的信仰指摘。

很快的，她廣泛的閱讀科學作品，包括尼可（John Pringle Nichol）的《太陽系的現象與秩序》（*The Phenomena and Order of the Solar System*）及李艾爾（Charles Lyell）的《地質學》（*Principles of Geology*），後者為達爾文的演化論鋪路。基督徒作家群起捍衛《聖經》的創造論時，她也閱讀基督徒作家的書，但這些書對她造成了反效果。他們在反駁新科學時，如此不具說服力，徒然強化了瑪麗．安日漸增長的懷疑。

她受到漢內爾（Charles Hennell）所著《基督教探源》（*An Inquiry Concerning the Origin of Christianity*）的深刻影響。她在一八四一年、二十一歲時買下這本書，漢內爾爬梳了每一個福音，嘗試判斷哪些部分是事實，哪些則是後人的潤飾。他得到的結論是：沒有證據證明耶穌是上帝之子，也沒辦法證明他行過任何奇蹟，更不能證明他從死而復生。漢內爾的結論是，耶穌是「一個高尚的改革者及聖人，因狡猾的祭司與野蠻的士兵，而成了殉難者。」

在這段期間，絕大多數時候，沒有一個與瑪麗・安心智程度相近的人，可以與她討論她所閱讀的書籍。她發明了一個詞來形容自己的狀況：「無從分享」。她吸收了資訊，卻無法透過對話消化這些資訊。

不過那個時候，她得知了漢內爾最小的妹妹卡拉就住在離她家不遠處。卡拉的丈夫布雷（Charles Bray）是位成功的絲帶商人，曾發表自己的宗教觀《必然性的哲學》（*The Philosophy of Necessity*）。他認為宇宙受到不變的規則所統御，而此規則來自於神，但是神並不活躍在這世界上。人有責任去發現這些規則，並用自己的方式改善世界。布雷相信，人應該少花一點時間在禱告，多花一點時間進行社會改革。

布雷夫婦是開朗聰明、跳脫傳統的思想家，他們的生活也不因循守舊。他們雖然結婚了，但布雷與他們的廚師育有六名子女，卡拉也與諾艾（Edward Noel）有很親密、或許涉及性關係的友誼。諾艾是拜倫的親戚，他有三名子女，並在希臘擁有地產。

或許是為了把布雷夫婦帶回傳統基督徒的道路，一位共同的朋友將瑪麗・安介紹給他們認識。如果這是她的本意，結果並未如意。當瑪麗・安進入他們的生活時，她已經漂離了過去的信仰。布雷夫婦立刻覺得與她志趣相投，她開始與他們有愈來愈多互動，並且很高興終於找到了與她心智程度相近的朋友。他們並未使她背叛基督徒的身分，他們只是催化了這個過程。

瑪麗．安對宗教日漸生疑，為她帶來無窮後患，此時不過初見端倪而已。這意謂著她與父親、其他親戚、上流社會產生斷裂，也讓她很難找到丈夫。在她那個時代的社會裡，不可知論代表著放逐與排斥。但她朝著她的心與腦皆認為是真理的方向，勇敢的向前推進。「我想加入光榮的聖戰行列，將真理的聖墓從篡奪者手中奪回來。」她在一封信中如此告訴朋友。

正如瑪麗．安在信中所寫，即使她正逐漸放棄基督教，卻並未棄絕宗教的精神。她無法全然相信基督徒的教導與耶穌的神聖性，然而，儘管在她那個年紀，她並未懷疑神的存在。她之所以拒絕基督教，是基於現實主義，她厭惡任何抽象或幻想的事物。她是在大量閱讀之後這麼做，但是她的拒絕並非出於冷漠，或枯燥的理性。相反的，她以十分屬世的熱情熱愛著生命，所以她才很難接受現實中臣屬於另一個遵循不同律則的世界。她認為自己能不透過臣服的方式，而是透過道德的抉擇，活出具有美德的嚴謹生活，以達到蒙受恩典的狀態。根據這樣的哲學，瑪麗．安將沉重的負擔強加在自己身上。

一八四二年一月，瑪麗．安告訴父親，她不再陪他上教堂了。依照某位傳記作家的描述，她父親的反應是冷漠陰沉的憤怒。在她父親眼裡，瑪麗．安不只違抗了父親與上帝，她還選擇汙辱家族，使家族蒙羞。在她提出拒絕之後的第一個星期天，瑪麗．安的父親自己去了教堂，但是他在日記裡簡短且冷淡的寫著：「瑪麗．安沒去。」

接下來的幾個禮拜，被瑪麗・安稱為「聖戰」。她住在家裡，跟父親抗爭。他不與瑪麗・安接觸，卻以不同的方式反擊。他訴請周遭的親朋好友動之以情，拜託她謹言慎行，還是得上教堂。他們警告瑪麗・安，若她再這麼一意孤行，她將會過著孤苦無依的人生。聽起來十分合理的預言，並未動搖她的心志。她父親還請牧師及其他學問淵博的學者，以理性的力量說服她：基督教才是真正的信仰。他們來到，他們爭吵，他們落敗。他們提出來做為論證的書籍，瑪麗・安早就全都讀過，她自有看法。

最後，她父親決定搬家。要是瑪麗・安不打算把自己嫁出去，那就沒必要保留這幢大房子，以助她找到如意郎君了。

瑪麗・安寫了一封信給父親，試圖重啟對話。首先，她表明立場：為什麼她不能再當個基督徒。她認為《福音書》是「由真實與虛構混合構成的歷史故事。雖然我尊敬也珍惜基督的道德教誨，我相信這是他所傳下來的，但我認為整個教義系統構築在他的人生上……是對神最大的不敬，也會對個人及社會福祉產生最毒的影響。」

她告訴父親，既然她認為這樣的教義有毒，要她在這教義打造出的屋子裡做禮拜，這樣的行為顯得很偽善。她寫道，她很想繼續跟父親一起生活，但如果他要她離開這個家，「我會很樂意這麼做，如果這是你想要的。我會帶著深深的感謝離開，我感恩你從不懈怠的帶給我滿滿的溫柔與恩慈。也因此，我一點也不會抱怨。你決定收回你先前為了我的未來著想的任何資源，並挪給你認為更值得支持的其他孩子。這是個恰當的處罰，我會很樂意順從，我讓你痛苦，雖然這是我無心造成的。」

在她才剛成年時，瑪麗・安不僅放棄了家族的信仰，還願意離開，進入一個沒有家、沒有繼承權、沒有丈夫，也沒有前景的世界。最後，她以一份愛的宣言總結：「沒有任何人為她說話，我要為她做最後的辯護。請容我說，如果我曾經愛過你，我至今仍愛著你。如果我曾想服從我的造物主的律法，並且奉行祂為我指引出的義務，如今，我有著同樣的決心，落實此心願的意念會繼續支持著我，儘管這地球上的每一個人都不贊同我。」

這封信出自於一位如此年輕的女孩手中，它顯示出日後我們將在喬治・艾略特身上看到的許多特質：她在理智上極度誠實；高度渴望順應良心而活；面對社會壓力時的驚人勇氣；能做出必要的艱難決定以強化自己的性格。與此同時，她也有些自負，她傾向於在自己的戲碼裡當個明星，熱切的渴望男人的愛，即使她令這份愛深陷險境。

幾個月之後，他們和解了。瑪麗・安同意陪父親上教堂，只要他跟其他人都了解她不是個基督徒，也不相信基督教義。

這看似是投降協定，卻不盡然。瑪麗・安的父親必定意識到他對女兒的拒絕，有其殘酷性，所以他退讓了。同時，瑪麗・安覺察（且後悔）她在抗爭中那樣濃厚的自我誇大意味。她更明白當她成為全鎮醜聞的焦點時，她內心卻有種祕密的喜悅。儘管如此，她後悔對父親造成的痛苦。

她甚至清楚自己採取不妥協立場的方式，有些自溺。當月，她寫信給朋友說很遺憾自己在「情感與判斷上，都過於衝動」，隨後又說她相當後悔與父親起衝突，只要透過一些微妙的處理，這場衝突原是可以避免的。

是的，她是有義務要聽從自己的良知，但她總結道，她也有道德義務按捺住自己的衝動，並考慮這麼做對其他人及社會架構的影響。

在瑪麗．安成為小說家喬治．艾略特之後，她自認是這類譁眾取寵作為的敵人。她進入中年後，是個社會改良者及漸進主義者，她相信要改革人民與社會，最好的方式是要慢慢來，而不是斷然決裂。她有能力做出符合信念、勇敢激進的舉措（接下來我們將會讀到），但她也相信社會禮節與習俗的重要。她相信社會是由無數的人對意志的約束所集合而成，這會使個人生活於一個共同的道德世界中。她認為，當人的行動是建立在毫不妥協的自我欲望上，就會使這種自私蔓延到周遭。她成為勇敢的自由思想家，卻又相信儀式、習慣與習俗。她與父親之間的聖戰，讓她學到這重要的一課。

瑪麗安與父親在幾個月內就和好如初。她父親在這場聖戰發生的七年後過世了。他辭世後不久，瑪麗安於一封信裡表達出她對他的敬佩，以及她在德行上對他的仰賴：「失去了父親，我會是何樣貌？彷彿我有部分德行已隨他而去。昨天夜裡，我看見自己變得面目可憎，我沉溺塵世的感官享樂，有如魔鬼一般，只因我已失去他的影響力，不再受到他的約束與淨化。」

對愛的渴求

理智上，瑪麗．安已經成熟了。她在青少年時期的大量閱讀，令人對她的知識深度印象深刻，也培養出她的觀察與判斷能力。以這樣的心智程度，瑪麗．安已經準備好展開生命的核心旅程。這個轉化將會讓她從只關心自己肚臍眼的青少年，轉變為成人——其成熟程度以對他人的感受有極佳的同理心為衡量判準。

然而情感上，她還完全不行。二十二歲時的瑪麗．安在她的圈子裡成了眾人的笑柄，因為她什麼人都愛。這些關係有個普遍的模式：她極度渴望愛情，會對男人投懷送抱，且對象通常是有婦之夫，不然就是已經死會的男人。這些男人跟她聊天時，總是讚嘆不已，便會對她投以相當的注意力。瑪麗．安會把這些男人在理智上對她的興趣，誤以為是浪漫的愛情，一時心旌搖曳，希望他們的愛能填滿她內在的空虛。但最後，對方總是拒絕她或是逃開，不然就是他們的老婆會逼她出局。瑪麗．安便只能以淚洗臉，然後頭痛不已。

瑪麗．安的浪漫突襲原有機會成功，如果她是一般人印象中那樣的美女。然而，正如當時年少英俊的詹姆斯（Henry James）所形容，她「醜到不行，難看得可以」。有些男人就是無法忽視她厚重的下巴，跟長如馬臉的輪廓，還好有些人的內心比較細緻，還是能看到她的內在美。一八五二年，一位來自美國的訪客李萍卡特（Sara Jane Lippincott）形容了與瑪麗．安對話時的印象：「伊凡絲小姐給我的第一印象當然是非常平凡，她的下巴很凸出，那雙藍色眼睛又迴避我的視線。即使是鼻子、嘴巴或兩頰，都不是我喜歡的樣子。但是，當她愈來愈興致勃勃、認真投入對話中時，強烈的光芒彷彿從她臉上綻放，她的臉好像變形了，她那罕有的笑容非常甜美，給人某種難以形容的感覺。」

男人來來去去，瑪麗．安愛過又失落。她曾痴心於一位音樂老師，以及作家漢內爾。她與一位名叫席布理（John Sibree）的男人糾纏不清，這名男子原本研讀神學，儘管他沒有愛上瑪麗．安，但在跟她數度談話之後，放棄了神職人員的前途，即使沒有其他後盾。

隨後，她又強烈渴望嫁給一位個子矮小的中年藝術家莒哈德（François d'Albert Durade）。還有一次，她與一名仍單身的男子發展出感情，但是只維持不到一天，在天亮之前就對他失去了興趣。

朋友會邀瑪麗．安到家中小住，沒多久，她就會與男主人陷入某種親熱關係。學養豐富的布拉班（Dr. Robert Brabant）博士，他的年紀大瑪麗．安很多，他讓瑪麗．安使用他的圖書館，並邀她前來與家人一起生活。沒多久，他們倆就難分難捨。「在這裡，我有如置身天堂，布拉班博士就是天使，」她在一封給卡拉的信裡這麼寫著，「他迷人的特質說也說不完。我們一起閱讀、散步、聊天，我從未厭倦他的陪伴。」沒多久，布拉班博士的太太就出聲了：總有個人要離開這個家，不是瑪麗．安，就是自己。瑪麗．安只得羞愧的逃走。

最怪異的糾葛發生在查普曼（John Chapman）家裡。他是《西敏評論》（*Westminster Review*）的發行人，瑪麗·安後來幫這本雜誌撰稿，也做編輯工作。在瑪麗·安搬進他家之前，查普曼已經和老婆與情婦共處一室。沒多久，這三個女人開始爭奪查普曼的感情。正如艾略特的傳記作家卡爾所描述，這裡的情況有鄉村別墅鬧劇裡的所有元素，甩門、祕密散步、心碎、流淚、發怒等情景一應俱全。如果有哪一天太過平靜，查普曼還會把某個女人寫給他的情書拿給另一個女人看，唯恐天下不亂。最後，大老婆與情婦攜手對抗瑪麗·安。再一次，瑪麗·安又在醜聞的流言蜚語中逃離了。

為她作傳的傳記作家普遍主張，由於瑪麗·安缺乏母愛，所以她的心裡有個大洞，使她終其一生都極其渴望想填滿這個大洞。

但是，就她的情況來看，她也有些自戀，她喜歡浸淫在自己付出的愛、高貴品質及席捲他人情感的感受中。她自編自導自演，沉溺其中，享受他人的關愛，盡情探索自己的情感深度，並品嘗那無比壯麗的重要性。把自己視為是太陽系中央的人，經常會沉迷於自己難受卻也美好的痛苦中；而視自己為浩瀚宇宙、漫長歷史之一部分的人，卻很少會這麼做。

後來，她這麼寫著：「詩人有著敏銳的靈魂，沒有任何品質的陰影能逃過他的觀察，他的感受如此迅捷，那敏銳的靈魂就像是手，撥弄著各種精細有序的情緒和弦。在這樣的靈魂中，知識很快就化為感受，而感受又瞬即轉成新的知識器官。」瑪麗·安就擁有這樣的靈魂，感受、行動與思考融合為一。但是她的熱情缺少可以投注的對象，她也無法在工作之中，將熱情培養出紀律與形狀。

頓悟

一八五二年，三十二歲的瑪麗．安愛上了哲學家史賓塞，這是她迄今在人生中遇到心智上最能與她匹敵的男人。他們一起去戲院看戲，也經常聊天。史賓塞喜歡有她為伴，卻無法克服自戀與她的其貌不揚。「缺乏肉體上的吸引力是致命的，」史賓塞十多年後這麼寫著，「儘管我的判斷力強烈的慫恿我，我的本能卻沒有反應。」

九月時，她寫了一封信給史賓塞，語帶懇求，並且大膽。「那些很了解我的人說過，一旦我愛上某個人，必然會投入全部的生命。我想他們說對了，」她請求史賓塞不要捨棄她，「如果你愛上了其他人，那我就得去死。但在那之前，我會鼓起勇氣，努力讓我的生命是有用的，只要你能在我身邊。我不會要你犧牲任何事——我會非常高興、非常開心，從不打擾你……你會發現我只要一點點就會感到非常滿足，只要能免於失去你的恐懼。」

最後，她加了一段高潮的花腔：「我不認為有女人寫得出這樣的信。但我並不感慚愧，因為我的意識是在理智之光中，也真的經過深思熟慮，我值得你的尊敬與溫柔以對，不管粗魯的男人或心思粗俗的女人如何看待我。」

這封信代表著艾略特生命的關鍵時刻，混和了脆弱的懇求與強烈的主張。在這麼多年為了填滿空虛、沒有結果的情愛之後，她的心魂開始堅強起來，她變得能夠伸張自己的尊嚴。你或許可說這是艾略特的頓悟時刻，從這一刻開始，她不再受到內心空虛的影響，而是按照自己的內在判準而活，逐漸發展出熱情穩定的能力，以採取行動，駕馭自己的人生。

這封信並未解決她的問題。史賓塞還是拒絕了她。她依然有不安全感，尤其表現在她的寫作上。但她的能量已被喚醒，她慢慢凝聚起來，有時候還展現出驚人的勇氣。

對許多人來說，這種頓悟時刻，會發生在人生的晚期階段。有時候，你無法看到弱勢族群擁有如此的頓悟時刻，他們的生活因為經濟困難、反覆無常的老闆，以及任何生活的動盪而一塌糊塗，以致於他們不相信只要努力就會有好成果。你可以提供方法改善他們的人生，但是他們可能無法善加利用，因為他們沒有自信能掌握命運。

而那些得天獨厚的人，尤其是年輕人，你會看到他們被培養成尋求認可的機器。他們可能很活躍、忙碌、睡眠不足，但是內心深處卻總是被動，沒有自主權。他人的期望、外在判準與成功的定義主導了他們的人生，但其實並不適合他們。

頓悟時刻不會自動發生，必須經過推動與努力，來加以催生。要有所行動，光是信心與幹勁還不夠，還需將內在判準銘印在心，以引導行動。頓悟時刻會發生在任何年紀，或是完全不會發生。艾略特在遇到史賓塞之後，展現出情感頓悟的徵象，卻一直要到她遇見路易斯（George Lewis），她的情感才漸臻成熟。

一段真愛

關於艾略特對路易斯的愛，敘事觀點幾乎都是由她的角度出發——這段偉大的感情讓她的靈魂獲得統一，使她不再是個只關心自己的絕望女孩，並提供她渴望已久的愛與情感支持，還有她需要的安全感。然而，這個故事也可以由路易斯的角度來看，這段感情是讓他的生命由分裂走向整合的核心要素。

路易斯出身的家族有一段長時間的混亂。他的祖父是位喜劇演員，結過三次婚。他的父親娶了一個住在利物浦的女人，與她生下四名子女之後卻離開她，在他永遠消失於百慕達之前，他與另一個住在倫敦的女人建立新的家庭，兩人生了三個兒子。

路易斯成長於一個中等貧窮的家庭，為了教育自己，他前往歐洲，受教於當時領時代風氣之先的歐洲作家，如斯賓諾莎及孔德，當時在英國，知道他們的人還不多。他回到倫敦之後，以寫作做為收入來源，只要有人付錢給他，不管什麼主題他都寫。這個年代才剛開始看重專業，世人藐視他，認為他只是一個鬻文為生的膚淺寫作者。

美國的女性主義者富勒（Margaret Fuller）在知名評論家卡萊爾（Thomas Carlyle）家的宴會上遇見路易斯，說他是「機智、淺薄、有法國味的男人」，散發出「膚淺不已的光芒」。絕大多數傳記作者都沿用她的看法輕視他，認為他有點像是冒險家兼機會主義者，是名文筆流暢，卻淺薄且不那麼可靠的作家。

傳記作者休斯對路易斯採取比較讚賞的觀點，她的說法令人信服。她寫道路易斯生性機智、令人感覺愉快，但是他卻處在一個沉悶自負的社會。路易斯對法國與德國的生活所知甚詳，但是英國社會卻常懷疑任何不是英國的東西。他對觀念有真正的熱情，也將為人忽略的思想家介紹給社會大眾。他想法自由，也很浪漫，但卻生在嚴肅拘謹的維多利亞時期。

路易斯出名的醜（頗惡名昭彰，在倫敦的名人中，就屬他比艾略特還不具吸引力），但是他能自在體貼的與女性聊天，這一點讓他很吃得開。他娶了一位年輕貌美的女性，名叫阿格妮絲。他們結婚時，他二十三歲，她十九歲。他們有段具有自由思想的現代婚姻，前九年尚稱忠誠，之後多半貌合神離。阿格妮絲與一位名為杭特（Thornton Hunt）的男性長期交往，路易斯不反對他們的關係，只要她沒跟杭特生下孩子。結果，阿格妮絲還是跟杭特生下孩子，路易斯收養了他們，以免小孩受到非婚生子女的恥辱。

等路易斯遇見瑪麗・安時，他已與阿格妮絲分居（雖然他仍相信有朝一日還是會搬回去。終其一生，他們的婚姻還是合法有效。）此時，他正處於他所謂的「沉悶荒蕪的人生時期。無論有什麼野心，全都放棄了，只能勉強餬口度日，徒然擔心每日所需。」

瑪麗．安也很孤單，但此時她夠成熟。她寫信給卡拉：「我的麻煩純粹是精神層面的——對自我不滿足，極度渴望做出任何值得做的事。」她在日記中懷抱著某種情愫，女性主義作家富勒首度將這種情感訴諸文字：「我將一直是理智的主宰，但是人生！人生！喔，老天爺！難道人生永遠都不會甜蜜嗎？」

然而，到了這個階段，她已邁入三十歲關卡，很少再因自己而感到狂亂不安：「當我們還年輕時，我們認為自己的麻煩是了不得的大事——世界的開展是為了給我們舞台，上演人生的某齣戲，要是有人反對我們，我們便有權狂哮暴怒。這些我都做得夠多了。我們至少會了解到，這些事只有對自己來說才是重要的，不過就如正午玫瑰葉子上的一滴露珠，終將消失得無影無蹤。我並非過度感慨而出此言，這只是個單純的想法，讓我每天受益無窮。」

一八五一年十月六日，路易斯及瑪麗．安在一間書店相遇。這時，她已搬到倫敦，並開始匿名供稿給《西敏評論》。他們有共同的社交圈，也都與史賓塞有密切的友誼。

剛開始，她對他沒有什麼感覺。但是沒多久之後，她在寫給朋友的信中說，她發現路易斯「親切有趣」，並說他「贏得了我的好感，不由自主」。路易斯似乎也明瞭他將要認識的這名女子的特質。儘管他在生活的其他領域飄忽不定，他對於日後的喬治．艾略特來說，卻是完全可靠而實在的。

兩人之間的往來信件並未保存下來。部分原因是他們沒寫太多信給對方（兩人常聚在一起），也因為艾略特並不想讓往後的傳記作家挖掘她的私生活，暴露出傑出小說底下那顆脆弱的心。我們並不知道他們的愛是如何發展的，但我們知道路易斯逐漸贏得她的芳心。在一八五三年四月十六日，她寫信給一位朋友：「路易斯先生體貼周到，尤其是我多次口出惡言；他贏得了我的青睞。他的內在比外在更好，世上有些人就是如此。他是個心腸好又有良知的人，儘管戴著輕浮的面具。」

路易斯必定在某一刻，將他破碎的婚姻及亂成一團的私生活和盤托出。或許沒嚇到瑪麗·安，她也很熟悉複雜的生活安排。但是他們一定也交換了許多觀念。他們感興趣的作家都一樣：斯賓諾莎、孔德、費爾巴哈。這段時間，瑪麗·安正在翻譯費爾巴哈的《基督教的本質》。

費爾巴哈主張，即使這個年代的人已經失去對基督教的信心，但仍可能保留其道德與倫理的本質，並且可以透過愛來實現。他認為透過與所愛的人發展愛與性，人類可以取得超越，打敗自己本性中的原罪。他這麼寫道：

> 那麼，人類要以什麼方式，將自己從未臻完美的狀態、從原罪的痛苦意識、從虛無的煩亂中拯救出來呢？人類要如何鈍化原罪這根致命的刺？
>
> 唯有以下方式才辦得到：人要意識到愛是至高無上的，愛是絕對的力量與真理，不要只把神

（Devine Being）視為律法，視為是理解的道德存有，還要將祂視為是充滿愛與溫柔、甚至帶著主觀的人類（也就是說，甚至對每個人都具有同情心）。

瑪麗．安與路易斯兩人因為思想相近而相戀。他們在彼此相遇的多年前，就受到同樣的作家所吸引，而且經常同時受到吸引。他們寫作的主題互有重疊，也都以同樣認真的態度在追尋真理，他們同樣都認同人類的愛與同情心可以做為自身道德的基礎，以代替他們都不再能真正相信的基督教。

理智的愛

我們無法得知這兩顆心是如何互相點燃對方，但我們卻知道與他們同類的人陷入戀愛的過程，透過他們，能讓我們感受一下瑪麗．安與路易斯必然體會到的感受。這類型的著名激情發生在英國哲學家柏林（Isaiah Berlin）與俄羅斯詩人阿赫馬托娃（Anna Akhmatova）身上，他們的相會是非常戲劇性的事件——開始與結束都發生在同一晚。

場景是在一九四五年的列寧格勒。阿赫馬托娃長柏林二十歲，在俄國革命前，她就已經是個偉大的詩人。從一九二五年開始，蘇聯政府禁止她出版任何作品。她的第一任丈夫因不實的指控，在一九二一年遭到處死。一九三八年，她的兒子被捕入獄。有長達十七個月的時間，阿赫馬托娃就站在監獄外頭，無望的尋訪他的消息。

柏林對她所知不多，但是在他造訪列寧格勒時，有位朋友提議介紹他們認識。朋友帶柏林前往她的公寓，拜會這位雖遭獨裁與戰爭摧殘、卻依然充滿力量的美麗女人。起初，他們的對話主題有限，關於戰爭經驗和英國的大學之類。其他訪客則來來去去。

到了午夜時分，只剩兩人獨處，他們各坐在房間的一角。她告訴他少女時代的生活、她的婚姻，及先生遭到處決一事。當她引述拜倫的〈唐璜〉時，她的熱情讓柏林不禁轉過臉，面向窗戶，以隱藏自己的情緒。她也開始朗誦自己寫的詩句，當她描述到這些詩句如何導致蘇聯政府處決了她的一名同事時，不禁情緒決堤。

凌晨四點，他們談起偉大的作家。他們對普希金及契訶夫的看法相近。柏林喜歡屠格涅夫明亮的智慧，但阿赫馬托娃則偏愛杜斯妥也夫斯基的黑暗深沉。

他們愈談愈深入，幾乎是靈魂的坦誠相見。阿赫馬托娃訴說自己的孤寂，並展現熱情，繼續談論文學與藝術。柏林必須起身如廁，卻深怕破壞了眼前如有魔力般的氣氛。他們都讀過同樣的東西，知曉對方的心靈，了解彼此的渴望。那一晚，為柏林作傳的傳記作家寫著，柏林的生命「在此刻達到了藝術的盡善盡美」。最後，他還是振作起來，回到飯店。這時是早上十一點鐘，他撲向床鋪，大聲喊著：「我戀愛了，我戀愛了。」

柏林與阿赫馬托娃共度的那個晚上，是這類情投意合的美好典範。他們都知道最值得關注的知識，不在數據資料裡，而是在各種偉大的文化作品中，在人類所繼承的道德、情感與生存智慧的寶藏中。在他們的對話裡，理智的相容性轉變成情感的融合。柏林與阿赫馬托娃之所以能經驗到這樣影響深遠的對話，是因為他們都有過深入的閱讀。他們相信必須努力鑽研偉大的思想與書籍，它們會教你如何體驗生命的豐富，並做出微妙的道德與情感判斷。他們在精神上擁有雄心大志，他們有共通的文學語言，這些作品都是出自天才之手，他們比我們自己還了解我們。

那天晚上也是某種情感的美好典範。這類愛情得靠許多機緣巧合，一生中只會發生一或兩次，如果有這種機會的話。柏林與阿赫馬托娃感覺到兩人在許多方面都驚人的相契合，他們在許多方面都很相像。兩人之間的和諧共振，使得所有內在防衛都在那個晚上崩落了。

要是你讀到阿赫馬托娃描寫那晚的詩句，你會以為他們倆一起睡過，但根據伊格納提夫（Michael Ignatieff）所敘述，他們幾乎沒觸碰到對方。他們的交流主要是在理智上、情感上與精神上，創造出一種友誼與戀愛的結合體。如果朋友是以肩並肩面對世界，愛人則是面對面的交流。柏林與阿赫馬托娃似乎同時體現了兩種姿態。他們分享交流，也提升了彼此的理解力。

對柏林來說，這一晚是他最重要的生命事件。阿赫馬托娃被困在蘇聯，在一個充滿操弄、恐懼與謊言的政權下受苦。那個政權斷定她與英國間諜勾搭，因此將她逐出作家協會。她的兒子被關在牢裡。她孤苦無依，卻仍感謝柏林的來訪，她提到他時充滿熱情，用動人的文字寫下那晚神奇的魔力。

艾略特對路易斯的愛，也有這般理智與情感兼具的強度。他們也一樣體會到愛是種道德力量，能拓展一個人的深度，將人類的心智與其他靈魂組織起來，使他們振作，遂能進行偉大的服務與奉獻。

確實，當人愛到最深處時，可以看到愛會在人身上做工，讓靈魂重新找到定位。首先，愛令人謙卑。愛提醒我們，我們甚至連自己都控制不了。在大多數的文化與文明之中，神話與故事所描述的愛，都是種外來力量（某種神祇或惡靈）進入人裡面，統治這個人，改造這個人的內心。那是女神阿芙蘿戴蒂或是邱比特。愛被形容為是種有意思的瘋狂，一股狂暴之火，天堂般的狂熱。愛不是我們打造出來的；我們是陷入情網中，不由自主。愛既原始，卻又清晰的屬於我們，令人戰慄恐懼，這股令人震驚的力量是我們無法計劃、安排或決定的。

愛像是某支入侵的軍隊，提醒你，你不是自己家的主人。愛一點一滴的征服你，愛重新調整你的能量水平、睡眠模式及對話主題，而且，在這樣的過程邁向終點時，還會重新安排你的欲望對象，甚至調整你的注意力重心。當你愛上了，你無法停止想念你的愛人。你走進人群裡，每走幾步路，只要看到與她有一絲相像的身影，你都會以為看到了她。當你發現愛可能是平凡的或虛假的，即使只有那麼一丁點，都會讓你由高點落到低點，痛苦不已。愛是最強大的軍隊，因為無人抵擋得了。當愛的攻城掠地只完成一半時，那個被侵略的人還會渴望被擊垮，誠惶誠恐，卻也只能束手就擒，絕望無助。

愛也是拱手投降。你暴露出自己最深的脆弱，放下你是自身主宰的幻覺。容易受到傷害，與對支持的渴望，會在很多小地方表現出來。艾略特曾經這麼寫道：「對大多數女人來說，一隻強壯的手臂，會讓她們有種奇異的勝利感。在這樣的時刻，她們所需要的不是肉體上的幫助，而是一種受到幫助的感覺，那幫助的力量來自於外在，卻也屬於她們，並且會持續滿足她們在想像上的需要。」

愛有賴於每個人心甘情願，暴露自己的脆弱，而且愛得愈深，人會更脆弱。因為當人赤裸裸的暴露自己，對方便會趕緊迎上來。「當你能夠展露自己的脆弱，而且對方不會利用你的脆弱來伸張他的力量時，你是被愛的。」義大利小說家帕韋澤（Cesar Pavese）如此寫道。

其次，愛會使人不再以自我為中心。愛會帶你離開天生自戀的狀態。當你愛上了，你眼裡只有對方，沒有自己。

深陷愛中的人或許以為自己正在尋求個人幸福，但這是個幻象。她真正在尋求的是與另一個人的融合，當融合與幸福有所牴觸時，她很可能會選擇融合。如果說淺薄的人是活在貧乏的自我中，深陷愛中的人會發現，終極的富有不是向內尋找，而在外面，在那深愛的人身上，與深愛的人有福同享、有難同當。一段成功的婚姻是五十年更加靠近對方的對話，兩人的頭腦與心靈會融合在一起。愛存在於分享彼此的微笑與眼淚，最後並聲明：「你問我愛不愛你？我就是你！」

許多人觀察到愛消除了給予與接受的分別。既然相愛之人的自我是相互纏繞、蔓延與融合的，付出便比接納更有意思。蒙田曾寫道，收到禮物的戀愛之人，事實上是把最好的禮物給了送她禮物的愛人：她讓愛人有機會體會送她禮物時的喜悅。於是，說一個戀愛之人是慷慨或利他的，並沒有意義，因為陷入狂熱戀愛的人，她對愛人的付出，就是對自己的付出。

在蒙田探討友誼的著名文章中，蒙田描述深刻的友誼或愛如何重整自我的邊界：

這樣的友誼沒有前例可循，唯有以自己為準。這樣的友誼並非一次特別的體貼，也不是兩次、三次、四次，更不是一千次；這樣的友誼是種神祕的精髓，混和了一切，包括我的意志，並讓我的意志消融在對方當中；而對方也帶著全部的意志，以和我同樣的飢渴、相似的衝動，消融在我之中。當我說到消失，這是真確的，因為我們已是你儂我儂，分不清彼此了。

接下來，愛為世人注入充滿詩意的氣質。亞當一號想根據利他主義的計算生活著——極大化愉悅的經驗，謹防痛苦與遭人傷害，並且維持控制。亞當一號要你故步自封的過生活，冷靜的衡量風險與報酬，並且為自己的利益做考量。亞當一號運籌帷幄，計算成本與效益。他希望你的生活維持在手臂能觸及的範圍內就好。但是陷入愛中，便是一點一滴的失去自己，讓神奇的思考振奮自己。

當你陷入愛裡時，你會以從未體驗過的方式，接二連三的經驗到無數種情感，彷彿生命的另外一半，頭一遭為你敞開：狂熱的崇拜、希望、懷疑、可能性、恐懼、狂喜、嫉妒、傷害……，不勝枚舉。

愛是歸順，而非決定。愛要你不計成本，帶著詩意，臣服於一股無法解釋的力量。愛要求你放棄有條件的思考，全心全意去愛，而非斤斤計較。愛會令你所看到的世界如水晶般璀璨，於是便如法國小說家斯湯達爾所說，你的愛人會如閃亮的珍珠，閃閃發光。在你眼中，她擁有別人看不見的神奇魔力。在你眼中，你倆的愛情第一次綻放的歷史地點有著神聖的意義，那是他人無法察知的。日曆上，發生關鍵初吻的那一天、兩人第一次講話的日子，都煥發聖日的光環。你所體驗到的情感，用散文無法捕捉，唯有透過音樂與詩歌，才能看到、才能觸摸。你倆之間的情話綿綿、那興奮過度的傻話，只能是私密的。要是在日光之下，不小心流傳在朋友圈裡，便會顯得荒唐可笑。

你不會與可能對你最有用的人陷入熱戀中：那個人不會是最富有、最受歡迎、人際關係最好的人，也不會是生涯展望最佳的人。亞當二號會愛上最獨特的人，沒有其他原因，只因為有內在的和諧、心有所感、覺得喜悅與揚升，因為他是他，且她是她。甚至於，愛不會尋求最有效率的路徑、最肯定的事情；因為某些違反常理的原因，愛會因障礙而愈加強大，而且通常不會因謹慎而得勝。

你可能會試著警告兩個戀愛中的人，他們應該擔心結婚的事，因為他們的結合不會快樂。但是具有魔力的思考籠罩著戀愛之人，他們看不見其他人看到的事，而且寧可不快樂的相聚，也不要快樂的分離。

他們在熱戀中，他們不是在買股票，而那充滿詩意的氣質——有部分是思考，有部分則是絕妙的情感，指引著他們的決定。愛是充滿詩意的需求狀態，它同時存在於比邏輯與計算更高與更低的層次上。

愛以這樣的方式，開啟了靈性意識的能力。這是一種意識的轉換狀態，強烈到令人難以招架，卻又極為喜悅。在這種狀態中，很多人可能會經歷神祕時刻，他們感覺到某種無言的神祕現象，超越人所能理解。他們的愛，讓他們得以瞥見純粹的愛，這樣的愛已不屬於特定人士，而是來自於超越之境。這些感受來自於稍縱即逝的瞬間。它們是強烈喜悅的神奇經驗，能一瞥超越已知的無垠境界。

詩人魏曼（Christian Wiman）在他的傑作《我明亮的深淵》（*My Bright Abyss*）中寫道：

> 在任何真愛當中，母親對孩子、丈夫對妻子、朋友與朋友之間，有著過多的能量，一直想要流動起來。看起來，它甚至不只是從一個人流動到另一個人，而是透過人們流向其他東西（「現在我所知的一切／是他愈愛我，我就愈愛世界」——史賓塞・李斯〔Spencer Reece〕）。這就是

為什麼這樣的愛會令我們如此困惑、如此不知所措（我所指的不只是我們戀愛時；事實上，我講的是更多類型、更持久的關係）：它要的比它所是還多；它在我們內在大聲呼喊，要讓它比它所是還多。

對許多人來說，無論相不相信宗教，愛都能讓人一瞥超越我們所知的某種境界。在更實際的意義上，愛使我們的心更加擴大。某種程度上，這種渴望讓心更加敞開、更加自由。愛就像把犁，挖開堅硬的地表，讓萬物能夠生長。愛敲開亞當一號所堅信的硬殼，暴露出亞當二號柔軟肥沃的土壤。我們一直注意到這樣的現象：一份愛會延伸出另一份愛，對某個人的愛會擴大為對其他人的愛。

自我控制就像肌肉，如果你一整天都被要求經常鍛鍊自我控制，你會感到疲累，到了晚上，已沒有足夠的力氣再繼續鍛鍊。但是愛剛好相反，你愛得愈多，你就愈能夠愛。一個人有了第二、第三個小孩之後，對第一個小孩的愛並不會減少。一個人愛他所住的城鎮，這份愛並不會減少他對國家的愛。愛會因使用而擴展。

愛因此而變得柔軟。我們都知道有人在墜入情網之前，是很冷淡、防衛心很強的人。但是當他們受到愛的激勵，在甜蜜脆弱的狀態下，他們的態度改變了。我們會在這些人的背後說他們因為愛而發紅了。龍蝦殼被剝了開來，露出龍蝦肉。這讓他們更加恐懼，更容易受傷害，但也因此更加親切，活得更有奉獻精神。

莎士比亞是這個主題的必然權威，他寫道：「我給你愈多／我擁有的愈多，因為這兩者都無可限量。」

也因此，最後，愛會推動人去服務。如果愛是始於向下的運動，鑽入脆弱的自我中，坦誠相見，最終，愛會是積極向上的運動。愛會激起偉大的能量與渴望去服務他人。身在愛中的人會買個小禮物，從隔壁房間拿玻璃杯過來，在心愛的人感冒時遞上面紙，大老遠開車去機場接回心愛的人。愛是夜夜難眠，親自哺乳，年復一年養育孩子。愛是冒著生命危險，為你的好友戰鬥。愛使人高貴，會讓人蛻變。沒有其他狀態，能讓人活出我們對他們的期待。也沒有其他種承諾，會讓人跳過著重自我利益的邏輯，在每日的關心中盡到無條件的承諾。

偶爾，你會遇見有顆千年之心的人。有顆千年之心的人已經歷過絕大多數激烈洶湧的愛的階段。這些激情歲月，將深刻的承諾印在他們的心上。過去，他們熱烈的愛上某個人或某件事；現在，他們會暖暖的、卻持續的、開心的、不動搖的愛。他們甚至不會為了得到回報而去愛人，他們只是自然而然的付出他們的愛。這是種禮物式的愛，而不是互惠式的愛。

路易斯對瑪麗·安的愛，就是這種愛。他們都因為對彼此的愛，獲得轉化，更加高尚。但是在許多方面，路易斯的愛更加偉大，也有更高尚的轉化。他頌揚她優越的天分。他鼓勵、誘發並滋養她的天分。他盡心盡力，把自己放在次要的位置上，在他心中，她是至高無上的。

決定

承諾終身廝守，是影響人一輩子的深遠決定。儘管路易斯與他太太住在不同的屋簷下，即使阿格妮絲和其他男人生下孩子，依照法律，路易斯是個已婚男人。如果艾略特與路易斯要成為伴侶，在世人眼中，他們就是公然通姦。上流社會必將他們拒於門外，家族也會與他們切斷往來。他們會被社會遺棄，且艾略特的處境尤其堪憂。正如艾略特的傳記作家卡爾所說：「養情婦的男人，世人說他是風流種子，但他的情婦卻被說成是婊子。」

然而，到了一八五二年與一八五三年之間的冬天，艾略特似乎認定了路易斯就是她的靈魂伴侶。在一八五三年春天，他們考慮無視社會觀感，好跟對方在一起。四月分，路易斯病倒了，他暈眩、頭痛，還有耳鳴。

艾略特利用那幾個月翻譯費爾巴哈的書，他主張婚姻真正的定義，不是法律上的約定，而是道德上的，閱讀他對此主題的想法，幫助艾略特得出結論：她與路易斯之間的愛，要比他與分居的法定妻子之間的婚約更真確、更高層次。

最後，她還是得確知這份關係對她來說有什麼意義。她決定，真愛必會勝過與社會的關係。如她後來所寫：「輕盈易碎的關係，既非我在理論上想要的，也無法做為實際的生活目標。僅滿足於那種連結的女性無法同我做出一樣的事。」

艾略特憑著自己的識人之明，決定信任路易斯，即使此時他尚未完全表態。如她在一封信中所寫：「我已計算過踏出這一步的成本，也準備好承受被所有朋友拒絕，我既不煩惱，也不感覺到苦。對於我已付出感情的這個人，我沒有看錯，他值得我為他犧牲，我唯一掛心的是他應該受到正確的評判。」

所有的愛都是狹窄的。愛是為了一個選擇，而放棄其他可能性。二〇〇八年，美國作家維塞提爾（Leon Wieseltier）在法律學者桑思坦（Cass Sunstein）與政治作家鮑爾（Samantha Power）的婚禮上敬酒時，盡可能的描述了這一點：

新娘與新郎透過愛，發現到快樂的狹隘本質。愛是尺度上的革命，對幅度大小的重新修訂。愛是私密的，也是獨有的。愛的對象是這個男人與那個女人的專一性，是這個精神與那個肉身的特殊性。愛偏好深刻，而非廣泛；愛偏好這裡，而非那裡；在能掌握到的範圍內……愛是，或者應該是，對歷史漠不關心，對歷史免疫——愛是個柔軟結實的避風港：在那天結束之後，在所有光線熄滅之後，就只剩下另一顆心、另一個心思、另一張臉，協助我們擊退惡魔或迎接天使。當一個人同意結婚，他便是同意讓人真正了解他，而前景堪憂；所以他得靠愛來矯正平凡的印象，也需要愛引發不免需要的寬恕，使另一半對他有正確的理解。婚姻就是揭露、曝光。我們可能是配偶的英雄，卻不是他們的偶像。

在這個節骨眼上，艾略特似乎已到了置之死地而後生的地步。她意識到自己的人生將產生不可逆的變化。她似乎有種今是昨非的體會，在此刻之前，她的人生都是建立在一連串錯誤的決定上，如今是時候把一切賭在真正的抉擇上了。

她縱身一躍，正如奧登（W. H. Auden）在他著名的詩〈先行後思〉（*Leap Before You Look*）中所形容的：

危機感必不得消失：
路途肯定既短且陡，
縱使由此處見來徐緩，
你想先看看無妨，
但你終究還須縱身一躍。

心智堅強的人入睡時亦變得軟弱，
並打破任何傻子都能遵守的細則；
是恐懼，而非慣例，
令人不禁想消失……

被認為適合穿著的衣裳，
既不實用、也不便宜，
只要我們仍同意活得如羊
而且從來不提那些消失的人……

萬疇深的孤寂，
支撐著我們所躺的床，親愛的：
儘管我愛你，
你還是得縱身一躍；
我們自認安穩的美夢必須消失。

一八五四年七月二十日，艾略特前往倫敦塔附近的碼頭，登上一艘船，那是開往比利時安特衛普的雷文思本號（Ravensbourne）。她與路易斯將在國外開始一起生活。她寫了幾封信給一些朋友，將她的抉擇告知他們，試著降低衝擊。他們認為，這回一起出遊是某種同居的考驗，但事實上，他們就要開展自己的下半生。對兩人來說，這是相當具有勇氣的驚人之舉，也是雙方對愛的承諾。

一起生活

他們做了一個很好的選擇。這個選擇，救贖了彼此的人生。他們一起在歐洲旅行，大部分時間是在德國，他們受到當時先進的作家與知識分子的歡迎。瑪麗．安喜歡公開被稱為「路易斯太太」：「我每一天都更加快樂，我發現家庭生活對我是愉悅有益的。」

無論如何，回到倫敦之後，他們的關係引發了一場謾罵的風暴，自此之後便確立了艾略特社交生活的界線。有些人很喜歡把她想得很壞，他們說她是偷別人老公的人、破壞家庭的人，還說她是色情狂。有些人則清楚知道，路易斯實際上等於是未婚男人，也知道兩人是因愛而結合，但他們還是不支持這段關係，因為害怕這樣可能會讓其他人的道德淪喪。曾為瑪麗．安做過顱相學檢查的舊識這麼宣稱：「我們深感羞愧與痛心。我很想了解伊凡絲小姐的家族中是否有人精神不正常。她的行為在我看來，似乎是導因於某種可怕的精神異常。」

艾略特對自己的選擇並未動搖。她堅持別人叫她路易斯太太，即使她決定與路易斯在一起是種叛逆的行為，她還是相信傳統婚姻的形式與制度。形勢迫使她做出極端的事，但是在道德與哲學上，她還是相信傳統的道路。他們如傳統的丈夫與妻子一起生活著。他們彼此互補。當她悶悶不樂時，他便為她帶來明亮有趣的心情轉換。他們一起散步、一起工作、一起閱讀。他們不需要別人，他們情感熱烈，自成一格、自我完善。

「對兩個人類靈魂來說，比一起共同生活更偉大的事情，」艾略特在《亞當・畢德》寫道，「是在所有的工作上給對方力量，在所有的哀傷上安慰對方，在所有的痛苦上彼此照料，在最後分離的時刻，沉默不語的記憶中，與對方合一。」

她與路易斯的結合，讓她失去了朋友，她的家人也拒絕和她來往，其中最讓她感到痛苦的是哥哥艾薩克。但是這樁醜聞也有好處，幫助他們對於自己與世界都有更深的洞察。他們永遠都處於邊緣，尋找侮辱或肯定的跡象。因為他們違逆了社會傳統，他們必須格外注意自己的舉止，謹言慎行。公眾敵意的衝擊，是種刺激，讓他們敏銳的意識到社會是如何運作的。

艾略特對於他人的情感生活，向來是個敏感的觀察者。她一直大量閱讀書籍、觀念與人。眾人總是發現她的洞察力很恐怖，彷彿她是具有神奇力量的女巫。但是，如今她的思考過程更有秩序。在她與路易斯因為醜聞而離開英國後的這段時間裡，她似乎總算接受了她不同凡響的天賦。每一件事情都逐漸凝聚成一個獨特的世界觀，使她能安穩的觀看世界。或許她終於能帶著自信與世界接觸。

艾略特在生活裡橫衝直撞這麼久之後，終於做對了一件事——她抓住機會，冒著風險與路易斯在一起。她付出了慘痛的代價，承受了火的洗禮，但是她慢慢從另一邊走出來。圓滿的愛，令一切都很值得。正如她在《亞當・畢德》中所寫：「無疑的，偉大的煎熬可能會經年累月，等我們走出這段火的洗禮，我們的靈魂會充滿新的敬畏與憐憫。」

小說家

長期以來，路易斯一直鼓勵艾略特寫小說。他不確定她是否能想出好的情節，但是他知道，艾略特對於細節的描述與角色的刻劃很有天分。而且，小說的酬勞要比非小說好，路易斯家總是現金短缺。他督促她不如就動手試試看：「你必須試著寫出個故事。」一八五六年九月的某個早晨，她幻想著自己在寫小說，有個標題躍然浮現她的腦海：《阿默思・巴頓牧師的悲傷財富》（*The Sad Fortunes of the Reverend Amos Barton*）。路易斯立即展現他的熱情，脫口而出：「喔，多麼棒的標題啊！」

一個禮拜之後，她將寫好的第一部分唸給路易斯聽。他馬上知道，艾略特是個天賦異稟的作家。艾略特在日記中寫著：「我們都哭了，然後他走過來親吻我，並對我說：『我想你的感染力要比趣味性來得強。』」

他們都知道瑪麗・安會是個成功的小說家。她將會成為喬治・艾略特，她選用這個名字以隱藏自己陷入醜聞的身分。路易斯對她疑慮最深的是：她是否能寫好對話，然而事實上，這是她的才華最明顯的部分。路易斯還懷疑，她是否能在她的故事裡創造行動與曲折的情節，但是他隨即清楚她具備了所有創作能力。

沒多久，路易斯就成為她的諮詢對象、經紀人、編輯、出版商、心理治療師兼總顧問。他很快就清楚艾略特的天分遠遠高過於他，他不做他想，只是無私的為她高興，即使她的光芒注定會蓋過自己。

一八六一年，在她簡短的日記書寫中，可清楚看到路易斯深入的參與了她的情節發展：她在白天時寫作，然後再將寫好的部分讀給路易斯聽。從她的信件與日記來看，他是個鼓舞人心的聽眾：「我讀了……小說開頭的場景，他看起來非常喜歡……在這份紀錄之後，我把寫好的第九部分大聲讀給他聽，令我喜出望外，他竟然全部通過……當我大聲朗誦我的手稿給我最最親愛的丈夫聽時，他又哭又笑，還衝過來親我。他是最大的祝福，讓其他祝福得以發生在我身上，讓我寫的每一個字都得到回應。」

路易斯拿著她的小說逐間詢價，跟不同的編輯談判。在早些年，他謊稱喬治．艾略特小說作者的真實身分，是一位牧師朋友，他希望能夠隱姓埋名。在真相曝光之後，他保護自己的妻子不受批評。

儘管在她受到了盛讚，說她是當時最偉大的小說家之一，他還是會第一個拿到報紙，剪下並丟棄任何可能會提到她的內容，只留下那些恭維的文章。路易斯的規矩非常簡單：「其他人對她的書說了些什麼，都不要告訴她，不管他們說好還是說壞；讓她盡可能專注在她的藝術上，不管大眾眼光。」

艱難的幸福

路易斯及瑪麗·安一直苦於疾病及憂鬱症的發作，但大致來說，他們在一起很快樂。他們一起生活的那些年，他們寫的信及日記，字句中都洋溢著喜悅與愛。

一八五九年，路易斯在寫給一位朋友的信裡說：「我欠史賓塞很大一筆。我透過他認識了瑪麗·安，認識她等於愛上她，從那時候開始，我宛如新生。我所有的快樂幸福，全都來自於她。願上天保佑她！」

六年之後，艾略特寫著：「我們因彼此而比以往更加快樂。對於我親愛的先生那完美無瑕的愛情，我只有愈來愈感恩。他的愛讓我更好，也讓我更警惕自己的不足之處。我愈來愈清楚有了他，便是我最大的福報。」

她的傑作《米德鎮的春天》描寫失敗的婚姻，但仍可由她的書中一瞥快樂的婚姻，及婚姻中的友誼，如她所享受到的。她筆下的一個角色如此宣稱：「我不喜歡嚴厲責罵任何人，在選丈夫時也要考慮這一點。」她在寫給朋友的一封信中說：「我的快樂日增，並發現家庭生活對我來說愈來愈有益。愛情、尊重與理智上的理解都愈來愈深刻。這是我有生以來頭一回能說：『讓這些時光繼續下去吧，它們是如此美麗。』」

艾略特及路易斯很快樂，但是他們並不滿足。首先，生活的磨難持續著。路易斯前一段婚姻的其中一個兒子來找他們，他病得很重。他們照顧他，直到他去世為止。他們經常健康狀況不佳、陷入憂鬱，發作時會偏頭痛且頭暈目眩。但在經歷這些後，他們不禁感到自己需要在道德上更加精進，讓自己更堅強、更有智慧。

一八五七年，混雜著喜悅與野心，艾略特寫道：「我非常快樂，快樂的活在人生至高的福賜中，那種完美的愛與同情心，刺激著我的健康活動。我同時感到，過去這些年來，我所經歷的那些可怕的痛苦，部分來自於自身的缺陷，部分則是因外在事物而起，很可能皆是為了在我死前所要完成的某些工作而做的準備。這是受到祝福的希望，我誠惶誠恐的以此為榮。」

艾略特這麼寫道：「冒險不是在外展開，而在我的內心。」

當她年紀漸長，她的情感愈來愈強烈，也愈加不受到年輕時那種自我中心所困擾。對她來說，寫作仍是個痛苦的過程。每寫一本書，她便陷入焦慮與抑鬱的衝擊中。她絕望，又看見希望，然後又再度絕望。她當作家的天分，來自於她能承受最深沉的情感，並同時能做清晰、有紀律的思考。她必須去感受、經歷每一件事。她必須把感覺轉化為經過深思熟慮的觀察。她每寫一本書，就像是在痛苦中催生小孩，筋疲力竭。跟大部分的作家一樣，她必須忍受這份事業的不安定。作家與人分享親密、脆弱的一面，但讀者遠在天邊，回響只是一片寂靜。

她沒有系統，她反對系統。如她在《弗洛斯河上的磨坊》所寫，她鄙視「愛講格言的人」，因為「人生的複雜度，無法以名言佳句一言蔽之。當洞察力與同情心增強時，神聖的鼓舞與啟發源源不絕，此時拘泥於這些俗套話語，只會壓制這一切。」

她並沒有用自己的書來建立論點或提出強烈的主張，以創造出一個世界，令讀者在不同的人生時期，每次閱讀都得到不同的感想。米德（Rebecca Mead）寫道：「《米德鎮的春天》涵養了我的品格。我知道這本書已成為我的一部分，也培養了我的耐性。在我年輕時，這本書啟發了我，讓我急於離開家裡。但當我步入中年，它讓我明白家可能有不一樣的意義，家不只是成長後出走的地方。」

艾略特創造的是自己的內在風景。她是個現實主義者。她並不關心崇高的理想與史詩般的英雄。她描寫的是日常生活的世界。她的角色為了抽象及激進的觀念，拒絕骯髒複雜的世界。他們通常會犯錯。當他們在自己生根的地方，培養出實在的習慣，於家庭與城鎮的現實之中好好努力，他們就會成功。

艾略特相信，智慧開始於對現實本身忠實且仔細的研究，智慧來自於事物自身、人物本身，沒有受到抽象觀念的過濾，以及感覺如迷霧、跳躍性想像力的干擾，也不會因宗教，而抽離到另一個世界。

她在早期的小說《亞當．畢德》中寫道：「世界上只有那麼幾位先知，極少數天仙美女，英雄也很罕有。我不能只把我全部的愛與尊敬給這些罕見人物，我想把我充沛的感情獻給日常生活中的人，尤其是在廣大群眾中最突出的那幾位，我認得他們的臉，我摸過他們的手，對這些人，我必須親切有禮的讓路給他們。」

在她晚期、或許是她最偉大的小說《米德鎮的春天》中，她於結尾時頌揚了那些謙遜度日的人：「對她身邊的那些人來說，她的影響力難以衡量：因為這世界的良善要擴大，有部分得靠這些不會留名青史的舉動；因為有你我的存在，事情的發展才不會惡化，這有一半得歸功於那些誠誠懇懇生活的人，他們不求聞達，死後並安歇於無人探訪的墓塚裡。」

在艾略特的道德視野中，同情心是核心。在度過自我中心的青少年時期後，她繼續發展進入他人想法的驚人能力，並且由不同的觀點帶著同情的理解來觀察人。正如她在《米德鎮的春天》中所寫：「如果沒有養成根深柢固的習慣，以同情心對待個別的同胞，一般的教條便可能在不知不覺中侵蝕我們的道德。」

當她年紀漸長，她成了一位專注的傾聽者。因為她以深刻的情感待人，也在記憶中保留他人的生活事實與感受。她是那種什麼也不遺落的人。即使她婚姻幸福，她最偉大的傑作描寫的卻是不幸福的婚姻，而且她能以實際的強度由內在描述這些婚姻。

「每個限制，都是開始，也是結束。」她在《米德鎮的春天》中如此寫著。即使是最不令人同情的角色，她也深感憐憫，譬如沉悶、自戀的學究卡索彭（Edward Casaubon），他的才華並不如他自己所想，而他也逐漸認知到這個事實。在她犀利的筆鋒下，沒有能力去同情他人、彼此溝通，尤其是在家庭中，才是她許多故事中的道德劇毒。

內在冒險

艾略特是個社會改良者，她不相信巨型變革。她相信緩慢的、穩定的、具體的前進，每一天都比前一天更好一些。角色的發展就像歷史的進程，最好是透過日常的努力，發生在不知不覺中。她的書旨在對讀者的內在生命產生緩慢穩定的影響，以擴大他們的同情心，完善他們了解他人的能力，給予他們稍微寬廣的經驗。就此而言，父親所代表的謙遜典範，一輩子活在她心裡。在《亞當．畢德》中，她歌頌在地方上生活的人：

> 他們努力向上，他們不是什麼天資聰穎的人，多半是刻苦誠實的人，他們擁有的技巧與良知，足以做好眼前的任務。離開了他們所居住的鄰里，就沒什麼人認識他們。但是你必定會發現，他們之後的一、兩代，當眾人提到某段平整的道路、某棟建築物、某種礦產的應用、某些農務的改良、某個教區居民虐待行為的改正時，便會提起他們的名字。

她筆下的許多角色，尤其是具有吸引力的角色，《米德鎮的春天》中的多蘿西亞，他們在進入成人世界時都帶著狂熱的道德雄心。他們想要做出某些偉大的善行（如聖女大德蘭），但他們不知道那是什麼，也不清楚自己的使命為何，或是該如何達到。他們只關注某些純粹的理想，把注意力放在遙遠的天邊。

艾略特是維多利亞時代的人，她相信道德改善。但是她用小說來批評這種崇高、超凡脫俗的道德目標。他們太過抽象，很容易就會像多蘿西亞那樣，變得不實際、充滿幻想。她反駁，最好的道德改革便是在此時此地，由這個人或那個人的誠實感受所主導，而非由整體人性出發。她相信個別的力量，並懷疑整體。對艾略特來說，神聖性不是在另一個世界，而是深植於世俗中，如婚姻，它綁住人，卻也給人具體的日常機會，犧牲自我、服務他人。在工作中也有神聖性，就是每天把該做的工作做好。她採用道德想像力，如責任感、服務他人的需要、克服自私的熱烈渴望，並將它具體化，使它變得有用。

她教導眾人，我們能改變他人的程度有限，我們也無法快速的改變自己。人生多半都是在容忍，容忍他人的軟弱以及我們的原罪，儘管我們試著去產生某些緩慢、有愛心的影響。她在《亞當．畢德》中寫道，「這些凡人，每個人都必須被全然的如實接納：你既無法弄直他們的鼻子，也無法讓他們更聰明一點，更無法糾正他們的性格。正是這些人，你的生活就跟這些人有關，需要你去容忍、憐憫與愛：這些多多少少醜陋、愚笨、前後不一的人，你應該要欽佩他們努力向善，你應該要對他們抱持所有可能的希望，所有可能的耐心。」如此姿態存在於她的道德本質裡。她試著容忍與接納，但她也是嚴格、認真與有所要求的。她愛人，但她也評斷人。

與艾略特的作品最有關連的字是「成熟」。正如吳爾芙所說，她的作品是給成人的文學，她從更加提升、更直接、更有智慧、更加寬厚的觀點來看待生命。「我們讚美各種勇敢的行動，卻沒看見可能出現在鄰居身上的勇氣。」她這麼寫道。這是種成熟的情感，如果曾存在的話。

帕克思（Bessie Rayner Parkes）是一名詩人及女性運動人士，她在艾略特還是瑪麗・安・伊凡絲時遇見她。她隨後寫信給一位朋友時提到，她還不清楚自己是否會喜歡艾略特。「身為朋友，無論你或我是否該愛她，我一點也不知道。她給人的印象，並沒有崇高的道德目的，但光是這一點就博人疼愛。我想她會改變。大天使需要長一點時間以展開雙翼，等他們張開羽翼時，他們將扶搖而直上，消失在天際。伊凡絲若不是沒有雙翼，就是如我所想，它們還在發育中。」

瑪麗・安・伊凡絲走了好漫長的路，才變成喬治・艾略特。她必須走出自我中心，培養出寬宏大量的同情心。令人滿意的成熟。她從未克服憂鬱症及她對寫作品質的焦慮，但是她能以自己的方式思考並感受其他人的所思所感，這便是她所謂的「寬容的責任」。她從恥辱中站起來，在人生走到盡頭時，成為大天使，受人讚揚。

在這漫長的旅程中，她對路易斯的愛便是具有決定性的事件。這份愛讓她穩定下來，讓她的生命更加昇華深刻。他們倆愛的果實，展現在她為每一部作品所題的獻詞上：

《亞當・畢德》（一八五九）：謹將這部作品的手稿獻給我親愛的丈夫喬治・亨利・路易斯，若非有他的愛，令我的人生幸福美滿，這部作品不會誕生。

《弗洛斯河上的磨坊》（一八六〇）：謹將我的第三部作品手稿獻給我親愛的丈夫喬治．亨利．路易斯，寫於我們一起生活的第六個年頭。

《蘿莫拉》（一八六三）：致丈夫，他完美的愛是她的洞察力與力量的最佳泉源，他忠實的妻子兼作家謹此獻上這份手稿。

《菲利斯．侯特》（一八六六）：喬治．艾略特獻給她親愛的丈夫，這是他們一起生活的第十三年，她在兩人共度的生活中深深感到自己並不完美，還好他們日漸深刻的愛撫慰了她。

《西班牙吉普賽人》（一八六八）：致我親愛——每一天又更加親愛的——丈夫。

《米德鎮的春天》（一八七二）：致我親愛的丈夫喬治．亨利．路易斯，我們有福攜手共度的第十九年。

08 有序之愛

奧古斯丁（Augustine）在西元三五四年出生於塔加斯特城，這個城市位於現在的阿爾及利亞境內。他出生於羅馬帝國政權的尾聲，當時的羅馬帝國正在衰敗，但仍維持永恆不朽的表象。他的家鄉位於帝國的邊陲地帶，距離海岸三百公里，當地文化混雜了羅馬異教與虔誠的非洲基督教。他的前半生在個人抱負與靈性之間，不斷拉扯掙扎。

奧古斯丁的父親帕特利修（Patricius）是個城鎮小議員兼稅吏，屬於較富裕的中產階級。帕特利修崇尚物質主義，對靈性生活不感興趣。他希望優秀的兒子將來能擁有自己不曾擁有的光明未來。有一天，他在公共浴池看到正值青春期的奧古斯丁，就以陰毛或陰莖之類的低俗笑話取笑他，令奧古斯丁大為受傷。「他在我身上只看見空洞的東西。」奧古斯丁以輕蔑的態度寫道。

奧古斯丁的母親莫妮加（Monica），一直是史學家（以及心理分析學家）非常感興趣的人物。一方面，她是個粗俗、沒受過教育的女性，且從小在教會長大——當時社會普遍將教會視為原始、未開化的地方。莫妮加每天早上虔誠禮拜，三餐在墳地上吃，把夢境視為預兆和指引。另一方面，她個性堅強，對自己的看法堅信不疑，強韌到令人嘆為觀止的地步。她是社區的中流砥柱、和事佬，她不嚼舌根、令人尊敬，而且富有威嚴。偉大的傳記作家布朗（Peter Brown）描述，莫妮加能以尖銳的挖苦與譏諷，把行為卑劣的人批評得一文不值。

莫妮加辛勤持家，更糾正丈夫的過失，訓斥丈夫不信神，耐心等待他悔悟。她對兒子的愛，以及想主宰他人生的渴望極為強烈，有時甚至到了過度與偏離靈性的地步。奧古斯丁坦言，莫妮加希望隨時隨地把他留在身邊並支配他。她警告兒子遠離那些想用婚姻套住他的女性。她的人生中只有兒子，一心只想看顧他的靈魂。當兒子遵行她認定的基督徒行為，就溺愛他；當兒子偏離基督徒行為，就悲嘆哭泣與瘋狂暴怒。當奧古斯丁加入她不認可的哲學宗派，就不許他出現在自己面前。

奧古斯丁在二十八歲時已有所成就，但他竟然必須欺騙母親，才得以搭上離開非洲的船。他對母親謊稱要到碼頭為朋友送行，然後帶著情婦與兒子偷偷上船。當這艘船逐漸駛離港口，他看見母親在岸邊不斷哭泣，並不斷比劃手勢。套用奧古斯丁的自述，她是被「激動的悲傷情緒」淹沒。莫妮加追隨奧古斯丁到歐洲，為他禱告，趕走他的同居人，並安排他與一名十歲女孩結婚。這女孩是個富家女，莫妮加希望藉由這樁婚姻，迫使奧古斯丁受洗禮。

奧古斯丁明白母親的愛占有性太強，但他無法對母親置之不理。他是個敏感的孩子，深怕母親不認同他，即使成年後，他仍對母親擁有的靈性與普世智慧引以為傲。他發現母親能與學者和哲學家對談時，欣喜不已。他也明白母親願意為他做的犧牲，比她為她自己做的更多。「她對我的愛，難以言喻；她為了催生我的靈性所受的折磨，遠比她生我時還要痛苦。」她透過種種一切，以強烈的愛緊迫盯住他的靈魂。儘管母親專橫嚴厲，奧古斯丁一生中最甜美的某些時刻，是與母親和解與心靈交流的一刻。

抱負

奧古斯丁幼時體弱多病，七歲時有嚴重的胸痛，到中年時，他已未老先衰。他在求學階段是個聰明又敏感的孩子，但有點孤僻。他覺得學校的課業很無聊，也痛恨校方動不動就以體罰管教學生。一有機會，他就逃學去城鎮的競技場看鬥熊和鬥雞。

即使在年幼階段，奧古斯丁就感受到古典世界觀與猶太基督（Judeo-Christian）世界觀之間的拉扯。亞諾（Matthew Arnold）在《文化與失序》（*Culture and Anarchy*）中提到，希臘文化的主要概念，是意識的自然發生，而希伯來思想的最高指導原則，是嚴格的良知。

也就是說，擁有希臘文化觀點的人，希望看見事物的真實面貌，並探索世間的絕妙與美好。這種人以彈性和玩心看待世界。「擺脫無知，看見事物的真實面貌，並藉此看見萬事萬物之美，這些都是希臘文化在面對人性時，提出的簡單而吸引人的理想。」希臘文化觀點有一種「輕盈的自在、明澈與光輝」，充滿了「甜美與光芒」。

相反的，希伯來思想「緊扣宇宙秩序中某些明白而重要的宣告，我們可以說，它秉持無可比擬的認真態度，專注於這些宣告的研習與觀察。」因此，擁有希臘文化觀點的人，害怕錯失人生的任何部分，而且努力主導自己的人生；擁有希伯來思想觀點的人，聚焦更高層次的真相，同時堅信永恆的秩序：「克己、獻身、不追隨個人意志，而是追隨神的意志及順從，是這種形式的基本概念。」

擁有希伯來思想觀點的人與擁有希臘文化觀點的人不同，前者在這個世界上活得並不自在。這種人覺得自己有罪，而這些罪會阻礙自己成就完美的境界。亞諾寫道：「在道德衰敗的世界，基督教讓世人看見了充滿啟發性的自我犧牲精神；在縱情欲望的人面前，它告訴世人，人可以棄絕一切。」

在當時，半神聖的羅馬皇帝已成為一個遙遠、令人畏懼的形象，被宮廷的諂媚者奉為「戰無不勝」與「救世主」。奧古斯丁學習斯多葛學派的觀念，追求平靜、壓抑情緒、自給自足的生活。他熟讀詩人維吉爾與哲學家西塞羅的作品。「我的耳裡聽到的全是異教神話，我聽得愈多，就愈喜歡它。」他如此寫道。

奧古斯丁在青少年時期，已經為自己建立了金童形象。「大家都說我是個有前途的青年。」他說。當地顯貴羅馬尼亞尼斯（Romanianus）注意到奧古斯丁，願意贊助他到國家的政治中心接受教育。奧古斯丁渴望受到世人的肯定與尊崇，同時希望實現當時的普世夢想——成為後世子孫傳頌的人物。

奧古斯丁十七歲時到了迦太基，繼續受教育。在他的靈性回憶錄《懺悔錄》中，他把自己描述成一個被強烈欲望吞沒的人。他如此描述自己的求學生活：「我來到迦太基，禁忌的愛向我排山倒海撲來。」縱使泰然自若，奧古斯丁仍無法冷靜面對一切。他將自己描述為一個血氣方剛的年輕人，血液中充滿了熱情、欲望、嫉妒與渴望：

我尚未墜入愛河，但是我愛上了戀愛的感覺，我恨自己有這種深沉的需求。我最需要的是愛人與被愛。當我沉醉於愛我之人的肉體……我魯莽的墜入愛河，渴望被愛包圍。我快樂的將自己用令人痛苦的束縛層層捆綁，明知自己將會被嫉妒、猜疑與恐懼、憤怒和爭吵這些燒紅的鐵棍重重打擊。

奧古斯丁顯然是史上最難搞的情人。他使用的言語非常精準。他愛上的不是另一個人，而是被愛的憧憬，一切以他為中心。他在回憶錄中提到，自己的各種混亂欲望彼此助長。在《懺悔錄》第八冊中，他用幾乎是臨床性的觀察，描述自己對情感上癮的需求：

捆綁我的不是任何人加在我身上的意志，而是我自己的鐵鍊。敵人控制了我的意志，把它打造成鐵鍊，囚禁我。意志遭到扭曲之後，就產生欲望。屈服於欲望後，便會形成習慣，不再抗拒習慣後，習慣就成為自然的存在。這種環環相扣的連結……形成一種束縛，硬生生囚禁了我。

奧古斯丁被迫正視那些互相矛盾、不同部分的自己。一部分的他尋求膚淺的世間享樂，另一部分的他不贊同這些欲望。他的欲望與其他的身體精神官能無法協調。他有能力想像一種更純潔的生活方式，卻無法按照這種方式生活。他感到焦躁不安，失去和諧。

在這段最亢奮的書寫中，奧古斯丁把自己描述成像是卡利古拉皇帝一樣縱情色慾的人。歷史上讀過《懺悔錄》的人所下的結論都是——奧古斯丁只是在書寫性慾。事實上，奧古斯丁過的生活究竟有多狂野，沒有人清楚。若檢視他在這些年所做的事，會發現他似乎是個勤奮好學且負責任的年輕人。他的大學成績優異，在迦太基當老師，事業平步青雲。而後他遷居到羅馬，最後在國家權力中心米蘭、瓦倫提尼安二世的宮廷任職。他有一個同居伴侶（這在當時很普遍），這段關係維持了十五年。他與這位女性生了一個孩子，而且沒有搞外遇。他研讀柏拉圖與西塞羅的著作。他犯的罪充其量只是到戲院看看戲，偶爾偷偷打量教堂裡的其他女子。總而言之，他相當於羅馬帝國末年的社會精英，就像現代版的常春藤名校有為青年。按照亞當一號的事業用語，奧古斯丁的人生是一步步上進的典範。

奧古斯丁年輕時信奉嚴格的哲學教派摩尼教。這有點像是在二十世紀初的俄國加入共產黨。

這一群聰明、有熱忱的年輕人，相信自己找到了可解答一切的真理。

摩尼教徒相信，這個世界一分為二，一個是光明國度，另一個是黑暗國度；善惡之間的衝突永遠存在，在爭鬥過程中，少數的善會被黑暗掩蓋；純潔的靈性可能被困在凡人的肉體內。

摩尼教的邏輯系統有好幾個優點。代表純粹良善的神，與邪惡完全沾不上一點邊。信徒可透過教義，為自己的惡行找到藉口：做壞事的不是我，我的本質是良善的，是黑暗國度藉我的身體行惡。奧古斯丁寫道，「超越於所有的罪之上，為我的自尊帶來喜悅。當我做了壞事，可以不必承認那是我做的。」一旦接受摩尼教的前提，你會發現它是個非常嚴謹的邏輯系統。宇宙萬物都可以用簡潔的理性推辨清楚。

摩尼教徒樂於擁有強烈的優越感。他們共度許多歡樂時光。奧古斯丁記得，「對話、笑聲與聽從彼此的意見；分享彼此在書中讀到的詞藻，時而互開玩笑，時而嚴肅激辯，在一片認同聲中加入異議，增添樂趣；教學相長；因某人缺席而難過，因他的重返而喜悅。」他們奉行禁欲主義，以淨化自身的惡行。他們遵行禁欲，只吃某些食物。他們盡量避免接觸他人的肢體，他們有「聽從者」服侍（包括奧古斯丁在內），包辦所有雜事。

古典文化非常重視在辯論中勝出，因為這彰顯出高超的雄辯造詣。理性勝於感性的奧古斯丁發現，只要採用摩尼教的辯論方式，可以輕鬆戰勝對手：「我與不善言詞的基督徒辯論，贏過太多次了，多到對我已不再是助益，因為他們只是努力闡揚自己的信念。」

內在的混亂

總而言之，奧古斯丁過著羅馬人理想中的生活，但是他並不快樂。他覺得內在支離破碎，他的靈性能量找不到歸屬，於是逐漸消失散去。他生活中的亞當二號一團糟。「我輾轉難眠，」他在《懺悔錄》寫道，「我把自己倒出來，向四方流去，最後蒸發消失。」

他在非常年輕的時候，就登上成功的高峰：在皇帝的宮廷發表演說。他發現自己說出來的全是空洞的言論。他可以謊話連篇，大家都因為這些美麗的詞藻愛他。他在生命中找不到真正所愛，找不到值得獻身的使命：「我的內在非常飢餓，得不到精神糧食。」他希望得到眾人崇敬的渴望困住了他，而非帶給他喜悅。眾人的膚淺意見可以隨時左右他的心情；即使是最輕微的批評，也會讓他受傷；他總是在金色階梯上尋找下一個階梯。他瘋狂對自己吹毛求疵，內心再也得不到平靜。

奧古斯丁那種內在支離破碎的感覺，與許多現代年輕人相似，他們深怕錯失任何事物。這個世界上有太多很酷的事可做。因此，他們很自然會渴望抓住每個機會，嘗試所有的體驗。他們想要抓住眼前所有的好東西。雜貨店裡的所有產品他們都想要。他們害怕錯失任何看起來新鮮刺激的事物。但來者不拒的結果就是分身乏術、顧此失彼。更糟的是，他們變成了好東西的搜獵者，貪婪的想要獲得所有體驗，聚焦於自我。如果採取這種生活方式，就會變成一個精明的謀略家，小心翼翼做出許多半吊子的承諾，而無法臣服於某個偉大的使命。你沒有能力為了一個實現自我的崇高目標，拒絕一百個誘惑。

奧古斯丁發現自己愈來愈孤立。若你的人生只有種種欲望，其他人就成為滿足你欲望的工具。這種情形就像娼妓淪為洩慾的工具、同事淪為人脈的一部分、顧客淪為銷售成交的目標、配偶淪為獲取愛的對象。

我們用「欲望」一詞指稱性慾，但這個詞更廣義、更好的定義是「私欲」。真正的愛會使人樂於為摯愛的對象服務。但欲望是只進不出。心中有欲望的人，內在有個需要靠他人填補的空洞。由於這種人不願意真正服務他人、建立互惠關係，因此，他們永遠無法填滿內心的空虛。欲望來也空，去也空。

形容自己與那位社會階層較低的情人同居十五年的關係，奧古斯丁一度認為「只是欲望之愛的交易」。儘管如此，他們的關係不可能是全然的空洞。以奧古斯丁對情感的強烈需求，他怎麼可能把十五年的親密關係視為無足輕重？奧古斯丁很愛他們的孩子，他曾在一篇名為〈婚姻有什麼好〉的短文中，間接讚美同居人的堅貞。當莫妮加從中作梗把她趕走、安排奧古斯丁娶一個門當戶對的富家女時，奧古斯丁非常痛苦：「她是我婚姻的絆腳石。與我同居這麼久的女子，被硬生生趕走。她已烙印在我心頭，我的心被撕裂、重創，血流不止。」

奧古斯丁為了社會地位，犧牲了這個女子。這位無名女性獨自被送回非洲，據說她立誓終身不嫁。被選為正室的女孩只有十歲，低於法定結婚年齡兩歲，於是奧古斯丁娶了一個妾，在過渡期滿足他的欲望。這是奧古斯丁在這個階段的一貫手段：為了自己的地位與成就，浪擲別人為他的奉獻。

有一天，他走在米蘭的街上，看到一個剛吃飽喝足的乞丐。這個乞丐快樂的與他人有說有笑。奧古斯丁領悟到，雖然自己整天辛苦工作，但心中充滿憂慮，而這個乞丐一件事也沒做，卻比他還要快樂。他心想，或許是因為他懷抱崇高的目標，所以才會受苦。不，不完全是這樣，他想追求的世俗快樂和這名乞丐無異，但他始終找不到快樂。

奧古斯丁在接近三十歲時，成了一個全然孤獨的人。他勤奮度日，卻得不到他需要的養分。他的欲望沒有帶給他快樂，但他仍聽命於這些欲望。這到底是怎麼回事？

自知

奧古斯丁處理這個危機的方法，是向內自我檢視。你可能以為，若某人突然驚覺自己是個自我中心的人，接下來該立刻轉向無我的方向努力。他的忠告很簡單：忽略自己，關注他人。但奧古斯丁的第一步，卻是採取近乎科學式的考察，探索自己的心智。西方歷史上，很難找到第二個像奧古斯丁一樣的人，對自己的心理進行如此徹底的挖掘。

奧古斯丁向內檢視，看見了一個超越他的控制範圍的宇宙。他的自我觀察，具有前所未見的深度與複雜性：「有誰能一一列出人類靈魂內的各種力量、各式各樣的愛……人類深不可測，主啊，你可以細數他的頭髮數量……但與他的感覺與心思變動的次數相較，根本微不足道。」廣闊的內在世界多采多姿且變幻莫測。奧古斯丁觀察到覺知的細微變化，及意識之下的深淵。

例如，奧古斯丁對回憶大為著迷。他發現，痛苦的回憶有時會不請自來，自動浮現腦海。人類心智能夠穿越時空的能力，令他讚嘆不已。「即使我處於黑暗與靜默之中，仍能在回憶中創造色彩……。是啊，我能分辨百合與紫羅蘭的香氣，雖然我什麼也沒聞到……。」人類的回憶可以上天下地，令他訝異：

回憶的力量太強大了，大得驚人；那是個無窮無盡的地方；誰尋得著它的底？但這是我的力量，天生就有的能力；我的一切不只是我自己。那麼，我們的心智是否太有條理，以致於無法自我控制？若無法自我控制，那它會在何處？心智不在此，也不在其內嗎？還有，心智何以無法了解自己？油然而生的崇敬使我驚喜，這一切令我驚嘆不已。

這個內在探索至少有兩個結論。第一，奧古斯丁領悟到，人類雖然天生具有美好的本質，但原罪會扭曲他們的欲望。直到人生的這個階段，奧古斯丁仍一直強烈渴望得到某些東西，例如名聲與地位。這些東西無法帶給他快樂，但他不斷渴望得到它們。

若不加以約束，我們的渴望通常得到錯的結果。不論是在甜點店還是深夜酒吧，我們知道自己應該點這樣東西，但最後往往點了另一樣東西。《聖經．羅馬書》說：「我所願意的善，我反不做；我所不願意的惡，我倒去做。」

奧古斯丁陷入沉思：人類是多麼神祕的生物啊，他不執行自己的意志，他知道自己的長遠利益何在，卻追求眼前的享樂，誰會如此搞壞自己的人生呢？因此，第二個結論是，人類最大的麻煩就是自己，我們不該信任自己：「我極度害怕自己潛藏的那一部分。」他寫道。

小小的墮落

奧古斯丁在《懺悔錄》中，以年少時的一個胡鬧行為，說明這種現象。十六歲時某個無聊的晚上，他和一群死黨鬼混，他們決定要偷摘鄰近果園裡的梨子。其實他們不餓，並不需要那些梨子，而且梨子長得也不是特別好。他們只是為了好玩而偷摘梨子，再丟給豬吃。

回顧這段往事，奧古斯丁對於這個行為的無意義與齷齪感到震驚。「我渴望偷竊，而且我這麼做了，我既不餓也不窮，只是對安逸感到厭煩，想要姑息罪惡……。這個行為很骯髒，而我愛它；我愛毀滅，我愛我的缺陷，不是導致我有缺陷的行為，而是缺陷本身。骯髒的靈魂自蒼穹墜落，徹底毀滅；尋求的不是羞愧帶來的東西，而是羞愧本身。」

《懺悔錄》的一般讀者，對於奧古斯丁把自己年少時期的胡鬧行為看得那麼重，總覺得有點無法理解。

我的看法是，那群青少年用偷梨子代替了其他更大的罪行，像是調戲年輕女子之類的事。但對奧古斯丁來說，缺乏意義的罪行，正是隱藏在日常生活中的墮落行為。我們一天到晚犯這些小錯，它是安逸生活秩序的一部分。

他的重點在於，向錯誤的愛與罪行傾斜，正是人類個性的核心。人類不僅會犯罪，而且對罪行有一種詭異的迷戀。若我們聽聞某位知名人士做了一件糟糕的醜事，後來發現這個傳聞並非事實，我們往往會有點失望。假如你讓平時很乖的小孩自己玩，而且不給他們玩具，他們總有辦法很快就惹出麻煩。（英國知名推理犯罪小說作家切斯特頓〔G.K. Chesterton〕曾觀察到，在美好的週日午後，無聊且坐不住的孩子會欺負小貓，這就是罪惡的真實面貌之一。）

即使是良善的義氣與友誼，若脫離了更崇高的使命，就可能走偏。偷梨子的故事同時也是友誼墮落的例子。奧古斯丁意識到，若沒有和那群朋友在一起，他很可能不會去偷梨。這群少年為了得到歸屬感，為了朋友間的義氣，而去偷梨。

我們非常害怕遭到群體排擠，以致於願意去做平時認為荒謬的事。若脫離正當的目的，群體有可能比個人更加脫序。

神的臨在

奧古斯丁內在探索的第二個重大觀察是，人類的心智沒有邊界，可向外無限擴張。奧古斯丁向內找到的不只有墮落，還有完美的暗示、超越的感受、感情與思緒，以及超越物質層面、進入另一個境界的感覺。若你想理解奧古斯丁的心境，你可以說，他的思緒進入並擁抱物質世界，然後飛升並超越它。

神學家尼布爾說，奧古斯丁對回憶的研究，使他「明白人類靈性的深度與高度，臻至永恆。他同時明白，了解人類可在如此廣闊的天地翱翔，而不只是擁有理性思維，是更重要的事。」

向內在探索觸發了向外的探索。一個人向內檢視自己，卻發現自己更加趨近神的無限。他在自己的心智當中感知到神的本性，以及神的永恆創造物的存在，而他的心智，也屬於創造物的一小部分。

千百年後，寫出《納尼亞傳奇》的英國作家C．S．路易斯也有類似的心得：「在最深的孤獨中，有一條脫離自我之路，一種與某個東西的交流，這個東西認為自己不是任何感官的對象，不是我們在生理或社會上的需求，不是想像出來的東西或任何一種心境，並藉此宣稱自己是全然客觀的。」我們都在那永恆的客觀秩序中形成。我們的生命無法各自解讀，單獨抽離出來。罪（想偷梨的欲望）似乎透過人性與每一個人，自古代延續到現在。此外，渴求超凡入聖，努力向上提升，想要擁有良善且有意義的人生，是所有人共同的心願。

結果就是，人類若想了解自己，就要檢視是哪些力量使我們超越自我。人類的生命指向一個更大的存在。奧古斯丁檢視內在，觸及了某些普世的道德情操。他知道自己能想像完美是什麼，卻沒有能力達到完美的境界。因此，這世上一定存有更高的力量，一個永恆的道德秩序。

尼布爾寫道：「人類是獨立的個體，但是無法獨自生存。人的本性遵循的法則是愛——順從神聖中心與生命源頭，每個生命和諧相處。當人類想把自己當作生命的中心與源頭，便違反了這個法則。」

改頭換面

於是，奧古斯丁開始改變自己的人生。第一步是揚棄摩尼教。他不再相信這個世界被兩種力量主宰：純粹的善與純粹的惡。相反的，每個美德都有惡的一面：自信與自負、誠實與殘酷、勇氣與魯莽，諸如此類。倫理學家暨神學家史密德（Lewis Smedes）對於人類內在世界充滿缺點的描述，彰顯了奧古斯丁的觀點：

> 我們的內在生命並不像日與夜，一半是純然的光明，另一半是徹底的黑暗。我們的靈魂大多

處於陰影之下；我們住在黑暗與光明的邊緣地帶，黑暗面遮住了光明，使陰影籠罩了我們的內在世界……我們難以分辨光明止於何處，陰影始於何處，或是陰影止於何處，黑暗始於何處。

奧古斯丁也開始相信摩尼教徒太過自負。摩尼教提出的那套嚴謹、可解釋現實世界一切的法則，滿足了他們的虛榮心；這使他們誤以為自己無所不知。但這也使他們對神祕難解的事物毫無興趣，也無法在面對「使靈魂有深度」（套用奧古斯丁的說法）的複雜性與情感時，學會謙卑。他們擁有理性，但欠缺智慧。

奧古斯丁在兩個世界之間左右為難。他希望如實面對人生，但還沒準備好要放棄他的事業、性慾，或是某些世俗的目標。因此，他希望用老方法達到更好的結果。也就是說，回歸他那充滿抱負的精英人生核心概念：人生由自己主宰。

這個世界仍有讓你形塑的空間。只要更加努力，或更加堅定，做出更明智的決定，就能擁有更好的人生。

現代人試圖重整人生的方法，和奧古斯丁的做法多少有些類似。他們把這個目標當作學校作業來處理。他們後退一步，找幾本自我激勵的書來讀，例如《與成功有約》。他們去學習提高自制能力的技巧，甚至以追求升遷或更高學歷的心態（也就是征服的心態），與神建立關係：讀某些書，固定參加禮拜，進行靈性修練，例如經常禱告，做好靈性功課。

自負

但奧古斯丁後來終於發現，你不能一步步改頭換面。他認為依賴舊有的方法，無法擁有良善的人生，因為這些方法本身就是問題所在。奧古斯丁過去的人生最主要的問題在於，他相信他可以主宰自己的人生旅程。一旦相信自己是人生的領航者，就會離真理愈來愈遠。

首先，你無法靠自我掌舵擁有良善的人生，因為你沒有這個能力。人類的心智是個廣闊、未知的宇宙，你連自己都無法完全了解。你的情感隨時可能產生變化，而且極為複雜，你無法靠自己的力量控制情感。你有無窮無盡的欲望，絕對無法靠自己加以滿足。人類自欺欺人的力量根深柢固，你很難對自己完全誠實。

此外，這個世界如此複雜，天數未定，你根本無法真正掌控其他人或環境，讓自己成為命運的主人。光靠理性的力量無法建立強大的知識系統或模式，讓你精確了解周遭世界，或預測未來。你的意志力沒有強到足以成功管束欲望。如果你真的擁有如此強大的意志力，那麼你過去所有的新年願望必定都已實現。你的節食計畫必定會成功。書店裡也不會擺滿自我激勵的書，因為你只需要一本就夠了。你會遵從書裡的建議，解決生活中的難題，其他類別的書將會全部消失。所以市面上有愈來愈多自我激勵的書出現，可證明這些書不太有效果。

奧古斯丁開始相信問題在於：如果你認為可以靠自己的力量獲得救贖，你就加重了自己的罪，使你離救贖愈來愈遠。因為相信自己可以成為人生的領航者，其實是一種自負。

什麼是自負？在現代社會中，「自負」一詞帶有正向的含義：你覺得自己以及和自己有關的一切都很美好。當把它用在負面情況，我們想到的是一個傲慢的人，這種自我膨脹、自我本位的人，會到處自吹自擂、炫耀賣弄。但這並非自負的核心意涵，它只是自負呈現在世人面前的一種面貌而已。

自負的另一個定義，是依據你的成就為自己構築快樂，用工作衡量自己的價值。也就是相信能靠努力不懈，實現自我。

自我膨脹也是自負的面貌之一。最好的例子是川普式的自我膨脹。川普希望讓世人透過有形的事物，看見自己的優越感。他希望被列在貴賓名單上。與人對話時，他只會一味的自我吹噓。他需要透過別人的眼神，看見自己的優越。他相信這種優越感終將為他帶來內心的平靜。

這種類型的自負很常見。但是還有一種人雖然以自負的形象示人，其實他們是非常缺乏自信心的。他們認為自己尚未發揮所有的潛力，覺得自己沒有價值。他們希望躲藏起來，融入背景不讓別人看見，靜靜的自我療傷。我們通常不會把這種人與自負聯想在一起，但在根本上，他們仍有相同的毛病。他們仍然把快樂與成就連結，只不過，他們給自己打的成績是D$^-$，而不是A$^+$。他們同樣傾向於唯我論，有個人版本的自我中心。只不過，他們展現出來的是自憐與孤僻，而非武斷與自誇。

自負的一大矛盾之處，在於它通常是極度自信與極度焦慮的綜合體。自負的人看似獨立與自我中心，但其實非常敏感且心緒不定。自負的人試圖透過贏得良好聲譽，以建立自我價值。不過毫無疑問的，這會導致他的身分定位取決於愛聊事非且反覆無常的外人如何評斷他。

自負的人有很強的競爭心，但人外有人，天外有天。在比賽中，競爭心最強的人會成為標竿，其他人必須迎頭趕上，否則就會被拋在腦後。其他人必須和他一樣，對成功有同樣的偏執。這種人永遠得不到安全感。

但丁曾寫道：「勝過他人的狂熱／以憤怒的形式在我胸中燃燒。」

基於對高人一等的渴求，自負的人往往成為一個可笑的人。自負的人總能讓自己淪為笑柄，用極度旁分的髮型遮住禿頭，但欲蓋彌彰；使用黃金打造的衛浴設備，但沒有人因此尊敬他；愛炫耀自己認識哪些名人，但沒有人因此對他另眼相看。奧古斯丁寫道，每個自負的人「只關注自己，只想取悅自己的人會覺得自己很偉大。但一心只想取悅自己的人，其實只取悅了愚人，因為自娛的人就是愚人。」

根據凱勒（Tim Keller）牧師的觀察，自負會導致心緒不定，因為其他人會在有意無意間，對自負的人表現出不夠尊重的態度。他會一直覺得自己受到傷害。他總是在打腫臉充胖子。這種人花很多精神努力裝出很快樂的樣子（比如在臉書上傳光鮮亮麗的照片），而不是花精神力氣讓自己真正快樂起來。

奧古斯丁突然領悟到，他必須做出比過去更徹底的轉變，拋棄靠自己解決問題的念頭，才能真正解決他的問題。

提升

奧古斯丁後來寫道，神讓他的一生經歷痛苦與不滿足，是希望藉此吸引他親近神。「年紀愈長，愈覺得空虛，因為除了眼睛所見之外，我已無法想像其他的東西。」另外，他還有一句名言，「我們的心若非在你懷中安息，便得不到安寧。」

奧古斯丁在發展抱負的人生階段遭受的痛苦（至少按照他後來的描述），不只是自我中心與心緒不定的人所受的那些苦。在內心深處，他知道還有更好的生活方式，但他一直不知道那是什麼樣的生活方式。如同其他改信基督的人所說，他們的生命根柢早已扎在神之中，在找到神之前，總是感到生命有陷憾。他們察覺到自己欠缺靈性的歸屬，這個缺憾不斷的在內心拉扯，而這缺憾也證明了神的存在。奧古斯丁隱約知道自己需要什麼，才能得到平靜，但是仍倔強的不願意採取行動。

要從破碎的人生轉而擁有完整的人生，從機會主義的人生轉變為虔誠的人生，必須先斬斷一些東西。和大多數人一樣，奧古斯丁不想關閉各種選項，放棄他一直以來喜歡的東西。他很自然的認為，只要滿足更多欲望，就能消除焦慮。一方面，虔誠信仰必須做出的犧牲，令他害怕。另一方面，他厭惡世俗生活，卻又無法放棄。他的內心懸在半空中，難以取捨。他要求自己放下自我，把神放在生命的中心，卻又不願遵從這個要求。

他擔心名聲會受損，擔心必須放棄性慾，因為他認為，禁欲是虔誠信徒的基本要求。「我內心的衝突是自己與自己的交戰。」回顧這段過去，奧古斯丁說：「我愛上了幸福人生的概念，但我害怕找到真正的幸福人生，於是我用遠離它的方式來追尋它。」

他的解決之道是拖延。請帶我走上良善之路——但時機未到。

奧古斯丁在《懺悔錄》中，描繪了他決定不再拖延的轉折點。他和友人阿利比烏斯（Alypius）在花園聊天，阿利比烏斯告訴他，有幾個埃及僧人為了服侍神而放棄一切。奧古斯丁聽了之後非常驚訝。這些人不屬於受過教育的精英體系，卻做出令人佩服的事。反觀那些受過教育的人，卻只為自己而活。「我們為何事而苦惱？」奧古斯丁吶喊，「無知的人起身而行，奮力躋身天堂。我們這些受過高等教育的人卻縱情享樂。」

奧古斯丁心頭湧現了強烈的懷疑與自責。他站起身來，大步走開，阿利比烏斯驚訝的看著他，沒有說話。奧古斯丁開始繞著花園踱步，阿利比烏斯也站起來，跟在他身後。奧古斯丁感受到五臟六腑都在呼喊，趕快結束這種分裂的生活方式，不要再過這種令人輾轉難眠的日子。他拉扯頭髮，捶打額頭，彎腰用雙手抱住膝蓋。他的樣子看起來彷彿神正在重擊他的內心，對他施以「嚴厲的憐憫」，使得一直折磨他的恐懼與羞愧，變得更加咄咄逼人。「快停止吧，快停止吧。」他在心中大喊。

然而世俗欲望沒有這麼輕易放過他。奧古斯丁的腦海浮現了許多念頭，彷彿正在拉扯他的衣服。「你打算拋棄我們嗎？你將再也享受不到我們帶來的樂趣了。」奧古斯丁開始遲疑，思索著，「我真的認為自己可以過不享樂的日子嗎？」

就在此時，他的腦中浮現一個想法，那是理想、高貴的貞潔與自制。在《懺悔錄》中，奧古斯丁將這個想法轉化為一位女性形象——節制夫人。他並沒有將她描繪成苦修、禁欲的女神，相反的，她的模樣是個樸素、豐腴的女性。她並沒有放棄喜悅與感官感受，反而還提出更吸引人的說法。她告訴奧古斯丁，有哪些年輕男女已經放棄世俗的享樂，轉而追求信仰帶來的快樂。「你難道不能和他們一樣嗎？」她問道，「你為何任憑自己的內在如此分裂？」

奧古斯丁羞紅了臉，但仍難以下定決心。「暴風雨即將來臨，淚水將排山倒海而來。」他再度從阿利比烏斯身邊走開，希望能獨自哭泣。這一次，阿利比烏斯沒有跟著他，任他離開。奧古斯丁倒在一棵無花果樹下，放聲大哭。然後，他聽見了一道聲音，聽起來像是某個男孩或女孩在花園旁的房子裡說：「拿起來讀，拿起來讀。」奧古斯丁突然感受到一股決心。他翻開手邊的《聖經》，閱讀當下映入眼簾的經文：「不可荒宴醉酒，不可好色邪蕩，不可爭競嫉妒；總要披戴主耶穌基督，不要為肉體安排，去放縱私欲。」

奧古斯丁不需要再往下讀，因為他感受到光充滿心中，消滅所有陰影。他感覺自己突然轉念，想放棄世俗的物質享樂，從此為耶穌基督而活。失去膚淺的好東西，反而帶來一種更美好的感覺。過去曾經非常害怕失去的東西，他現在可以欣喜拋下了。

當然，奧古斯丁立刻去找莫妮加，告訴她這件事。我們不難想像，莫妮加聽了之後欣喜尖叫，讚美神終於垂聽她的禱告。奧古斯丁寫道：「你使我信仰你……。你使我得到永生，把她的悲傷變成喜悅，以更珍貴、更純潔的方式，給她超出她想要的喜悅。」

花園裡的這一幕，並非奧古斯丁改變信仰的一刻。在某種程度上，奧古斯丁已經是個基督徒。奧古斯丁並沒有立刻對於「在基督之內的生命」是什麼意義有完整的概念。花園裡的這一幕，主題是提升。奧古斯丁揚棄了欲望與享樂，獲得了更高層次的喜悅與快樂。

能力

提升不一定要放棄性慾，雖然奧古斯丁的例子似乎涉及這個部分。要放棄的是自我教育的整套概念。亞當一號的世界的基本公式，就是努力必定獲得回報。如果努力工作、遵守規定、負責任，就能靠自己造就良善的人生。

奧古斯丁後來得到的結論是，這一切還不夠。他並非遁世離群。他在後半生成為一個活躍政壇的主教，投入殘酷甚至惡意的公共爭論。但他為公共事務付出的努力，倚靠的是全然的順服。奧古斯丁的結論是：要獲得內在的喜悅，靠的不是能力與行動，而是對神的順服與接受。這個觀念的重點在於放下（或至少是壓抑）意志、抱負，以及靠自己獲得勝利的欲望。重點在於把神視為生命的主宰，而且祂已經為你的人生做好安排。神希望你按照祂的真理而活。

此外，神已經確認你存在的正當性。你可能覺得，自己的人生是一場審判，你必須努力有所作為，達成目標，才能獲得好的判決結果。有時候，你為辯方提供證據，證明你是個有價值的人。有時候，你為檢方提供證據，證明自己沒有價值。但如同凱勒所說，在基督教思想中，審判早已結束。在還沒有開庭前，判決就已經出來了，因為耶穌基督已經替你接受審判。祂已經替你扛下了你的罪。

想像一下，你在這世上最愛的人被釘在十字架上，代替你承受你犯的罪應得的懲罰。請你想像這個景象，然後體會此時心頭浮現的感受。根據基督教的觀點，這個情景只是耶穌基督為你犧牲的縮影。凱勒說：「神將耶穌基督的完美表現歸功於我們，然後把我們納入祂的家庭。」

赫德（Jennifer Herdt）在《美德加身》（*Putting On Virtue*）中提到，人類的任性想法的問題在於，「神想送禮物給我們，而我們想自己買。」我們不斷想透過工作與成就，獲得救贖與意義。但是當你舉起順服的白旗，讓恩典充滿你的靈魂，你就已經獲得救贖與意義。

這暗示了一個屈從的姿態：高舉雙臂，向外敞開，臉朝上，眼睛看著天空，冷靜而有耐心的熱情等待。奧古斯丁希望你採取這種順服的姿態。這個姿態來自你意識到自己有需求、有所不足。唯有神有權力安排你的內在世界，而你沒有。唯有神有權力引導你的欲望，重塑你的感受，而你沒有。

對奧古斯丁與大半的後世基督教思想而言，當我們體會過令人敬畏的神的臨在，察覺到自己的渺小與一身罪，自然就會產生這個接受的姿態。當你每天想到自己的殘缺不全，自然就會變得謙卑。謙卑可以幫助你擺脫「要比別人更優秀」的強大壓力。這會扭轉你的注意力，把你通常看輕的事物，提升到較高的地位。

奧古斯丁的早年人生總是在向上爬：離開塔加斯特城，遷居到迦太基、羅馬與米蘭，追尋更顯貴的社交圈和更聰明的同伴。就和我們一樣，他活在徹底由階級驅動的社會，非得不斷努力向上。但在基督教義中（至少在理想上），崇高並不存在於顯貴的名望與地位之中，而是平凡與低賤之中；它藏身於洗腳的動作中，而非炫耀勝利的拱門上。稱頌自己的人，必將學習謙卑。以謙卑自處的人，必將獲得稱頌。我們必須放下身段，才能獲得躍升。奧古斯丁寫道：「有謙卑就有雄偉，有弱小就有強大，有死就有生。若你想得到後者，就不能鄙視前者。」

過著謙卑生活的人，並不排斥他人讚美帶來的快樂。但你為自己贏得的這個小小讚美，並無法真正證明你身為人類的根本價值。神對每一個人都同樣眷顧，關於人類的才能，最聰明的諾貝爾獎得主與最笨的傻瓜之間，差別只有學歷而已。所有靈魂都是平等的。

奧古斯丁的基督教精神要求一種不同的語調，不是主人專橫的命令僕人般，而是放下身段，在所有人際關係中放低姿態，希望服務在上位者。這並不表示世俗的成就與大眾的喝采一定是不好的。重點在於，世間只是靈魂的休憩之地，而非目的地。前面的小成功若手段不對，可能會阻礙最終的成功。而最終的成功無法靠與他人競爭獲得。

然而奧古斯丁並沒有把人性看得很低。他相信，人類是以神的形象創造出來的，他的尊貴可與耶穌基督為我們做的犧牲相匹配。更精確的說法是，奧古斯丁認為，人類沒有能力靠自己的力量活得很好，雖然身為有自主性的個體，卻沒有能力指揮自己的欲望。唯有將意志交到神的手中，才能找到秩序與崇高的愛。這並不代表人類很可悲，而是人類的心若非在你懷中歇息，便不得安寧。

恩典

奧古斯丁的思想，以及大多數的基督教思想，挑戰了自我教育的概念。根據奧古斯丁的看法，人類得到的並非他們應得的；因為若是如此，他們將會生活在地獄之中。相反的，人類得到的遠比他們應得的更多。神賜予我們恩典，這是我們無功而得的愛。我們獲得神的保護與照顧，正因為我們不配獲得、也無法贏得這些保護與照顧。恩典降臨，並非因為在工作上有好表現，或是為子女或朋友做出重大犧牲。恩典是我們被神創造時，附帶的禮物之一。

要獲得恩典，你必須做一件事：放棄能靠自己的力量贏得恩典的想法。你必須放棄衝動的精英式思維，認為你能為神贏得勝利，並由於自己的努力而獲得獎賞。然後，你要敞開自己接受恩典，你不知道恩典何時會降臨。但敏感性高的人可以證實，他們在最奇特與最需要的時刻，感受到恩典。

神學家田立克在散文集《大地根基搖撼時》（*Shaking the Foundations*）中寫道：

> 當我們遭受極大痛苦與徬徨不安時，恩典會打進我們的心。當我們走過無意義與空虛人生的黑暗幽谷，恩典會打進我們的心……。當我們對自己的存在、冷漠、軟弱、敵意以及失去方向和冷靜，覺得厭惡到無法忍受的地步，恩典會打進我們的心。當我們年復一年渴求的完美生命一直沒有出現，當我們心中的強迫性欲望，數十年如一日支配著我們，當絕望摧毀所有的喜悅與勇氣，恩典會打進我們的心。
>
> 在這種時刻，會有一道光劃破黑暗，你彷彿聽到一個聲音告訴你：「你被接納了。你被接納了，被比你更偉大的力量接納了，被不知名的力量接納了。你現在不必追問他的名字，或許你以後會知道。你現在什麼事也不必做，或許你以後會做更多。不要尋求，不要表現，不要有意圖。只要接受這個事實：你已經被接納了。」

如果這發生在你身上，你就能體驗到恩典。這個體驗發生之後，我們或許不會變得比從前更好，或許不會擁有比從前更堅定的信念，但一切都不同了。在那一刻，恩典戰勝了罪惡，和解填補了疏離的鴻溝。要獲得這個體驗，不需要宗教、道德或理智上的前提，只需要接受。

擁有主流文化思維的我們總會認為，人因為仁慈、風趣、有吸引力、聰明或關懷他人而得到愛。因此，要我們接受無功而得的愛，是出奇的困難。但一旦接受自己受到接納的事實，你會湧起想要回應這份愛的強大欲望，回報這份禮物。

當你陷入熱戀，你自然隨時隨地希望讓對方開心。你會想買禮物送她，想站在她房間的窗外，傻氣的唱情歌給她聽。被恩典感動的人想要使神喜悅，也是基於這種想回報的心情。他們樂於從事可能取悅神的活動，他們堅持不懈的進行他們認為可榮耀神的工作。想要奮起並回應神的愛的欲望，可以激發出強大的能量。

當人奮起並尋求遇見神，欲望會慢慢發生變化。他們在禱告中會逐漸改變渴求，渴求愈來愈多他們相信可使神喜悅的東西，而不是使自己喜悅的東西。

就這個觀點來說，最高層次的克己並非靠自律，或是內心的激烈交戰獲得，而是要跳脫自我，與神共融，以及為了回報神的愛，自然而然做的事。

這個過程促成了內在的轉變。有一天，你會突然意識到，內心已經獲得重整。過去喜愛的事物不再令你興奮。你喜歡的東西變了，人生方向也改變了。你變成了另一種人。你獲得改變，並不是因為遵從了某個道德規範，或是魔鬼教官的鐵血紀律或某些習慣，而是因為你將自己喜愛的事物重新排序。如同奧古斯丁一再提到的，你變成了你愛的那種人。

謙卑的抱負

因此，現在必須討論另一種動機理論。我們先扼要重述奧古斯丁的心路歷程：一切始於他向內心深處檢視，想了解內在宇宙的廣闊無邊。向內探索引發了向外的探索，使他覺知外在真理與神的存在。

在至高無上的力量面前，奧古斯丁覺得自己非常渺小，促使他心生謙卑。謙卑引發了順服的姿態，把自己倒空的姿態，以便讓神進入。這開啟了接受神的恩典的契機。這個禮物激發了強烈的感激之情，以及想要以愛回報的欲望，想要回饋並使神喜悅，結果喚醒了巨大的能量。千百年來，許多人因為受到神的感召而產生強烈動機想取悅神。這個動機不亞於其他的強大動機，例如對金錢、名聲與權力的渴望。

這個概念的絕妙之處在於，當人愈來愈依賴神，就會產生愈來愈多的抱負與行動。依賴促成的是能量與成就。

舊愛

奧古斯丁在花園「改信」基督教後，並沒有從此過著平靜輕鬆的生活。他先是開始變得樂觀，然後強烈意識到自己的罪仍然存在。他過去的錯愛並沒有神奇的消失。傳記作者布朗寫道：「過去仍有可能近在眼前：強烈而複雜的情緒才剛消逝，我們仍能透過薄薄覆蓋在它上面的新感覺，察覺它的形狀。」

奧古斯丁的《懺悔錄》，在某種程度上是他年少時期的回憶錄。但他並非把它當作美好的記憶來懷念，而是對人生的痛苦時刻，進行必要的重新評估。布朗寫道：「他必須對自己產生新的看法，然後根據這個新觀點建立未來。他剛開始對基督教寄予厚望，若不重新解讀改變信仰之前的那段人生，他如何能獲得這個觀點？」

奧古斯丁想提醒基督徒，生命的中心並非自己。物質世界非常美好，值得好好品味，但唯有以神賜予超凡的愛為脈絡，來體會這個世界的好，才會覺得更加甜美。奧古斯丁在禱告與沉思時，對這個世界之上的另一個世界滿是讚美。例如，他曾寫出一段最美的沉思文：「當我愛我的神，我愛上的是什麼？」

不是凡俗眼中的物質之美、短暫的光輝，或是燦爛的光，各種歌曲的甜美旋律，或是花朵、藥膏與香水的淡雅清香，甘露或蜂蜜，或是肉體的擁抱。當我愛我的神，我愛上的不是這些東西。然而，當我愛我的神，有一種光、食物與擁抱是我愛的：我內在的光、食物與擁抱。我的靈魂被一種無邊無際的光照亮，那裡有一種超越時空的聲音，有一種和風吹不散的香氣，有一種吃再多也不減風味的美味，有一種再多麼滿足也拆不散的情感。當我愛我的神，我愛上的，就是這些東西。

這就是活在更寬廣的脈絡之中。神學家傅藍（Lisa Fullam）是這樣描述的：「謙卑是一種在脈絡中了解自我的美德，它來自實踐以其他事物為中心的作為。」

禁聲

奧古斯丁在花園改變信仰後，勉強在學校待到學期結束，傳授他再也不相信的雄辯術。接著他與母親、兒子和一群朋友，到一位米蘭朋友（他的妻子是基督徒）的別墅，待了五個月。那個別墅在米蘭北方三十二公里的加西齊亞根（Cassiciacum）。他們在那裡進行了一連串的討論，就像一群學者聚在一起深思某些深奧的觀念。奧古斯丁發現莫妮加天資聰穎，可以和其他人交流意見，甚至帶領討論，他感到非常欣喜。然後，奧古斯丁決定與母親一起回到非洲的故鄉，過著禱告與沉思的隱居生活。

於是他們向南出發。傳記作者提到，他們走的路線，就是他的同居人在兩年前被送回非洲的路線。他們在奧斯提亞（Ostia）遇到了軍事封鎖點，無法再前進，於是在此地落腳。有一天，奧古斯丁從窗戶望向樓下的花園（他人生中的許多重大事件，都在花園發生），與母親聊天。此時，五十六歲的莫妮加顯然感覺到自己的大限已近。

奧古斯丁描述了他們之間的對話，以及他們一起體驗了「凡人能感受到的最至高無上的喜悅，在最純潔的光線中……有多麼美妙。」這對親密的母子開始談論神，而且他們「逐漸超越物質層面，甚至超越日月星辰」。從物質層面「進入知識層面，接著超越知識層面，進入純粹的靈性境界。」

奧古斯丁的描述中包含了一個很長的句子，這個句子難以斷開，但在一些譯文中，「禁聲」這個詞不斷出現：肉體的喧譁被禁聲，空氣與水被禁聲，所有的夢想與膚淺憧憬被禁聲，舌頭被禁聲，逝去的一切被禁聲，自我也被禁聲，進入某種靜默之中。不知是母親還是兒子，如此感嘆：「我們不是自己創造出來的，我們的造物主永不消逝。」但說完這句話，那人也被禁聲了。「創造人類的人，獨自說話，不是透過男人或女人，而是自己開口。」然後，奧古斯丁和莫妮加聽到了神的話語，「不是透過任何人的嘴巴，或是天使的聲音，不是雷聲，也不是謎語之類的東西」，他們聽見了「祂的本尊」說話，那是一種純然的理解。在那一刻之後，他們發出了嘆息。

奧古斯丁所描述的，正是提升的完美時刻：禁聲……禁聲……禁聲。凡世間的喧囂聲化為靜默。然後，他們產生想要讚美造物主的念頭，但是就連讚美也基於神性放棄（倒空自己）被禁聲。然後是永恆的智慧，也就是奧古斯丁所謂的「快活的隱藏深度」。我們可以想像，這對母子在人生的最高潮，沉醉在喜悅中。歷經多年來的淚水與憤怒、控制與逃離、決裂與和解、追求與操縱、友誼與爭吵，母子倆終於達到了某種一致性的和諧。他們為共同的最愛進行沉思，思緒合而為一。

莫妮加對奧古斯丁說：「兒子，此生再也沒有更令我快樂的事……。我活著只有一個心願，就是在死前看見你成為天主基督徒。神為我所做的已經太足夠了。」

要得到療癒，必須先敞開自己。最好的途徑是向外出發。小說家C．S．路易斯發現，如果參加派對時，刻意想讓別人對自己留下好印象，最後通常無法如願。唯有當你只想著派對上的其他人，才能讓別人對你有好印象。假若你一心想創作具有原創性的作品，最後得到的成果通常不具有原創性。

寧靜也是如此。假如你試圖達成內心的平靜與神聖，必定無法成功。只有當你關注外在的事物時，才能無心插柳柳成蔭。寧靜是無我狀態的附產品，當你專注於某個更高層次的事物上，才能達到這個境界。

對奧古斯丁而言，這正是最關鍵的改變。知識不足以讓我們得到寧靜與良善，因為它不具備為善的動機。只有愛能激發行動。我們變得更好，不是因為取得新的資訊，而是因為取得了更崇高的愛。我們不等同於知識。教育的目的是讓學生愛上某些東西。你上學時，學校應該讓你愛上各種新的事物。

幾天後，莫妮加得了重病，在九天後去世。她告訴奧古斯丁，她不一定要葬在故鄉，因為每個地方都離神一樣近。她對奧古斯丁說，儘管他們之間有種種磨難，但她從來不曾聽見他對她說過一句尖刻的話。

莫妮加去世後，奧古斯丁彎下腰為她闔上雙眼。「種種悲傷情緒湧上我心頭，化為淚水溢出。」在那一刻，尚未完全放棄禁欲主義的奧古斯丁，覺得自己應該保持自制，不可放聲哭泣。「我的眼睛在理智的強烈約束下，忍住淚水，於是我站在那裡，沒有哭泣。我感到非常痛苦……。因為我現在失去了她，以及她給我的安慰，我的靈魂受到重創，我的生命被撕成碎片，因為我的生命和她的生命是一體的。」

奧古斯丁的朋友圍繞在他身邊，此時他仍然努力壓抑悲傷：「人類的情緒對我產生如此大的影響，令我羞愧……這帶給我新的悲傷，使我悲上加悲。」

奧古斯丁去沐浴，以撫平內在的分裂情緒，後來他睡著了，醒來之後覺得好一些。「然後，我開始一點一點記起，我過去對你的侍女的種種情感，想起她與我的談話充滿了愛與虔敬，而我突然失去這一切。在你的面前，為失去她而哭，也為她而哭，為我自己的事而哭，也為我自己哭，使我得到慰藉。」

莫妮加活在羅馬帝國主宰歐洲的時代，活在理性哲學思想盛行的年代。在著作中，奧古斯丁以她為例，呈現信念對抗純粹的理性主義，堅韌的靈性力量對抗世俗抱負的典範。他的餘生，以主教的身分不斷反抗、傳教、寫作，不斷戰鬥與爭論。他達成了年少時的心願——永垂不朽，但這個過程超出他的預料。

一開始，他認為能夠控制自己的人生。後來他被迫放棄這個想法，放下身段，採取敞開與順服的姿態。經過這個退隱階段，他清空了自己，接受恩典，心懷感激並向上提升。這是個前進—後退—前進的人生模式，經歷了生、死、重生。先往下走，接受自己對神的依賴，然後躍升到最高境界。

09 自我檢視

塞繆爾・約翰遜（Samuel Johnson）一七〇九年出生於英國的利赤非（Lichfield）。他父親是個不太成功的書商；母親雖然沒有受過教育，卻認為丈夫配不上自己。「我的父親和母親並沒有從對方身上得到太多幸福。」約翰遜回憶道，「他們很少交談；父親不想談論工作，母親則因為沒有受過教育，和父親沒有什麼話題可以聊……她對做生意沒有概念，一開口就只有抱怨、擔憂與猜疑。」

約翰遜身體孱弱，能順利被生下來，每個人都很驚訝。他一出世就交給奶媽照顧，可是奶媽的奶水把淋巴結結核病傳染給他，導致他一眼失明，另一眼視力很差，一耳失聰。後來他還感染了天花，使他的臉滿是坑坑疤疤。醫生為了替他治療，在沒有麻醉的情況下，把他的左手臂切開一道切口，並用馬毛固定撐開，定期擠出他們認為致病的體液，這樣的情況持續了六年。此外，醫生也切除了他的咽扁桃腺，但因為醫術拙劣，這個手術在他的左耳到下巴之間留下了很深的疤痕。從外表看起來，約翰遜身材高大、面貌醜陋、傷疤累累，就像個怪物。

身體的種種疾病讓他活得很辛苦。童年時期，有一天放學，他從學校走回家的路上，由於沒看見街上的水溝而跌倒，整個人趴倒在地上。於是他用雙手雙腳沿著街邊爬行，雙眼緊盯著人行道的邊線以測量距離。一位老師表示要牽著他走，但他惱羞成怒的把對方趕走。

約翰遜認為，長期生病會使性格變得放縱任性，所以終其一生，他始終小心不讓自己染上這樣的習性。「疾病會導致自私」，他在晚年時寫道，「受苦的人會尋求輕鬆的生活。」傳記作家貝特（Walter Jackson Bate）認為，約翰遜以「強烈的自我要求、完全負責任的態度」面對自己的疾病，「我們特別感興趣的部分是，這個小孩發現自己和別人在身體上的差異之後，開始摸索學習獨立，並勇於與跟著自己一輩子的身體障礙對抗。」

約翰遜受過完整而嚴格的教育。他就讀的學校以教授古羅馬詩人奧維德、維吉爾、賀拉斯與希臘文學為主軸。從文藝復興時期到二十世紀，這一直都是西方教育的正統。他也學習了拉丁文與希臘文。他在學校若稍有怠惰就會挨打。老師會叫學生趴在椅子上，用棍棒打他們的屁股，並對他們說：「我是為了你們好，以免你們以後走上歪路，被送上絞刑台。」約翰遜長大後，對這種體罰頗有怨言。即使如此，他仍舊相信，相較於訴諸心理壓力與情感操弄（也就是許多現代父母採取的方式），體罰算是比較輕微的手段。

約翰遜最重要的教育主要是仰賴自學。他雖然和年齡相差很多的父親不太親近，但是他把父親店裡的書都讀遍了，包括旅遊、傳奇故事與歷史書籍。他尤其喜愛冒險犯難的騎士故事。他閱讀時會運用豐富的想像力，當他九歲時讀《哈姆雷特》，被鬼魂出現的那一幕嚇壞了，當下發了瘋似的跑到街上，想與活生生的人為伍，重回活人的世界。他擁有驚人的記憶力，只要把某段祈禱文讀過一、兩次，終生都能背誦出來。他過目不忘，即使是名不見經傳的作者，在讀過他們的作品數十年後，他仍能對這些作品侃侃而談。在他年幼時，他的父親會在晚宴開始前，強迫他當眾背誦，以向眾人炫耀。年幼的約翰遜對父親的虛榮心感到非常不屑。

約翰遜十九歲時，他的母親得到了一筆小小的遺產，足以讓他到牛津大學上一年的課。他立刻抓住這個機會到牛津求學。他後來回憶，他對自己的能力充滿信心，帶著滿腔抱負，渴望闖出名號，揚名立萬。但由於他習慣了獨立自學，也自認為在經濟與社會地位比不上許多同學，使得他無法當個乖乖牌。他不願遵從保守的制度，奮力反抗，即使對最輕度的權威，他也回以最無禮的對抗。「我既火爆又衝動」，他回顧這段人生時這麼說，「他們將我心中的苦楚誤以為是嬉鬧。我非常窮，我想要靠自己的作品和腦袋闖出一條路，於是我漠視所有的權力與權威。」

約翰遜被公認是個聰明絕頂的學生。他把波普（Alexander Pope）的一首詩翻譯成拉丁文，連波普本人都說，他無法判定是拉丁文版本還是原來的版本比較好。但約翰遜同時也非常叛逆、無禮與懶惰。他告訴導師，他蹺課是因為他寧可去滑雪橇。一生中，他一直採取一種「先靜後動」的模式。他會無所事事坐著發呆好幾天，盯著時鐘看，卻不知道時間是幾點，然後他會進入亢奮狀態，在作業截止日之前，一出手就完成一篇傑作。

約翰遜在牛津就讀時成為基督徒，但並非虔誠的信徒。有一天，他正在讀勞威廉的神學書

《敬虔與聖潔生活的嚴肅呼召》，他原以為這本書會「很無趣（這種類型的書通常如此），或許還可以嘲笑一番，」他寫道，「但我發現勞威廉比我還高段，這是我擁有理性探索能力後，第一次認真思考宗教這回事。」勞威廉的書既具體又實用，就和約翰遜後來寫的道德文章一樣。他用諷刺的手法，虛構了好幾種忽略靈性生活的人。他在文章中強調，世俗欲望無法填滿心靈。基督教並未真正改變約翰遜，但使他原本的性格變本加厲——對放縱任性極度戒慎恐懼，對自己的道德要求極為嚴格。

約翰遜非常了解自己的才華，傾其一生專注研究《聖經》中與才華有關的寓言故事，以及未能善用天生才能「又惡又懶的僕人」，將會被丟在「外面黑暗裡，在那兒哭泣、感到憤憤不平」的教訓。約翰遜眼中的神，是個嚴格多於慈愛或療癒的神。他這一生永遠要接受評斷，意識到自己的不充足，憂慮自己的毀滅。

在牛津就讀一年後，約翰遜的錢花完了，他不光彩的回到利赤非。那時他似乎有嚴重的憂鬱症。他的傳記作家鮑斯韋爾（James Boswell）寫道：「他覺得自己被嚴重的疑病症主宰，總是易怒、焦躁、缺乏耐心，而且沮喪、陰沉與絕望，他活得很痛苦。」

約翰遜會利用長距離健行（約五十一公里）來分散注意力，也可能考慮過自殺。他似乎完全無法控制身體的動作。他有一套固定的肌肉抽搐與手勢動作，許多現代專家認為，他的狀況可能是妥瑞氏症。他會扭手、身體前後晃動，用奇怪且不自主的方式轉頭。他會發出怪異的喘哮聲，表現出強迫症的行為。走在路上時，他會用枴杖敲出奇怪的節奏。走到某個房間時，他會計算自己走了幾步，若步數不對，他就會再走一次。和他一同用餐也是個挑戰。他吃東西的樣子像頭野獸，狼吞虎嚥大量食物，任憑湯汁濺灑在他那以邋遢出名的衣著上。

小說家柏尼（Fanny Burney）寫道：「（他）長相醜陋，模樣笨拙，舉止怪異到前所未見。他的身體幾乎總是在抽動，抽動的部位可能是手、嘴唇、腳、膝蓋，有時是全部一起來。」不認識他的人若在酒館看到他，會以為他是個白痴，或是有精神疾病。然後，他會背誦出經典文學作品的一些片段，讓對方驚訝得目瞪口呆。他似乎對這樣的橋段樂此不疲。

約翰遜悲慘的命運持續了好幾年。他試著教書，但他的抽搐只會引來學生的嘲笑，而非尊敬。一位史學家寫道，他辦的學校，「恐怕是教育史上最失敗的私立學校」。他在二十六歲時與四十六歲的波特（Elizabeth Porter）結婚。許多人難以理解這樁婚姻。傳記作家無從得知被約翰遜暱稱為泰蒂（Tetty）的波特是個什麼樣的人。她究竟是美還是醜？喜歡思考還是輕佻？值得讚揚的是，波特看見了在約翰遜粗鄙的外表下，他那尚未發揮的偉大才華，而他則是一輩子對她忠貞不二。約翰遜是溫柔且懂得回報的情人，他擁有強烈的同理心與情感。但兩人分隔兩地多年，各過各的生活。約翰遜靠波特的錢才能辦學，而這些錢有一大半血本無歸。

直到年近三十，約翰遜的命運一直很悲慘。一七三七年三月二日，他與以前的學生蓋瑞克（David Garrick）一同前往倫敦發展，蓋瑞克後來成為英國非常知名的演員。約翰遜在格拉布街

（Grub Street）附近找到住處，開始賣文為生。無論什麼題材與類型的文章他都寫：詩、戲劇、政治評論、文學批評、八卦報導、散文等。格拉布街的窮酸文人往往是有一餐沒一餐，生活亂七八糟，衣衫襤褸，日子過得很苦。有一個名叫波伊斯（Samuel Boyse）的詩人，窮到把所有衣物都拿去典當，全身赤裸的坐在床上，身上只披了一條毯子。他將毯子挖了一個洞，把手伸出去，把紙攤在膝蓋上寫詩。當他寫一本書時，他會把寫好的前幾頁拿去典當，好買東西吃，這樣才可以繼續寫。約翰遜的情況雖然沒有那麼淒慘，但大多數時候，尤其是在頭幾年，他只能靠寫東西勉強餬口。

不過在這段期間，約翰遜做了一件新聞史上最令人驚奇的事蹟。一七三八年，下議院通過一條法律，認定出版社刊登議員在議會裡的言論為「濫用職權」的行為。因此，《紳士雜誌》（The Gentleman's Magazine）決定將議員的言論稍加改寫後再刊登出來，好讓大眾知道議會裡發生了什麼事。

接下來的兩年半，約翰遜是唯一撰寫這種文章的人，而他只到過議會一次。會有消息來源告訴他，有誰發言、發言順序為何、他們一般採取的立場是什麼、做了哪些論述。他會根據這些資料寫成一篇篇雄辯滔滔的演說稿，彷彿這些內容真的是議員說出來的。這些演說稿寫得實在太好了，連發言者本人都無法推翻。

在接下來的二十年，這些演說稿一直被視為真實的紀錄。直到一八九九年，這些演說稿仍被收錄在世界最傑出的演講稿選集中，且普遍被認為出自那些發言者之口，而非約翰遜之手。有一次，約翰遜在晚宴上聽到有人極力誇讚老皮特（William Pitt the Elder）的絕妙演說，他插嘴說：「那篇講稿是我在艾希特街（Exeter Street）的閣樓裡寫出來的。」

約翰遜過的生活對現代人來說相當常見，但對那個年代的人而言卻很不尋常，他一再被迫要面對自己。他沒有固定職業（例如耕種或教書），離開根深柢固的家庭生活，於是他不得不成為自由作家，靠才智維生。他的命運（包括經濟狀況、社會地位、友誼、他對事情的看法，以及做為人的意義）完全取決於腦袋裡的靈光一閃。

德文有一個詞可以形容這樣的狀況——Zerrissenheit，意指鬆散、「支離破碎」。這是一種失去內在統一性的狀態，可能來自同時進行多樣性的工作、為諸事分神的生活方式。也就是齊克果所謂的「因自由而頭暈目眩」。當外界的約束力量減弱，當一個人可以做任何想做的事，當生命中有千百個令人眼花撩亂的選項，若沒有強大的內在結構，生命可能會失去統一性與方向。

約翰遜內在的支離破碎，因為他的本性更加惡化。鮑斯韋爾觀察到，「他的性格與舉止都帶有強迫與激烈的特性。」這包括他的說話、飲食、閱讀、戀愛與生活方式。此外，他的許多特質彼此互相衝突。基於不由自主的肌肉抽搐與獨特怪癖，他無法完全控制自己的身體。憂鬱症與情緒不穩定，則讓他無法完全控制自己的心智。他生性喜愛與人互動，一生都在告誡自己孤僻的危險，但他受制於文學創作這個職業，必須長時間獨處寫作。他在實際上過著單身的生活，但擁有強大的性慾，因此一輩子必須與他認為的「汙穢思想」對抗。他無法集中注意力太久，「我很少把整本書讀完，」他坦言，「因為這些書通常非常令人反感，使我讀不下去。」

想像力

約翰遜也受自己的想像力所苦。生於後浪漫時代的我們，往往把想像力看成單純、具有童真的能力，能帶給我們創造力與美好的願景。然而約翰遜對想像力有一種又愛又怕的情結。在夜深人靜之時，他的想像力會變得格外駭人。在黑暗中，想像力會使他心生恐懼與嫉妒，覺得自己一無是處，以及心生期盼與幻想，希望得到膚淺的讚美與崇敬。在約翰遜的悲觀看法中，想像力帶給我們完美的幻影（例如對婚姻的憧憬），當幻想無法成真，我們就會感到失望。這是造成疑病症與焦慮等心病的主因，使我們以得失心與他人比較，想像自己勝過對手的畫面。想像力是欲望的化身，使人幻想這些欲望可以實現。它迫使我們想到自己沒有做到的事，使我們無法好好享受自身成就帶來的喜悅。它使我們的思緒跳躍至未來的各種未知可能性，沖淡了當下的快樂。

約翰遜對於思緒飄忽不定的特性，總是感到感動、困惑與畏懼。他發現我們都有點像唐吉訶德，與自己想像出來的邪惡敵人對抗，活在自己編織出來的想法中，而非真實的現實世界裡。約翰遜的大腦總是轉個不停，充滿各種自我矛盾的想法。如同他在〈冒險者〉（*Adventurer*）系列散文其中一篇曾寫道：「當我們發現別人抱持與我們不同的意見時，不會太過意外或覺得受到冒犯，因為我們的內心通常也充滿互相矛盾的想法。」

約翰遜並沒有乖乖屈服於這些心魔，而是與之奮戰。他與自己和他人對抗。當一位編輯指責他浪費時間，高頭大馬的約翰遜把對方推倒在地，用腳踩在對方脖子上。「他太過無禮我才會揍他，我告訴他，他是個笨蛋。」

他的日記裡充斥著自我批判，並一再發誓要善用時間。他一七三八年的日記中這麼寫道：「全能的神，請幫我擺脫「主啊，幫我挽回因怠惰而浪費的時間吧。」一七五七年的日記寫道：「全能的神，請幫我擺脫怠惰吧。」一七六九年的日記寫著：「我打算、也希望在八點起床，然後逐漸提早到六點。」

在他克服懶散並動手寫作的時刻，可以用文思泉湧來形容。他一次可以寫一萬兩千個字，或是三十頁的內容。在這種創作力暴發的時候，他一小時可以寫一千八百個字，或是每分鐘寫三十個字。有時候，印刷廠的小弟會站在他的手肘後方等待，只要他寫好一頁，就立刻送到印刷廠，這樣他就無法回頭修改。

他的傳記作者貝特提醒我們，雖然約翰遜作品的質與量令我們驚奇，但在前二十年，沒有一篇文章以他的名義出版。這個情況一部分出自他的意願，一部分是因為格拉布街當時的出版規定。即使到了中年，約翰遜仍舊覺得沒有做過任何一件值得自豪的事，或是任何一件可以充分發揮自身才華的事。他沒沒無聞、充滿焦慮，而且內心受到許多折磨。他自己也說，他的人生「極度悲慘」。

我們比較熟悉的約翰遜，是來自於鮑斯韋爾的權威傳記——《約翰遜傳》（*Life of Johnson*）。鮑斯韋爾是個信奉享樂主義的僧侶，他在約翰遜晚年才認識他。鮑斯韋爾筆下的約翰遜一點也不悲慘，反倒是個快樂、機智、完整且令人信服的人物。透過鮑斯韋爾的描述，我們看到了一個將自己做了某種程度整合的人，不過這個整合來自於建構。約翰遜透過寫作與精神上的努力，建構了一個統一的世界觀。他讓自己達到某種程度的統一，但沒有簡化自己。他使自己成為一個值得信賴與倚賴的人。

約翰遜也試圖運用寫作，幫助與提升讀者。「作家有責任使這個世界變得更好。」他曾如此寫道，而且當他變得成熟後，他找到了達到這個目標的方法。

人文主義

他是怎麼辦到的？就像其他人一樣，他並不是靠自己一個人的力量。現代人談論人格時，著重於個人主義，就像本書所談論的，但人格其實是置身於社會中養成的。約翰遜的性情轉為成熟時，英國恰好出現了一群極具才華的作家、畫家、藝術家與知識分子，包括亞當·斯密、雷諾茲（Joshua Reynolds）和伯克（Edmund Burke）。這些人形成良性競爭，激發彼此不斷提升。

他們是一群人文主義者，他們的知識來自於對西方文明偉大經典的深刻理解。他們崇尚英雄主義，但他們實踐的是知識分子、而非軍事家的英雄主義。他們試圖看清這個世界，拒絕因為天生的虛榮心與任性而自我欺騙。他們尋找某種務實、道德的智慧，以獲得內在誠信與人生意義。

約翰遜正是這群人當中最具代表性的人物。傳記作家邁爾斯（Jeffrey Meyers）認為，約翰遜是「矛盾的集合體：懶惰與亢奮，好鬥與溫柔，抑鬱與幽默，通情達理與不理性，同時受到宗教的安慰與折磨。」鮑斯韋爾認為，約翰遜在內心與這些衝動搏鬥，就像羅馬競技場裡的格鬥士。他與「競技場裡對他虎視眈眈的野獸搏鬥。經過一番搏鬥後，他把野獸趕回獸籠，但不殺牠們，任牠們再度攻擊他。」他的一生結合了阿基里斯的理智頭腦，以及宗教神學家的慈悲與信念。

約翰遜用他所知道的唯一方法來理解這個世界：透過（視力不佳的）眼睛、與他人對話，以及手中的筆。高人一等的良好品性通常不是作家的特徵，但是約翰遜透過寫作，逐漸成為一個有德行的人。

他通常在酒館和咖啡館完成作品。令人意外的是，粗俗、醜陋且衣冠不整的約翰遜，可以和酒友和樂相處。他也透過與人談話，以連珠炮似的箴言妙語鍛鍊思考，他是馬丁．路德與王爾德的綜合體。「沒有人講得過約翰遜」，小說家暨劇作家高德史密斯（Oliver Goldsmith）曾說，「若他的子彈沒有射中你，他也會用槍柄把你擊倒。」約翰遜會用他想得到的任何論點與人爭辯，而且經常在辯論中對調立場，好讓衝突變得更加刺激。

他有許多名言，聽起來像是在酒館聊天時脫口而出，或是精鍊到不著痕跡：「愛國主義是無賴最後的庇護所……給窮人必要的食物，是對文明的真正檢驗……當一個人知道自己即將受死，他的頭腦會變得非常清楚……一個人若對倫敦感到厭倦，一定也對人生感到厭倦。」

他的文字風格具有反覆來回的對話式結構。他會提出一個論點，接著反駁這個論點加以平衡，然後再做一次反駁，再次取得平衡。上述眾人常引用的箴言，會讓人誤以為約翰遜有堅定的觀點。他常用的對話式風格是這樣進行的：先提出一個主題（例如玩牌），列舉出與主題有關的優點與缺點，然後試驗性的採取其中一個立場。在討論婚姻時，他展現了在優點中看見缺點的習性：「我在筆記本寫下女性的所有優缺點，在每個缺點旁邊列出相關的優點，反之亦然。我認為機智與譏諷、大度與傲慢、貪婪與節儉、無知與奉承，都是同義詞。」

約翰遜是個狂熱的二元論者，相信只有張力、矛盾與反諷才能掌握住真實生活的複雜性。他不是理論家，他不認為對立關係有任何問題，也就是看似不和諧，但其實可以並存的事物。根據文學評論家福塞爾（Paul Fussell）的觀察，充斥在約翰遜散文中的「但是」與「然而」，已經成為文章的主角，代表了他的一種看法：要捕捉任何事物的精髓，必須從多種視角加以檢視，看見所有自相矛盾的部分。

我們可以確定的是，約翰遜經常和朋友在一起，做出無聊的人為了打發時間而做的蠢事。若朋友告訴他，有人曾在某條支流溺斃，他就會跳進去，看看自己能不能活下來；若朋友告訴他，在槍膛塞入太多子彈可能會爆炸，他立刻在槍管中塞入七顆鐵珠，朝著牆面射擊。

他盡情擁抱倫敦的生活。他訪問娼妓，與詩人在公園裡過夜。他不認為閉門造車是獲得知識最好的方法。他寫道：「幸福無法從獨自沉思中獲得，唯有透過別人的反射，才能感知幸福。」他透過間接方式了解自己，利用眼睛看見的具體真實世界，印證自己的觀察。「我只要一天沒有結交新朋友，就會感到失落。」他自我觀察道。他很害怕獨處，總是最後一個離開酒吧，寧可整夜和放蕩的友人塞維奇（Richard Savage）在街上遊蕩，也不願意回到孤寂的房間，被各種可怕的想像吞沒。

「每個國家的真實狀態，」他觀察道，「可以從公眾的生活狀態反映出來。平民的風俗習慣，無法在知識分子所處的校園或偉人的宮殿中找到。」約翰遜與各個階層的人來往。他晚年時還會收容流浪漢。對於貴族，他有時會娛樂對方，有時會羞辱對方。查斯特菲爾德伯爵（Lord Chesterfield）曾經想要在約翰遜辛苦完成那部偉大的字典後，取得贊助人之名。約翰遜則以一篇史上最出色的訓斥公開信回敬他，以下是最精采的段落：

爵士，對落水掙扎求生的人漠不關心，當落水者游到岸邊，才對他伸出援手，這種人算是贊助者嗎？若你早點注意到我的勞苦，你那關愛的眼光就是仁慈的。但你的關注來得太遲，我已不在乎，也無福消受；我已獨力完成，無法讓你掛名；我已成名，不想要你的關注。

絕對的誠實

約翰遜不認為人類的重要問題，可以透過政治手段或重整社會狀況獲得解決。畢竟他曾寫下這知名的對句：「人心承受之苦不論多麼微小／皆非法律與帝王可促成或解決。」他也不是玄學家或哲學家。他喜愛科學，但認為科學是次要的。他對於被「知識的碎屑」圍繞、只會做迂腐研究的人抱持質疑的態度，對於試圖用邏輯架構解釋世間一切的知識體系，也極度不信任。他對人生的所有面向都有興趣，並盡情探索，以通才的視角穿梭於不同領域，觸類旁通。他贊同這樣的見解：「這個世界希望得到與渴求的人，並非只能談一個話題，或只會做一種事的人；擁有廣泛知識的人，通常能嘉惠眾人，總能為別人帶來幸福。」

他並非信奉神祕主義。他以腳踏實地的態度建立人生觀，透過閱讀史書和文學作品，以及直接觀察，持續聚焦於他所謂的「活生生的世界」。根據福塞爾的觀察，約翰遜駁斥所有的決定論。他不認為人類的行為是由冷冰冰的客觀力量形塑而成。他永遠用最銳利的目光觀察每個人的特質。後代文人愛默生觀察到，「眾人的靈魂無法一次拯救。」約翰遜堅信，每個人都是神祕而複雜的，且擁有與生俱來的尊嚴。

這再再證明他是個道德家，而且是最正面的道德家。他認為世上的問題大多是道德的問題。「社會的幸福取決於美德。」他寫道。和那個時代的其他人文主義者一樣，對他來說，人類最重要的行動，就是做出困難的道德決定。和其他人文主義者一樣，他認為文學是促成道德提升的一大力量。文學不僅帶來新的資訊，而且帶來新的體驗。它可以拓展人的覺知範圍，提供評估自己的機會，還能寓教於樂。

今日有許多作家只從美學觀點看待文學與藝術，但約翰遜將文學與藝術視為道德事業。他希望被歸類成「為美德注入熱情，為真理注入信心」的作家。他還說：「作家有責任使這個世界變得更好。」誠如福塞爾所言，「約翰遜把寫作視為像基督教聖禮一樣的東西，聖公會問答所定義的『賜予我們內在心靈恩典的外在可見表徵』。」

約翰遜活在賣文維生的文人世界裡，即使他為錢而寫，而且創作速度飛快，但是他不允許自己隨便亂寫。他追求的理想是文學上的絕對誠實。「成就偉大的第一步，就是誠實」，這是約翰遜的名言之一。

他把人性看得很低，但充滿同情。古希臘人認為，口吃並非雄辯家狄摩西尼的「缺憾」，而是他成為偉大雄辯家的「原因」。他的口吃成了他想把口才訓練好的動力。所謂的英雄，就是把弱點變成優點的人。約翰遜之所以成為偉大的道德家，正因為他有種種缺陷。他後來領悟到，自己永遠無法打敗這些缺陷。他也明白，他寫的故事不是世人喜愛傳頌的「美德戰勝缺陷」的故事，頂多是「美德學習與缺陷共處」的故事。他寫道，他不為自己的缺點尋找解決之道，他只想找方法讓情況緩和一些。他明白這是一輩子都存在的拉鋸戰，因此對別人的缺點充滿同情。他是個道德家，而且是軟心腸的那一種。

對受傷的人心生同情

若想知道是哪些缺點令約翰遜如此痛苦，只要看看他的寫作題材就好：罪惡感、羞愧、挫折、無聊等。根據貝特的觀察，約翰遜的〈漫步者〉（*Rambler*）系列散文，有四分之一談到了嫉妒。約翰遜知道自己特別容易憎恨別人的成功：「人類最大的過失在於，我們對生活中的美好永遠不知足。」

約翰遜擁有的補償性智力優點，是清楚的頭腦。這使他能透過一針見血的觀察，寫出朗朗上口的箴言。這些箴言大多透露出他對於人類易犯錯誤的敏銳洞察：

- 天才不太容易被摧毀，除了被他自己。
- 若你無所事事，千萬別獨處；若你獨處，千萬別無所事事。
- 有一種人我們樂於遠離，而且不願這種人來訪。

- 所有的自責都是一種間接的讚美，這麼做都是為了展現自己有多大度。
- 人類的一大優點，在於能夠抗拒本性的衝動。
- 世上最能證明人類的希望是一場空的地方，莫過於公立圖書館。
- 很少人能自誇敢把心向自己敞開。
- 仔細把你寫的文章讀一遍，若是有哪一段你覺得寫得特別好，請把那段刪掉。
- 每個人都會說服自己：立下的誓願一定能實現；他們試驗的時間愈長、次數愈多，就愈明白自己的愚蠢。

約翰遜透過道德散文，為世界建立秩序，以自己堅信的真理，做為經驗的靠山。為了要客觀覺察這個世界，他必須讓自己靜下來。心情憂鬱時，人通常會覺得被捲入鋪天蓋地、難以言喻的悲傷之中。但約翰遜會縱身躍入悲傷之中，將它看個清楚、分析它，使它緩和下來。他在一篇討論悲傷的散文中提到，大多數的強烈情緒，會驅使你採取行動將之消除。飢餓引導你去吃東西，然後感到飽足；恐懼引導你反抗；欲望引導你發生性行為。但悲傷是個例外，悲傷不會引導你找到消除悲傷的方法，它只會不斷累積。

這是因為悲傷是「一種心境，我們的欲望停留在過去，無法展望未來，不斷希望發生的事不是如此，滿腦子只有一個不斷折磨自己的念頭，希望能讓快樂或曾經擁有的東西失而復得。」許多人什麼也不敢嘗試，以避免受傷。許多人試著強迫自己出席社交場合，希望藉此減輕傷痛。約翰遜不贊同這些做法，他的建議恰好相反，「消除悲傷最安全也最普遍的方法，就是讓自己忙個不停……悲傷就像是附在靈魂上的鐵鏽，每個新想法會帶走一些鏽塊。悲傷是不流動的生命導致的死水，消除它的方法就是運動與行動。」

約翰遜也把散文當作面對自我的練習。「對約翰遜而言，人生是一場戰鬥」，福塞爾寫道，「而這場戰鬥是道德的。」約翰遜寫的散文以自己的缺陷為主題：絕望、驕傲、渴求新奇事物、無聊、暴食、罪惡感與虛榮心。他不會自欺欺人，以為他可以說服自己改掉這些缺點。他採取的方法是，用計謀訓練自己的意志。例如，嫉妒是他年輕時擺脫不掉的惡習。他很清楚自己擁有的才華，也明白當他處於低潮時，別人正飛黃騰達。

他設計出一個策略，用來擊退心中的嫉妒。他曾說，一般而言，他不相信一個缺點能消除另一個缺點。但嫉妒的害處實在太大，他寧可用其他特質來加以取代，於是他選擇驕傲。他告訴自己，嫉妒別人代表承認自己比別人差，因此，認為自己比別人厲害，總比任憑嫉妒擺布來得好。所以當他心生嫉妒時，他就說服自己相信自己比對方更優秀。

然後，他轉向《聖經》的教誨，告訴自己要仁慈與憐憫。這個世界充斥著罪惡與悲傷，「沒有什麼是值得嫉妒的」。每個人的生命中都有難以解決的問題。幾乎沒有人真正享受自己的成就，因為人的欲望總是望向前方，眼巴巴的看著那些還沒得到的好東西，並因此深受折磨。

堅信的真理

約翰遜對散文家艾迪生（Joseph Addison）的看法，同樣適合描述他自己：「所有應受譴責的事，都難逃他的法眼；他能迅速辨識出錯誤或荒謬的事，但不會當眾揭穿。」

透過這種認真觀察與檢視的過程，約翰遜改變了自己的人生。年輕時期的他身體不好，為憂鬱所苦，而且一事無成。但到了中年晚期，他不僅因為世俗的成就受到全國尊崇，而且世人認為他擁有偉大的靈魂。成長過程如此坎坷與辛酸的人，為何能以一顆包容與慈悲的心，評斷世間一切？傳記作家郝斯頓（Percy Hazen Houston）如此解釋：

他有鋼鐵般的靈魂，以悲慘的人生經驗為本，探討人類的行為，這使他能以篤定與理解的心境，洞悉人類的動機。他清楚意識到生命的狹隘與人類知識的局限，因此安於把神祕難解的原因，交給比人類更崇高的力量；神的安排是不可思議的，人類早期階段的目標應該是尋找方法，為自己做好準備，以尋得神聖的慈悲。

約翰遜在認真思考後，對周遭複雜且充滿缺陷的世界，產生了堅定的看法。他要求自己如實看清事實，並透過認真的態度、自我批判，以及對道德的滿腔熱情，得到這樣的結論。

蒙田

約翰遜透過道德探究形成自我的方式，與另一位偉大的散文家，令人喜愛的十六世紀法國作家蒙田，形成強烈對比。正如我的學生亞當斯（Haley Adams）的比喻，約翰遜像是東岸的饒舌歌手，熱情、認真、具對抗性；蒙田則像是西岸的饒舌歌手，同樣關心現實世界，但態度比較放鬆、溫柔、陽光。蒙田的散文造詣比約翰遜更高，他的傑作定義了散文的形式。他以自己的方式認真探討道德，努力尋找方法了解自己，並追求美德。但兩人採取的方法截然不同。約翰遜透過直接攻擊與毫不懈怠的努力改變自己；蒙田對自己和自身的小缺點比較寬容，他透過接納自我與溫和的自我改進追求美德。

蒙田的成長過程與約翰遜天差地別。他出生於一個殷實的家庭，在波爾多附近的莊園長大，家境富裕，深受家人疼愛。他的父親依照人文主義，用溫柔栽培的方式養育他，包括每天早晨用音樂叫他起床；而蒙田也認為自己擁有全天下最好的父親。他父親所規劃的教養方式，是為了使他成為一個有教養、圓融且溫柔的人。蒙田到一所寄宿名校就讀，而後成為當地的議員，並在地方法院任職。

蒙田過著養尊處優的生活，但他身處的大時代卻動盪不安。在他擔任公職期間，法國經歷了一連串的宗教內戰，他試圖扮演兩者之間調停者的角色。他三十八歲時卸下公職，回到自己的莊園，悠閒做學問度過餘生。約翰遜在格拉布街的擁擠酒吧裡寫作；蒙田則是在恬靜的城堡書房裡寫作，他的大書房裡掛了許多希臘、羅馬與《聖經》箴言，做為裝飾。

蒙田最初的目標是研讀古人的著作，例如羅馬時代作家普魯塔克、奧維德、塔西陀，以及在教會裡學習（雖然在眾人眼中，他是個羅馬天主教徒，擁有正統的觀念，但他的想法務實而不抽象。他的智慧大多來自歷史，而非神學）。他覺得自己或許可以針對戰爭與政治治理等題材寫一些學術文章。

但他的腦袋不允許他這麼做。就和約翰遜一樣，蒙田到中年時開始懷疑，自己的生活方式出現了根本上的差錯。一旦他退休、回歸安靜沉思的生活，他發覺他的心思靜不下來。他發現自己的思考沒有條理、不穩定而且漫無目的。他將思緒比喻成被池水反射到屋頂的陽光，不斷閃爍跳動。他的想法總是飄忽不定。當他開始探索自己，卻只得到片段的看法，並衍生出毫無關聯的各種想法，一路發散。

他因此陷入憂鬱，在痛苦之中，他把自己當成寫作題材。「我們的內心分成兩個部分，我不知道為什麼會這樣，」他寫道，他的想像力總是天馬行空。「我無法緊扣主題。它總是靜不下來，自然而然且陶醉的旋轉起舞。我無法描繪存在，只能呈現每個瞬間……我必須捕捉當下的片刻，因為我的思緒很快就會改變。」

蒙田領悟到，他難以控制思緒，甚至是身體。就連自己的陽具都令他絕望，「當我們不需要它時，它頻頻來打擾，非常需要它時，卻不聽使喚，著實令人氣惱。」然而不聽指揮的不只是他的陽具。「請你想想，身體有哪個部分，總是遵從我們的意思，聽從我們的使喚？」

於是，寫作成為一種整合自我的行為。蒙田認為，他從周遭的人身上所見到瘋狂與激烈的行為，皆是出於他們的思緒飄忽不定，因而感到驚慌與不確定。人若想透過外在方法得到內在的平靜與和諧，以追求世俗的輝煌成就與永恆榮耀，往往是徒勞無功的。蒙田寫道：「每個人向外找尋，趕往未來，因為沒有人真正找到自己。」蒙田以寫散文找到自己。他透過寫作，創造一種觀點與一種散文風格，為支離破碎的內在，找到秩序與平靜。

約翰遜與蒙田都想追求深刻的自我覺察，但他們採取的方式大不相同。約翰遜描述他人與外在世界，希望透過這種間接方式定義自己。有時，他會寫別人的傳記，文中卻出現許多自己的特質，儼然成為他的自傳。蒙田恰好反其道而行，他會描繪自己以及他對某些事物的反應，希望透過自我檢視，定義人類的共通本質。他觀察到，「每個人各自承擔了人類的完整資產」。

約翰遜的散文充滿權威式的語氣，蒙田的風格則是謙虛，且充滿暫時性、嘗試性的意味。蒙田的散文沒有中規中矩的組織，也沒有遵循一個清楚的邏輯架構，而是任其自由發展。他會提出一個觀點，若他在幾個月後想到某些相關聯的想法，就會在旁邊空白處潦草注記下來，以便加入最後的版本。這種隨興的方法掩蓋了他對寫作的認真。他寫的文章看似簡單，但他的態度一點也不隨便。他知道自己的作品極具開創性：完全誠實的自我揭露，透過這樣的方式，呈現出一個道德生活的願景。他知道自己試圖創造一個形塑人格的新方法，並低調塑造一個新型態的英雄人物，這個英雄人物有一種毫不留情的誠實，以及充滿同情心的自我認知。

他的文字讀起來輕鬆愉快，但他的創作過程可說是嘔心瀝血：「我們必須榨乾靈魂，才能覺知自己的缺陷。」他的目標不只是更進一步了解自己，或是玩玩腦力遊戲，或是追求名聲、關注與成功，而是正視自己，以開啟統一且自律的生活：「靈魂的偉大不在於一步步努力向上提升、向前邁進，而是在於知道如何整理內心與定義自己。」

蒙田企圖透過自我了解與自我改革解決道德問題。他指出，這種自我對質其實比亞歷山大大帝或蘇格拉底的信徒所面對的自我要求更加嚴厲。因為那些人在外在世界進行這些活動，並獲得榮耀與聲望。坦誠面對自我的人，是在內心獨自進行內在的功課。其他人追求眾人的贊同，蒙田追求的是自我尊重。「每個人都可以在舞台上演一齣鬧劇，或是扮演一個誠實者的角色。但要在凡事皆可、一切隱藏的內在與精神世界達到自制，才是重點。」

蒙田覺得追求有深度的內在與自我尊重更為重要，於是提早終止了平步青雲的事業。他勇於面對真實的自己，藉此達到這個目的。在自我對質的過程中，他創造了一種平靜的態度，這種態度吸引了無數的後世讀者。他願意面對真實的自己討人厭的部分，而且不急著自我辯解，或試圖將這些缺點合理化。大多時候，他對自己的缺陷一笑置之。

首先，他對自己的看法謙卑但有自信。他承認自己個子矮小，而且其貌不揚。當他與僕人一同騎馬外出，他人往往分辨不出誰是主人、誰是僕人。若他記不住某些事情，他會直說；若他不善於下棋或玩其他遊戲，他會直說；若他的陽具很小，他會直說；若他因年老而體衰，他會直說。

和大多數人一樣，他喜歡觀察別人：「只要捫心自問，我們將會發現，內心的願望若要實現，大多要犧牲別人，任何人皆是如此。」他發現，世人汲汲營營想追求的東西，大多是短暫與脆弱的。哲學家可以教育史上最偉大的心靈，但只要被惡犬咬一口，他就立刻變成一個瘋子與白痴。「即使坐上全世界最尊貴的王座，也不過是用屁股坐在椅子上而已。」這句滅他人威風的名言，便是出自蒙田之手。

他認為，「若每個人都像我這樣仔細檢視自己，將會發現自己是個瘋狂愚蠢的人，就和我一樣。若去除這個特質，我就不再是我。每個人都是如此，不分軒輊；但有這種自覺的人可能稍微好一些——雖然我不識得任何一個。」對蒙田有深入觀察的貝克威爾（Sarah Bakewell），在其傑作《閱讀蒙田，是為了生活》（*How to Live*）中提到，最後那句「雖然我不識得任何一個」，充分展現出蒙田的代表性風格。

有一天，騎在後方的一個僕人突然全速向前衝，撞上了蒙田和他的馬，使蒙田摔到馬兒十步之外。他攤開四肢，失去意識，像死了一樣。嚇壞了的僕人們抬著他回城堡，蒙田在歸途中甦醒過來。僕人後來告訴他，他在失去意識時大口喘氣，胡亂抓著前胸，扯下身上的衣服彷彿想獲得解脫，模樣看起來非常痛苦。不過，蒙田內心經歷的過程卻大不相同。「我感覺到無盡的愉悅與安詳。」他回憶道，而且覺得「愈來愈沒力氣，放下一切」是件很愉快的事。他覺得自己彷彿坐在輕飄飄的魔毯上。

蒙田後來思索這件事，發現外在表象與內在體驗竟有如此巨大的差別。驚訝之餘，他的樂觀心得是，我們不需要學習如何死去：「若你不知道如何死去，不必擔心；時候到了，大自然會適當的清楚告訴你該做些什麼。它會為你做好這份工作，你不必花腦筋想這件事。」

蒙田的性情幾乎可以簡化為一個公式：對自身本性謙卑但精確的了解，加上對大自然的奇異之處感到驚奇與訝異的能力，等於平靜且平衡的精神狀態。貝克威爾認為，蒙田「被解放至無憂無慮的境界」。他似乎找到了讓自己維持四平八穩的方法，在順境中不得意忘形，在逆境中不消沉絕望。他創造出一種冷靜而優雅的散文風格，然後試著表現得像自己的散文一樣酷。「我只想變得漠不關心，輕鬆度日，」他曾如此寫道，但這話不太具有說服力。「我避免讓自己受制於義務。」他如此觀察（或建議）。

我們可以透過蒙田的一篇篇散文看出，他試著說服自己接納自我：「整體來說，我可能希望成為一個不同的自己；我可能責備我的人格，乞求神讓我徹底改頭換面，原諒我天生的缺點。但我想我不該將此稱為懺悔，如同我不該將對於自己無法成為天使或小加圖*的失望，稱為懺悔。

＊ 譯注：小加圖（Cato）是羅馬共和國末期的政治家，他因為傳奇般的堅忍而聞名，他不受賄、誠實，並厭惡當時普遍的政治腐敗。

我的行動受制且取決於我是個什麼樣的人，以及我的人生處境。我已經盡力做到最好。」他給自己一個溫和的口號：「我有所保留。」

他看書的速度很慢，因此把重心放在少數幾本書上。他有點懶散，因此他學習放鬆自己。（約翰遜會不斷訓斥自己，努力改進，蒙田從不這麼做；約翰遜對自己有嚴格的道德要求，但蒙田沒有。）蒙田的思緒總是天馬行空，因此他善用這個特點，學習從不同觀點看事情。每個缺點都有其互補的特質。

對生命充滿熱情與自律甚嚴的人，並不欣賞蒙田。他們覺得蒙田的情感範圍太狹隘，志向太平凡，安逸的性格太乏味。他們難以反駁他（因為蒙田的文章不遵循傳統的邏輯結構，找不到反駁的施力點），於是做出結論，認為他普遍抱持的懷疑論點與自我接納，只會導致自滿，甚至使他沾染虛無主義的氣息。他們將他貶為情感冷漠與避免衝突的大師。

這個看法並非全然不正確，因為蒙田必定會第一個跳出來承認：「一個痛苦的想法浮現我的腦海，我覺得與其壓抑它，不如改變它。於是我用一個相反的念頭取代它，若是辦不到，就用任何一個念頭取代它。變化可發揮撫慰、分解與消散的作用。若無法打敗，我就逃避，透過逃跑的方式躲避。我是個狡猾的人。」

蒙田的例子告訴我們，如果你秉持務實的心態，不抱有太多期待，那麼你在大多數的情況都會很快樂。

然而蒙田不只是個愉快的傢伙，不只是過著舒適日子的十六世紀富家子弟。他有時會假裝漠不關心，經常隱藏自己的認真意圖，但他對美好的生活與社會有崇高的理想。這個理想並非基於有遠大抱負的人，所抱持的終極救贖或終極正義，而是源自友誼。

蒙田最動人的作品是描述友誼的散文。他寫這些散文是為了讚頌與拉・波埃西之間的情誼。波埃西在他們相識五年後過世。他們是志同道合的作家與思想家。按照現代的說法，他們是真正的靈魂伴侶。

他們兩人一切共享，包括意志、想法、意見、財產、家庭、子女、榮耀、生活。「我們的靈魂緊密融合在一起，一同前行，它們對彼此有極為深厚的情感。我們能看見對方的內心深處。我了解自己的心，也深知他的心，我把自己交給他，比交給我自己更放心。」他的結論是，若你想建立完美的友誼，這種情誼將是最好的典範。

兩種榜樣

蒙田與約翰遜都是傑出的散文家，都是變換觀點的大師。他們都是人文主義者，想運用文學找到真理——他們認為人類的心智不僅有理解的能力，而且以謙卑、同情與慈悲的態度理解一切。他們都試著用散文釐清人類存在的混亂狀況，並創造一種內在秩序與紀律。

但是約翰遜的情感極端而強烈，蒙田的情感非常溫和；約翰遜會嚴格的自我要求，蒙田追求的是冷靜與嘲諷式的自我接納；約翰遜的生命主軸是奮鬥與受苦，蒙田較為和藹可親，對世間種種缺陷苦澀一笑置之；約翰遜探究這個世界，是為了成為理想中的自己，蒙田探索自己，是為了理解這個世界；約翰遜是個苛求的道德家，生活在充斥感官享受與競爭的城市，他試圖點燃道德的熱情，促使有抱負的中產階級關注真理。蒙田在充滿內戰與宗教狂熱的國家，以冷靜自持；約翰遜想要把所有人提升為英雄，蒙田擔憂那些企圖超越真實人性的人，最後的下場是墮落——為了尋找純粹的理想走火入魔，不惜犧牲別人。

每個人都可以決定自己比較像蒙田還是約翰遜，或是在哪個情況下，該向哪位大師學習。對我而言，我認為約翰遜的認真努力，使他成為一個更令人景仰的偉人，他是個積極的行動派。蒙田的冷靜一部分源自他的出身背景：他成長於富裕家庭，擁有頭銜，能夠在歷史上的混亂時期退隱到自己的莊園，過著舒適的生活。

最重要的是，約翰遜明白，人格需要靠巨大的壓力來形塑。形塑的素材質地相當硬，需要施以推擠、切割與削砍。因此必須面對真實世界的動盪不安，而非躲避退隱，才能達成這個目標。蒙田的本性溫和愉快，或許他只需要透過文靜的觀察，就能形塑自己的人格。我們大多數人若是這麼做，恐怕會淪為平庸與太容易自我寬恕。

勤勉

一七四六年，約翰遜簽約編纂一部英文字典。在他逐漸為自己的內在世界建立秩序之際，他同時要為自己的語言建立秩序。法語學院（French Academy）在前一個世紀剛完成一部法文字典。他們找來四十位學者，花了五十五年才完成。而約翰遜與六位工作人員只花了八年就大功告成。他定義了四萬兩千個字，以及大約十一萬六千句語錄，說明這些字如何運用。另外，他剔除了十萬句語錄沒有使用。

約翰遜仔細研讀他找得到的所有英文資料，把字的用法和可採用的語錄都做上記號。他把這些資料抄寫在小紙條上，整理進一個龐大的組織結構中。這份工作枯燥乏味，但是他在這個單調的工作中看見了意義。他認為這部字典對國家有益，而且可讓他得到平靜。他寫道，他在進行這份工作時，「帶著愉快的期望，就算不高，也是安全的期望。我很期待能貢獻一己之力。這份工作雖然不光鮮亮麗，但對眾人有所助益；雖然不會讓別人羨慕我，但至少使我遠離罪惡；雖然無法喚起熱情，但使我不與人競爭，使我遠離以責備擾他人清靜的誘惑，或是因為被奉承而打擾我的清靜。」

約翰遜正在編纂字典期間，妻子泰蒂過世了。泰蒂的身體一向不好，而且酗酒的情況愈來愈嚴重。有一天，她臥病在床，待在樓上的房間裡，有人來敲門。女傭去應門，告訴訪客泰蒂生病不便見客。原來這位訪客是泰蒂與前夫生的兒子，現已長大成人。她的兒子在她與約翰遜結婚後便與她疏遠，再也沒有和她見過面。當泰蒂稍後得知來訪的人是她兒子後，立刻披上衣服追出去。但他已經走遠，而她此生將再也無法見到他。

泰蒂的死讓約翰遜深受打擊。他在日記裡不斷發誓，會用各種方式記得她的好。「使我開始並完成我答應她做的改變……今天是泰蒂的祭日，我以禱告與眼淚紀念她……我下定決心……實現我在泰蒂棺木前立下的決心……一想到泰蒂，親愛的可憐的泰蒂，我就止不住淚水。」

約翰遜編的字典使他名利雙收，即使稱不上致富，至少讓他衣食無憂。他從此成為英國文壇的名人。他仍然在咖啡館與酒館度日。他屬於一個團體，這個團體的所有成員會定期聚餐聊天。這個團體可能是英國歷史上最優秀的知識分子與藝術家的集合，成員包括政治家伯克、經濟學家亞當．斯密、畫家雷諾茲、演員（也是約翰遜以前的學生）蓋瑞克、小說家兼劇作家高德史密斯，以及歷史學家吉本（Edward Gibbon）。

約翰遜與貴族和知識分子來往，但他與窮途潦倒的人一起生活。他的家中總是擠滿了各式各樣窮困的社會邊緣人，包括獲得自由的奴隸、貧窮的醫生和失明的女詩人。有一天晚上，他看到有位娼妓病倒在街頭，他把她背回家，並讓她住下來。他收留的這些人會互相爭吵，也會與他起爭執，他們把他家變成一個擁擠、吵鬧的地方，儘管如此，約翰遜仍不願意把他們趕走。

他也為朋友寫了很多文章。這位曾經說過「笨蛋只為錢寫文章」的人，為朋友免費寫了數千頁的文章。一名八十二歲的醫師花了好幾年的時間，試圖找出更精確的方法，以測量船隻在航海時的經度。他剩下的時日不多，但仍未找到方法。約翰遜很同情他，研究了航海術與這位老人的理論，以老人之名，寫了一本名為《試圖確定海上經度之記述》（*An Account of an Attempt to Ascertain the Longitude of the Sea*）的書，只為了讓老人在有生之年，知道自己的想法會流傳後世。他的另一個朋友，二十九歲的錢伯斯（Robert Chambers），獲聘為牛津大學法學院教授。只可惜錢伯斯既不是特別傑出的法律人才，也不擅長寫作，於是約翰遜答應為他捉刀，代寫法學講稿。約翰遜一共為他寫了六十篇講稿，總計超過一千六百頁。

約翰遜直到死前都還在勤奮寫作。他在六十八至七十二歲之間，寫了《詩人的生平》（Lives of the Poets），全書包含五十二篇傳記，總計有三十七萬八千字。在那個時代，七十歲已經算很老了。約翰遜一輩子從未擁有蒙田在成年後的平靜心境，或是他在別人身上看到、令他欽羨的冷靜與含蓄。他的一生中不斷為絕望、憂鬱、羞愧、性受虐狂與罪惡感所苦。老年時，他請一位朋友替他保管一個掛鎖，以便當他發狂時將他鎖在房內。

即便如此，約翰遜在人生的最後幾年，展現了再明顯不過的偉大人格。拜友人兼傳記作家鮑斯韋爾所賜，他在晚年時期成為歷史上最健談的人。他可以在任何場合、針對任何主題，妙語如珠、侃侃而談。他的觀察並非從天而降，不勞而獲，而是一輩子耗費心力的成果。

他也建立了一個一致性的觀點。一開始，他察覺到內心一直存在的自我本位、自我中心與自欺傾向。這個傾向因他天生的叛逆精神而加劇。從童年到大學時期，直到成年階段，他一直有反抗權威的強烈本能。他把這種反抗精神用來抑制自己的本性，與內在和外在的邪惡對抗，做為他驅動自我戰鬥的動力。

自我戰鬥是約翰遜獲得救贖的途徑。他定義了一種新的勇氣——誠實的勇氣（蒙田也有這種勇氣）。他認為，文學的表達力，若結合絕對的道德真誠，就能戰勝所有心魔。真理是他突破所有束縛的武器。貝特寫道：「約翰遜一次又一次面對人類內心感受到的所有焦慮與恐懼。當他把手放在這些心魔上，仔細檢視它，獅子的外皮就會掉落。我們通常會發現，獅子皮底下只是一頭驢子，甚至只是個木架子而已。我們讀約翰遜寫的東西經常會大笑，一部分的原因是覺得鬆了一口氣。」

對約翰遜而言，一切都是道德競賽，都是提升自己、降低人格或懺悔的機會。即使在開玩笑，他說的話都帶有提升品德的意涵。他年老時，回想起年少時發生的一件事。他的父親要他到猶托克西特（Uttoxeter）這個小鎮上的市集廣場幫忙擺書攤。約翰遜當時覺得自己高父親一等，所以拒絕了。他年老時為此事感到羞愧不已。有一天，他特地來到猶托克西特的市集廣場，站在父親當年擺書攤的位置。他回憶道：

> 拒絕的源頭是傲慢，這個記憶令人痛苦。幾年前，我亟欲彌補這個錯誤，我在很糟糕的天氣

來到猶托克西特，沒有戴帽子，在大雨中站在那裡很長一段時間……我滿心懊悔的站立著，希望這樣的苦行能為我贖罪。

約翰遜從未贏得勝利，但他得到了整合，建立了一個更穩定、更完整的自己，那是他原本支離破碎的性格無法達到的境界。高普尼克（Adam Gopnick）二〇一二年曾在《紐約客》雜誌提到，「他自己就是他的白鯨，而他把這頭白鯨帶回家了。」

約翰遜在七十五歲時，終於走到了人生的尾聲。他極度害怕下地獄。他在手錶上寫著「夜來了」，提醒自己不要犯下可能導致他在最後審判獲得不利判決的罪。其實他不需要提醒自己，因為這個想法始終在他心頭。鮑斯韋爾記錄了他與一位友人的對話：

約翰遜：「我很怕自己可能屬於被詛咒的那群人。」（表情沮喪）
亞當斯醫師：「你所謂的被詛咒是什麼意思？」
約翰遜：「（激動且大聲的說）被判下地獄，直到永遠。」

約翰遜離世前的最後幾天，醫生告訴他，他很快就要死了。他請醫生不要再給他鴉片，這樣他才能在「清醒的狀態」下，去見造物主。當醫生在他的雙腿切割傷口，放出體液時，約翰遜大喊：「切深一點，再深一點，我想再活久一點，你卻怕我痛，我可不會感激你。」約翰遜後來拿了剪刀，把腿上的傷口刺得更深，放出更多體液。他面對死亡的態度，呼應了他一生的風格：「我可能被征服，但我絕不投降。」

約翰遜現在已經成為人類智慧的典範。他在年少時深受各種感官感覺影響，這些感覺後來統合為一種能力——同時兼具理性與感性，觀察與評斷這個世界。他的作品變得愈來愈難以分類，尤其在他的晚年。他的新聞寫作達到了文學作品的水準；他的傳記涵蓋了倫理觀；他的宗教理論充滿了實用的建議。他成為一個全才的思想家。

這一切的基礎是他強大的同情心。他出生後歷經各種病痛，在年少與年輕時，他被世界拋棄，被迫擁有醜陋的外表。他似乎難以擺脫悲慘的命運，但他透過全然的努力與奮鬥，把缺陷與限制轉變為優勢。就一個總是訓斥自己太懶惰的人而言，他的努力非常驚人。

他一直在搏鬥，與真正重要的事物（他的存在）奮力搏鬥。「與困境對抗，並戰勝困境，是人類最大的快樂。」他在一篇散文中寫道，「其次是對抗與有資格戰勝；沒有經歷競爭度過一生的人，以及沒有功績或價值足以引以為豪的人，只能自稱是個無用的空殼。」

約翰遜出於無畏的誠實，進行這些搏鬥。維多利亞時期作家拉斯金（John Ruskin）寫道：「我愈思考，愈覺得這個結論令我感動——人類的靈魂在這個世界上，所能做的最偉大的事，就是：看見什麼，就把所看到的直白說出來。數百個能說話的人當中，只有一個人能思考；而數千個能思考的人當中，只有一個人有這種看見的能力。」

約翰遜寫出雋語與簡潔觀察的才華，源自他對周遭世界的高度敏感，也來自於他對自己的質疑——懷疑自己動機的能力，看穿自己合理化的藉口，嘲笑自己的虛榮，以及意識到自己就和其他人一樣愚蠢。

約翰遜去世後，全英國的人都為他哀悼。漢彌爾頓（William Gerard Hamilton）的反應是最多人引用，也最能精確道出約翰遜的成就，以及他死後留下的缺口：「他留下一道深淵，無法也不能填滿。約翰遜已逝，我們只能退而求其次，但仍不可得；沒有人能與約翰遜相提並論。」

10 以我為先

一九六九年一月，兩位偉大的四分衛在第三屆超級盃正面對決。尤尼塔斯（Johnny Unitas）與拿瑪斯（Joe Namath）都在賓州西部的鋼鐵小鎮長大，但年紀相差十歲的他們，生活在截然不同的道德文化環境中。

尤尼塔斯成長於以謙讓與戰勝自我為主流的舊式文化。他的父親在他五歲時去世，母親接管父親的煤炭供應生意，經營只雇了一名送貨司機的家庭事業。尤尼塔斯就讀嚴格且傳統的天主教學校。老師對學生的品行要求很高，實施嚴厲且冷酷的管教。專橫跋扈的貝利神父會把成績單丟給每個學生，並加上惡毒的評語：「你將來可以當個很好的卡車司機。你呢，以後可以去清水溝。」所有孩子都被他的話給嚇壞了。

賓州西部的美式足球員以驚人的忍痛能力自豪。體重只有六十六公斤的尤尼塔斯，在高中校隊擔任四分衛，每次比賽都被撞得很慘。比賽前他會到教堂禱告，並對教練言聽計從，生活以美式足球為重心。聖母大學的入學申請被拒絕後，他到籃球運動很強的路易斯維爾大學就讀，擔任美式足球校隊的四分衛。後來他曾到匹茲堡鋼鐵人隊一段時間，但沒通過試用期。於是他重回建築業，同時在半職業性的球隊打球。某天，他接到巴爾的摩小馬隊的邀約電話，原本以為機會渺茫，但總算順利加入球隊。他的早年球員生涯在小馬隊度過，但小馬隊總是輸球。

尤尼塔斯並沒有在國家美式足球聯盟一夕爆紅，他是慢熟型的球員。他不斷磨練球技，並督促隊友和他一起進步。他在職業球員生涯看來相當穩固時，在馬里蘭州的陶森（Towson）買了一棟錯層式住宅。此外，他也以一百二十五美元週薪，在哥倫比亞紙箱公司（Columbia Container Corporation）任職。他刻意保持低調，穿黑色高筒球鞋；他有一雙O型腿，總是駝著背，臉型有稜有角，更留了個平頭。如果你看到他與球隊到各地出賽的照片，會覺得他像一九五〇年代的保險推銷員——身穿短袖白襯衫，配上窄版黑領帶。他和隊友一同搭巴士或飛機，穿同樣的衣服，理同樣的髮型，一起打橋牌。

他不喜歡炫耀，發言也很保守。「我一直認為，職業球員的角色之一，就是表現出頭腦簡單的樣子。不管比賽是輸是贏，我總會在走出球場前，想出一些無趣的話回應記者。」他對組織與隊友非常忠誠，但在集合磋商戰術時，若外接員沒有把球接好，或是沒有按照戰術跑位，他就會大聲訓斥對方，「如果你學不會戰術，我以後就不會傳球給你了。」但在比賽結束後，他會向記者說謊：「都是我的錯，我把球傳過頭了。」

尤尼塔斯對自己的球技充滿自信，但他在實際上場時從不譁眾取寵。國家美式足球聯盟紀錄片導演沙波（Steve Sabol），就捕捉到了尤尼塔斯的部分行事風格：「我的工作一向是讚頌球賽，畢竟我生性浪漫，總是從戲劇角度看待美式足球——重點不在於比數，而是競爭的過程，以及此刻我可以採用什麼配樂？當我遇到尤尼塔斯之後，發現他的觀念和我恰好相反。打美式足球對他來說，就和水管工人安裝水管沒有兩樣。他是個正直的人，老老實實完成他分內的工作。遇到再大的事，也不過聳聳肩而已。他是個平凡無奇的人，但最後成為一名傳奇人物。」尤尼塔斯就和棒球界的洋基快艇狄馬喬（Joe DiMaggio）一樣，在強調謙讓的年代，成為了獨樹一格的運動明星。

拿瑪斯與尤尼塔斯在同一個地方長大，但是兩人相隔半個世代，而且拿瑪斯活在一個截然不同的道德世界裡。拿瑪斯是個生性浮誇、喜歡炫耀的明星。他穿白色鞋子，留著一頭捲髮，輕率的在賽前保證會贏球。這個「百老匯喬」（Broadway Joe）總是充滿娛樂性與話題性。他喜歡讓自己成為眾人矚目的主角，不論上場或下場時，總希望成為鎂光燈的焦點。

他穿價值五千美元的毛皮大衣，留長鬢角，表現出花花公子的行事作風。他不在乎別人對他的看法，至少他自己是這麼說的。「有些人不喜歡我愛趕時髦的形象，」拿瑪斯在一九六九年《紐約》雜誌的一篇知名報導中，告訴記者布雷斯林（Jimmy Breslin），「我不是乖寶寶，我喜歡引人矚目，我不知道這樣是好還是壞，但這就是我的作風。」

拿瑪斯和尤尼塔斯一樣，在貧困的賓州西部長大，但他成長為與尤尼塔斯截然不同的人。拿瑪斯的父母在他七歲時離異，他來自移民家庭，卻背離家族的生活態度。他學詹姆斯．狄恩穿皮夾克耍帥，經常在撞球場鬼混。

拿瑪斯的美式足球天分光芒四射，他是美國當年最多球隊想爭取的球員。他想要到馬里蘭上大學，但他的入學考試成績分數不夠，於是他到阿拉巴馬大學就讀，並成為全國最優秀的大學校隊四分衛。他以天價與紐約噴射機隊簽約，年薪遠遠超出其他隊友。

他為自己建立的個人品牌，名氣比所屬的球隊還要響亮。他不只是美式足球明星，而且是生活品味明星。他為了留中國壞蛋形象的傅滿洲*鬍子上場比賽，寧可被罰款。他在女性褲襪廣告中擔綱演出，挑戰傳統的男子氣概形象。他的單身公寓裡鋪滿了十五公分厚的長毛地毯，他以「狐狸」（foxes）稱呼女性，後來更成為一種通稱。他寫了一本自傳，書名為《我真希望明天快點到來，因為我一天比一天英俊》（*I Can't Wait Until Tomorrow 'Cause I Get Better Looking Every Day*）。而尤尼塔斯絕對不會使用這種書名。

拿瑪斯之所以成為媒體寵兒，是拜「新新聞學」（New Journalism）興起所賜。新新聞學打破美國新聞業的傳統報導模式，而拿瑪斯是完美的報導對象。拿瑪斯的字典裡沒有「沉默」二字，他讓記者貼身報導自己在比賽前一晚飲酒狂歡的情形。一九六六年《週六晚間郵報》的記者跟著拿瑪斯前往里約熱內盧南區的科帕卡巴納度假，提供了這則報導：他公開吹噓自己是個多麼偉大的運動員，長得多麼帥。他擁有一種自我感覺良好的誠實。「喬、喬！你是全世界最好看的人！」他如此對浴室鏡中的自己大喊。

拿瑪斯崇尚獨立自由，他不想與任何女性建立深刻的關係。他是現代所謂的「勾搭」文化的開山始祖。「我對約會沒興趣，只渴望豔遇，」他在一九六六年如此對《運動畫刊》的記者說。他體現了當時即將席捲全國的自主精神。「只要不傷害別人，任何人都可以按照自己想要的方式生活。我覺得自己所做的每件事都沒有錯，而且沒有影響到任何人，包括我約會的對象。我不干涉別人的事，我喜歡每個人。」

拿瑪斯是新型態職業運動員的先驅。這個新模式就是：建立個人品牌，毫無節制的背書，肆無忌憚的展現鮮明的個性，名氣蓋過整個球隊。

文化改變

文化的改變同時發生在社會的表層與深處。評論家艾普斯坦（Joseph Epstein）觀察發現，他年幼時走進藥妝店，會看到香菸放在開放貨架上，保險套放在櫃檯後方。而現在當你走進一家藥

＊譯注：傅滿洲（Fu Manchu）是英國作家羅默（Sax Rohmer）小說中的人物，他個子高瘦，臉上有兩條倒豎長眉，留著兩撮下垂的鬍子，面目陰險，身穿清朝官服。他代表西方人在二十世紀初的黃禍恐懼，後來在美國電影中成為中國壞蛋的經典形象。理髮店甚至有一種鬍子剪法就叫「傅滿洲鬍」。

妝店，會看到保險套放在開放貨架上，香菸放在櫃檯後方。

傳統看法是，美國文化從尤尼塔斯式的謙遜，轉變為拿瑪斯式的誇耀，發生在一九六〇年代後期。一般的解釋是原本的「最偉大的世代」（the Greatest Generation）願意自我犧牲、謙遜而且以社群為重，然而進入一九六〇年代與嬰兒潮世代之後，這個世代的特徵是自戀、自我表現、自私，而且道德觀鬆散。

但這個說法與事實不符。真實的情況是：自聖經時代以來，道德實在論的傳統便一直存在，也就是「曲木人性」學派對人性的看法。這個傳統（或世界觀）極度強調罪惡與人性弱點。這種對人性的看法，可透過摩西的形象展現出來（性情最溫順的人，卻成為所有族人的領導者），以及像大衛這類《聖經》人物（他是偉大的英雄，但同時具有重大的缺陷）。

這種《聖經》裡的形上學家，後來以基督教思想家的形象現身，例如奧古斯丁。奧古斯丁強調罪的觀念，否定世俗的成功，並且相信恩典的必要，或是臣服於神賜予的無功而得的愛之下。這種道德實在論後來透過約翰遜、蒙田與艾略特等人文主義者發聲，他們強調，我們能了解的事物多麼有限，要了解自我有多麼困難，以及我們在追求美德的漫漫長路上，必須多麼努力。

「所有人生來對道德一無所知，把世界當作乳房，餵養至高無上的自我。」艾略特寫道。道德實在論後來也在不同時代以不同方式，透過但丁、休謨、伯克、尼布爾與柏林等人的思想展現。這些思想家認為，個人的理性思考能力相當有限。他們對抽象思考與自負抱持懷疑的態度，強調個人的本性有其限制。

這些限制部分是關於認識論：理性是薄弱的，而世界是複雜的；我們無法真正理解世界的複雜性，或是完全了解自己。有些限制是關於道德：靈魂的缺陷會導致我們成為自私與自負的人，驅使我們把較低層次的愛，置於較高層次的愛之上。有些限制是關於心理學：我們的內心分成好幾個部分，許多最急迫的心理活動是無意識的，我們只能隱約察覺它的存在。有些限制是社會性的：人類並非自我完成的動物；為了成長茁壯，我們必須讓自己進入一種依賴的狀態——依賴其他人、組織與神。「曲木人性」學派中的限制，無邊無際。

到了十八世紀，道德實在論的死對頭「道德浪漫主義」出現了。道德實在論者強調人類的內在缺陷，而盧梭之列的道德浪漫主義者，強調人類內在的善。實在論者不信任自我，他們信任的是自我以外的組織與社會習俗；浪漫主義者信任自我，不信任外在世界的常規。實在論者相信教養、文明與計謀；浪漫主義者相信本性、個人與真誠。

有一段時間，這兩大傳統力量在社會、創造性張力與對話之中和平共存。只有在藝文界，實在論比較占上風。若你成長於二十世紀初期的美國，你的成長過程無疑充斥著道德實在論的語彙與各種類型，它們會化身為務實的俗語或宗教慣用語。

珀金斯在天職語彙的陪伴下成長，她相信我們有必要壓抑部分自我，以便成為偉大理想的一顆螺絲釘。艾森豪與戰勝自我的語彙一同成長。戴伊從年輕時就學習簡潔、貧困與屈服的語彙。

馬歇爾學習組織性思考，他相信我們都需要獻身給能使個人生命得到昇華的組織。藍道夫與魯斯丁學習節制與自律的邏輯，他們認為，我們即使進行偉大的聖戰，也不能相信自己。這些人並不知道自己體現了實在論的傳統。他們只是呼應了瀰漫在他們成長環境中的實在論精神。

但接下來，實在論崩解了。實在論的語彙與思維被人遺忘，或被邊緣化了。實在論與浪漫主義不再勢均力敵。道德語彙已失去影響力，鍛造靈魂的方法也跟著不再受重視。這個轉變並非發生在一九六〇與一九七〇年代，雖然那段時期是浪漫主義盛行的年代。它發生得更早，在一九四〇年代後期與一九五〇年代。拋棄實在論的人，正是「最偉大的世代」那些人。

到了一九四五年下半年，全世界的人已經忍受了十六年的貧困——先是經濟大蕭條，然後是戰爭。他們已經準備好要解除束縛，放鬆自己，享受人生。眾人湧入商店，購買讓生活變得更輕鬆愉快的商品，民眾消費與廣告業也隨之蓬勃發展。戰後，眾人想要逃離自我克制的束縛，以及罪惡與墮落這類陰鬱的主題。他們只想將大屠殺與戰爭製造的恐懼拋在腦後。

戰爭結束後，世人比較想看的書，是從積極樂觀的角度，提供生活的願景與各種可能性的書。猶太拉比立柏曼（Joshua L. Liebman）在一九四六年出版了《心靈的平安》（*Peace of Mind*），敦請世人銘記一種新的道德觀，這種道德觀要你完全拋開任何壓抑自己的想法，你應該「好好愛自己，不要害怕潛藏的衝動……尊重自己……相信自己。」立柏曼堅信人性本善。「我相信人類擁有無窮的潛能，只要給予適當的指引，世上沒有辦不到的事、做不好的工作與得不到的愛。」他的話觸動了所有人的心弦。這本書也高踞《紐約時報》暢銷書排行榜榜首長達五十八週。

同一年，斯波克（Benjamin Spock）出版了他的經典育兒寶典。這本書的觀念相當複雜，可惜沒有得到太多人的重視，但它呈現了對人性的美好樂觀看法（尤其在前幾版）。斯波克說，如果你的孩子偷了某個東西，你應該送他一個類似的東西做為禮物，這代表你關心你的孩子，而且「只要在合理範圍內，孩子應該擁有他想要的東西」。

一九四九年奧佛斯崔（Harry Overstreet）出版一本極受歡迎的書，名為《成熟的心靈》（*The Mature Mind*），將這個觀點再往前推進。奧佛斯崔主張，像聖奧古斯丁這些強調罪惡觀念的人，「否定了人類天生擁有的自我尊重」。強調人類天生缺陷的看法，會鼓勵大眾「不信任自己，詆毀自己」。

接下來在一九五二年，皮爾（Norman Vincent Peale）推出積極樂觀的《積極思考的力量》（*The Power of Positive Thinking*），帶動這類書籍如雨後春筍般冒出來。皮爾催促讀者，拋開負面想法，激勵自己成就偉業。這本書高踞《紐約時報》暢銷書排行榜榜首九十八週。

然後，羅傑斯（Carl Rogers）這批人本主義心理學家開始登場。羅傑斯堪稱二十世紀最有影響力的心理學家。人本主義心理學家拋棄了佛洛伊德陰鬱的潛意識概念，提倡一種對人性極度樂觀的看法。羅傑斯主張，人最主要的心理問題，在於對自己愛得不夠，因此，心理治療師推動了一股愛自己的風潮。

「人類的行為非常理性，」羅傑斯寫道，「以微妙複雜但有秩序的方式，朝著他的有機生命要努力達成的目標前進。」他認為，最能描述人性的形容詞是「正向、前進、有建設性、務實與值得信賴」。人不需要與自己戰鬥，只需要敞開自己，釋放內在自我，讓自我實現的內在驅動力主導一切。愛自己、讚美自己與接納自己，是通往幸福的途徑。當一個人「能夠自由自在與內在的評價歷程連結，自然就會產生自我提升的行為。」

人本主義心理學幾乎影響了所有學校的每種課程、每家公司的人力資源部門，以及更多自我成長書籍出版。在很短的時間內，許多校園裡貼滿了「我有能力，而且值得人愛」的海報。自我價值提升運動從此誕生。現代人的對話從此充滿了這種浪漫的看法。

追求自我價值的年代

道德文化的轉變，並非粗糙的衰敗過程：從高尚的自制演變為墮落的自我放縱。每個文化氛圍是整個社會對當下問題的集體回應。維多利亞時期的人面臨宗教信仰的衰退，於是他們開始對人格品行進行嚴格的要求，以做為彌補。一九五〇與一九六〇年代的人，面對的是另一些問題。人面對環境的變化，會進行一番權衡取捨做為回應，並促成道德生態的轉變。由於不同時代相信不同的真理，道德氛圍也會跟隨時代的演變，強調不同的重點，不論這是好是壞。有些德行受到注重與培養，有些信念太過頭，有些重要的真理與美德在偶然間被遺忘。

一九五〇與一九六〇年代的文化，開始注重自我觀感與自我價值，結果產生了許多正面的效果；它糾正了一些盤根錯節、不公不義的社會現象。在那個年代之前，許多社會團體（尤其是女性、少數族裔與窮人）一直被灌輸低人一等或羞辱性的觀念。他們被教導要看輕自己。崇尚自我價值的文化，鼓勵這些受壓迫的族群相信自己，提升自己的視野與抱負。

舉例來說，許多女性被教導要抱持恭順的態度，以照顧他人為己任，導致她們養成自我克制的習慣。凱薩琳・葛雷姆（Katherine Meyer Graham）的人生說明了為何有這麼多人樂於從謙讓的人生態度，轉變為自我表現。

凱薩琳生長於華盛頓的富裕出版世家。她就讀瑪黛拉女子中學，這是一所進步但注重教養的私立學校，以「在災難中處變不驚，在優雅中克盡己職」之類的格言教導所有女學生。凱薩琳的父親不苟言笑，要求她絕對順從，她的母親以超高的完美標準要求子女：「我想我們全都覺得自己沒有達成她的期待，導致我們缺乏安全感、自信心不足，而且影響深遠。」凱薩琳在她那傑出的回憶錄中，如此寫道。

那個時代要求女孩子要保持安靜、含蓄且端正，而凱瑟琳在成長過程中，對自我認知方面感到非常痛苦，「我有沒有說對話？有沒有穿對衣服？我的樣子好不好看？這些問題不斷在我的腦海中盤旋，有時令我喘不過氣。」

凱瑟琳在一九四〇年，與精明、風趣而且有個人魅力的葛雷姆（Philip Graham）結婚。葛雷姆經常在有意無意間看輕凱瑟琳的想法與能力。「我逐漸將他視為風箏，而我是隨之飛舞的風箏尾巴——我愈覺得自己受制於他，我受他宰制的情況就愈嚴重。」葛雷姆曾多次出軌，凱瑟琳發現後大受打擊。

患有憂鬱症的葛雷姆，在一九六三年八月三日自殺。六個星期後，凱瑟琳被推舉為華盛頓郵報公司董事長。一開始，她認為自己只是在過渡期，暫時接下公司管理工作，等孩子長大後繼承家業。但當她鼓起勇氣跨出第一步，開始管理公司後，她發現自己其實能夠勝任這份工作。

接下來的數十年，社會氛圍鼓勵凱瑟琳展現自己的主張，充分發揮自身的能力。她接管《華盛頓郵報》那年，傅瑞丹（Betty Friedan）出版了《女性的奧祕》（*The Feminine Mystique*），此書大肆擁抱羅傑斯的人本主義心理學。史坦能（Gloria Steinem）後來也寫了一本暢銷書：《內在革命：一本關於自尊的書》（*Revolution from Within: A Book of Self-Esteem*）。

布拉德博士（Dr.Joyce Brothers）是當時知名的專欄作家，她一針見血道出這個精神：「至少有一部分的時間，把自己放在第一位。社會不斷為女性洗腦，要她們相信，丈夫和孩子的需求永遠比自己的需求更重要。社會告訴男性，把自己放在優先是基本需求，卻從來不這麼告訴女性。我不是要鼓勵你自私，我談的是人生的基本原則。你必須決定自己想要幾個孩子、想交什麼樣的朋友，想和家人維持什麼樣的關係。」

這些強調自我實現與自我價值的觀念，讓無數女性知道，該如何表達與培養自我主張、強韌的力量與自我認同。凱瑟琳後來成為全世界最受敬重與最有權力的出版公司老闆。她把《華盛頓郵報》打造成高獲利的全國性主流報紙。水門案發生時，她挺身與尼克森主掌的白宮以及濫權風暴對抗，力挺自家記者伍華德（Bob Woodward）與伯恩斯坦（Carl Bernstein），以及揭露這個醜聞的其他記者。

凱瑟琳並沒有完全克服缺乏安全感的狀況，但她學會展現一種堅毅的形象。她的回憶錄是本傑作，含蓄、誠實且具有權威性，不帶一絲自憐或虛假的情感。

就和許多女性與少數族裔的成員一樣，凱瑟琳需要一個更高、更精確的自我形象——從「以他人為先」，轉變為「以我為先」。

忠於自我

大眾開始採納以我為先的心態，改變了對人性與人類生命樣貌的基本假設。若你的年紀不大於六十歲，你很可能一輩子活在哲學家泰勒（Charles Taylor）所謂的「忠於自我的文化」中。這個思維是建立在一個浪漫概念上：每個人自我的核心，都有一個黃金形象。每個人天生具有良善的真實自我，值得你信任、諮詢與連結。你的個人感覺可以指引你判斷什麼是對、什麼是錯。

根據這個精神，你應該信任自我，而非懷疑它。你的欲望就像是內在神諭，告訴你什麼是對的、真實的。當你覺得內心和諧，你知道你做了對的事。所謂可信賴的生活法則，就是你自己決定或接受的那些原則，也覺得那麼做是對的。

泰勒如此描述這種文化：「我們的道德救贖來自找回內心真實的道德連結。」重點在於，聆聽那個純淨的內在聲音，不要跟隨衰敗的外在世界起舞。泰勒認為，「我有自己的生存方式，我受到召喚而過這種生活，不去模仿任何人的生活方式……。若不這麼做，我就錯失了人生的意義，錯失了身為人類對我的意義。」

我們從自我戰鬥的舊傳統，進入自我解放與表現的新世界。我們不再從外在客觀的良善，尋找道德權威，而是在每個人獨一無二的原始自我之中找到。我們根據個人的內在感覺判斷對錯。我知道我做的是對的事，因為我的內心很和諧。相反的，當我覺得自主權受到威脅，當我覺得沒有忠於自己時，一定有哪些地方出差錯了。

根據這個精神，你不會在你的自我裡找到罪惡，而是會在外在的社會結構中找到——種族主義、不平等，以及壓迫。如果要提升自我，就必須學會愛自己，忠於自己，不要懷疑自己，不要做自我掙扎。如同電影「歌舞青春」中某個角色所唱的：「答案全在我心中／我只需要相信自己就好。」

最新現況

這種以我為先的認知與文化轉變，因為經濟與科技變革而增強。所有現代人都活在科技文化中。與許多科技恐懼者不同，我不太相信社交媒體會對文化產生毀滅性的影響。沒有證據顯示，科技會導致人脫離真實世界，活在虛假的網路世界裡。但資訊科技對道德生態產生了三種影響，使得以我為先的亞當一號本性更加膨脹，同時削弱了較為謙卑的亞當二號。

第一個影響是，人際溝通變得更快、更繁忙。我們更難以聽見來自內心深處溫柔、安靜的聲音。自古以來，人類在僻靜、與人隔離和靜止的時刻，在平靜交流的時刻，最能覺察內心深處的聲音。經過長時間的靜止，才能讓外在亞當安靜下來，聽見內在亞當的聲音。這些靜止與安靜的時刻，已經愈來愈稀有，現在我們動不動就伸手找智慧型手機。

第二個影響是，社交媒體創造了一個充斥自我指涉資訊的環境。我們擁有更多工具與機會，建構一種為自己量身訂做的文化與心理環境。現代的資訊科技使得家庭成員即使坐在同一個房間裡，仍可以各自盯著手中的螢幕，看不同的節目、電影或玩遊戲。現代人不再是大眾傳播世界「蘇利文秀」的旁觀者，而是成為個人專屬媒體太陽系裡的太陽，依照自己的需求，創造出由各種節目、應用程式與網頁組成的網絡。一則雅虎廣告信誓旦旦的說：「網際網路開始有你的個性了！」地球連線網（Earthlink）的廣告標語是：「地球連線網以你為中心而運轉。」

第三個影響是，社交媒體鼓吹一種播放式的個性。人類天生會尋求社會認同，同時害怕被孤立。社交網絡科技使我們投身於極度競爭的注意力世界裡，企圖爭取他人的矚目，贏得最多的「讚」。你有更多機會可自我推銷，就像名人一樣，管理自己的形象，用 Snapchat 自拍各種照片，吸引眾人的目光與喜愛。社交媒體創造了一種文化，使每個人儼然成為品牌經理，運用臉書、推特、簡訊與 Instagram，創造出一個偽裝愉快、過於活躍的外在自我，這個自我先是在小型社群裡出名，幸運的話，還能在社會上一夕爆紅。

這種自我的管理者根據獲得多少外界回應來衡量自身的成就。社交媒體玩家花時間創造出誇大的自畫像，將真實生活改造成更快樂、更上相的版本。人多多少少會拿自己和別人的精采生活做比較，當然免不了感到自慚形穢。

精英社會裡的人類靈魂

精英制度的淬鍊強化了一個概念——每個人都是有能力的人。它同時助長人自我吹捧的傾向。若你的年紀不大於六十或七十歲，你就是強調競爭的精英社會的產物。和我一樣，你一輩子都在努力為自己開創出一些什麼，努力獲得一些影響力，努力在世界上獲得合理的成就。這意謂你必須面對許多競爭，著重個人成就——取得優異的學業成績，進入最好的大學，找到對的工作，努力追求成功與地位。

這種競爭壓力意謂我們必須把更多時間、力氣與精神，放在外在的亞當一號上，在成功的階梯奮力往上爬。因此，我們只剩下少量的時間、力氣與精神，可以給亞當二號的內在世界。

我從自己身上發現、也在別人身上觀察到某一種精英心態。這種心態建立在浪漫主義傳統的自我信任與自我膨脹觀點，同時欠缺詩意與靈性。如果道德實在論者將自我視為有待開墾的荒地，如果一九七〇年代加入新時代（New Age）運動浪潮的人，將自我視為有待實現的伊甸園，那麼生活在壓力極大的精英社會的現代人，往往傾向於把自我視為有待發揮的庫藏資源。於是，人比較不會把自我視為靈魂的載體，或是超凡靈性的寶庫，而是裝載能力的容器。它涵蓋一系列的才能，有待我們有效且謹慎的加以培養。人的自我由它的任務與成就來定義；自我關乎才能，而非人格。

蘇斯博士一九九〇年出版的繪本《你要前往的地方！》，精妙捕捉了精英心態的精髓。這本書是《紐約時報》排行榜有史以來銷量第五高的書，至今仍是極受歡迎的畢業禮物。

故事的主角是個小男孩，大人告訴他，他擁有各種了不起的才華與天賦，也有絕對的自由可以選擇自己的人生道路：「你的腦袋裡有大腦。你的鞋子裡有腳。你可以朝任何一個方向前進。」大人也告訴這個男孩，人生的重點在於滿足欲望。「你必須靠你自己。你懂的已經夠多了。你必須自己決定要往哪裡去。」

男孩一生中面對的挑戰大多來自外在世界，而他追求的人生目標全都是亞當一號的目標。「名聲！你將會聲名大噪／全世界的人會透過電視看見你的成功。」男孩最大的目標是成功，在外在世界擁有影響力。「你會成功嗎？會的！你一定會成功／你有百分之九十八又四分之三的成功率。」這個成功故事的主角是「你」，在這本簡短的童書中，「你」這個字出現了九十次。

這名男孩擁有絕對的自主性，他可以完全按照個人意願，自由做出任何選擇。大人告訴他，他有多麼棒。他不需要為任何內在缺陷而憂慮。他靠著努力與不斷晉升，證明了自己的價值。

精英社會使人釋放出驚人的能量，透過好壞參半的方式，將人按照位階排序。但精英社會也對人格、文化與價值觀，產生了微妙的影響。以個人長處為基礎所建立的高度競爭制度，會鼓勵人只考慮自己，只想著培養自己的技能。工作成為定義人生的一大特徵，特別是當你開始因為職位獲得社交邀約。這個制度以微妙、和緩但全面的方式，在我們心中注入功利的算計心機。

精英社會巧妙的助長了一種工具性精神，使得每個場合（派對、聚餐）與每個認識的人，都成為你提升地位與追求飛黃騰達的契機。人開始傾向採取商業思維——談論機會成本、擴展性、人力資本、成本效益分析，甚至在談到如何使用私人時間時也是如此。

「人格」這個詞的意義改變了。世人不再用它來描述無私、慷慨、自我犧牲這類特質，或是其他無助於我們取得世俗成就的特質。而是用它來描述自制、勇氣、堅韌、不屈不撓這類特質，也就是更能促成世俗成就的特質。

精英制度希望你誇大自己、膨脹自己，對自己要有百分之百的自信，相信自己有資格得到許多東西，並得到你應得的東西（只要是合理的）。精英社會希望你提出自己的主張，並為自己宣傳。它希望你展現並誇大自己的成就。假如你能展現優於他人的特點——透過各種肢體動作、對話方式與服飾風格，展現出你比周遭的人更聰明、更時髦、更有成就、更有手腕、更出名、更有人脈，以及走在時尚的前端，那麼成就機器就會獎賞你。它鼓勵縮小範圍，鼓勵你成為一隻狡獪的動物。

狡獪的動物會把內在的人性調整得更符合效率，以便讓自己順利一路晉升。他會小心管理自己的時間與感情世界。以前的人以詩意的思維去做的事，例如上大學、遇見心儀對象，或是與雇主打好關係，現在的人以職業的思維去做這些事。這個人、機會或經歷對我有用嗎？我可沒有時間被戀愛和熱情沖昏頭。全心全意對某個使命或戀情做出承諾是要付出代價的。如果你為某個重要目標做出承諾，你就封閉了追求其他重要目標的機會。你害怕自己可能錯失任何事物。

從以別人為先的文化，轉變為以我為先的文化，這個趨勢並非不合理，但是有點衝過頭了。歷經浪漫的正向心理學風潮，然後是社交媒體的自立品牌精神，最後是精英社會高度競爭的壓力，強調個人限制與道德掙扎的實在論傳統，在這個文化轉變的過程中，不經意被邊緣化，拋在一旁。這個新的道德生態，不斷強化外在亞當一號的力量，而忽略了內在亞當二號，結果導致失衡現象。

在這種文化中，世人用外在能力與成就定義自己，大家都急著告訴別人自己有多少事要忙，形成了一種崇尚忙碌的心態。如同我的學生李維（Andrew Reeves）曾說的，這種文化培養出一種不現實的期待，以為人生會以線性發展，理所當然朝著通往成功的斜坡向上爬。它鼓勵人接受「差強人意」的結果，發揮最低限度的能力，把事情應付過去，做出最低限度的承諾，把工作在時限內完成，不需要對任何事做出全心全意的承諾。

這個傳統告訴你，怎麼做才能讓自己登上階梯的頂端，但它不鼓勵你問自己，為何要做這些事。它不會教你如何在不同職業發展路徑與不同行業之間做抉擇，如何決定什麼事符合最高的道德標準。它鼓勵大家變成尋求他人認可的機器，按照他人的讚美多寡，決定自己人生價值的高低：如果別人喜歡你，賦予你某種地位，這代表你一定做對了。精英社會的文化有其矛盾之處。它鼓勵人充分發揮能力，卻導致道德感萎縮，而我們需要道德感的指引，才能找出正確的人生方向，獲得有意義的人生。

有條件的愛

精英社會的功利主義、工具性的思維，可能會扭曲此種神聖的牽絆：親子關係。

現代教養觀念有兩大特點。第一個特點是，孩子得到前所未有的讚美。帕克（Dorothy

Parker）曾說，美國小孩不是在教養中長大，而是在激勵中長大——父母給他們食物、住處與稱讚。這個情況在今日更是如此。父母不斷告訴孩子他們有多麼特別。加州大學洛杉磯分校對即將入學的大學新鮮人進行的調查發現，在一九六六年，僅有百分之十九的高中生以A或A^-的平均成績畢業。到了二〇一三年，這個比例已上升為百分之五十三。年輕人總是被讚美聲圍繞，使得他們對自己產生極高的期待。根據安永會計事務所（Ernst & Young）的調查，有百分之六十五的大學生期望將來成為百萬富翁。

第二個特點是，孩子獲得前所未有的栽培。受過高等教育、家境較富裕的現代家長，比過去世代的父母花更多時間為孩子做準備——花錢讓他們學習技能，開車送他們去上課練習與表演彩排。哈佛大學的莫奈恩（Richard Murnane）發現，大學畢業的家長，每年在每個孩子課後才藝學習的投資，比起一九七八年多出五千七百美元以上。

這兩項趨勢——更多讚美、更多栽培——以更有趣的方式結合了。孩子沉浸在父母的愛裡，但這個愛是有方向性的。父母為孩子付出大量情感，但這不是普通的情感，而是精英式的情感，它參雜了渴望幫助孩子取得世俗成就的期待。

有些家長表達愛的方式，會在不自覺中引導孩子發展出他們認為有助於孩子獲得成就與幸福的行為。當孩子用功讀書、認真練習、拿第一名、進入知名大學，或是加入榮譽團體（在現在的學校裡，「榮譽」一詞代表成績優異），他們就顯得格外高興。父母的愛變成論功行賞的獎賞，它不是單純的「我愛你」，而是「當你在我心中的天秤保持平衡，我才愛你；當你達到我的標準，我才給你讚美與關懷。」

一九五〇年代的家長對孩子的期待，往往是希望孩子聽話；現代的家長則表示，他們比較希望孩子有自己的想法。話雖如此，但現代家長並非不期待孩子聽話，只是他們把這期待變成不公開的祕密——從直截了當的規定與訓話，獎勵與懲罰，轉變為意圖半遮半掩的認可與不認可。

這種論功行賞的愛隱含了一種可能性：當孩子令父母失望，他們就會把愛收回。父母嘴巴上一定會否認，但這種有條件的愛就像野獸，潛伏在孩子周遭。有條件的愛像是罩頂的烏雲，它會製造出恐懼的氛圍，使孩子以為絕對穩固的愛並不存在，他們找不到一個絕對安全的地方，可以全然坦誠與全然做自己。

但另一方面，現代的親子關係可能變得比以往更加親密。父母與孩子（即使上了大學）可以無話不說。孩子心中雖然隱約有所懷疑，但他們接受了圍繞在周遭的龐大成就運作系統。他們屈從於這個系統，因為他們渴望得到父母的認可。

但這個情況比表面上看起來更令人憂慮。有些孩子認為，這種論功行賞的愛是天經地義的。父母的認可與不認可潛藏在語言表象下的深處，令人察覺不到。孩子愈來愈相信，他們必表現出某些行為，才有資格得到別人的愛，而這個想法對他們造成了巨大的精神壓力。在內心深處，孩子非常懼怕會失去自己在這個世界上最重要的人際關係。

有些家長在不自覺中把孩子視為有待完成的藝術品，他們認為孩子需要透過心靈與情感工程的雕琢，才能成器。父母的這種心態隱含了一種自戀——堅持孩子一定要上大學、擁有成就，為自己帶來社會地位與欣慰。孩子若無法確定能否得到父母的愛，就會對父母的愛產生強烈渴求。這種有條件的愛就像是一種強酸，腐蝕孩子的內在準則，使他們對於自己的興趣、事業、婚姻與人生，失去做決定的能力。

親子關係應該建立在無私的愛之上，是不能靠交換、收買而得的餽贈。它不在精英社會的邏輯範疇裡，而應該以人性的恩慈來視之。但在上述情況中，想要在亞當一號的世界追求成功的壓力，影響了親子關係，而這種關係應該依循另一種邏輯運作（也就是亞當二號的道德邏輯）。最後的結果就是，這個社會充斥著內心千瘡百孔的孩子。

自拍年代

科技發展與精英文化並沒有使我們墮落為野蠻人，但削弱了我們道德表達的能力。許多人基於直覺，能夠分辨對錯，知道良善與人格是如何形成的，但這是屬於一種很模糊的了解。很多人其實並不清楚該如何培育人格，找不到可以遵循的嚴謹方法思考這方面的事。我們對於外在、與工作有關的事瞭如指掌，對於內在、與道德有關的事，所知卻含糊不清。現代人與道德的關係，就像維多利亞時期的人與性的關係：一切被掩蓋在委婉的語彙之下。

這種文化的變遷改變了我們。首先，它使我們變得更物質化。現代大學生表示，他們更重視金錢與事業成就。加州大學洛杉磯分校每年會對全美國的大學新鮮人取樣調查，了解他們的價值觀與人生目標。一九六六年，有百分之八十的新鮮人表示有很強的動機想培養有意義的人生觀。現在，只有不到半數的受訪者有這個意願。一九六六年，有百分之四十二的人表示致富是重要的人生目標。到了一九九〇年，有百分之七十四的人認同這個說法。經濟保障在過去只得到普通程度的重視，現在卻已成為學生的首要目標。換句話說，在一九六六年，大學生覺得向他人展現自己喜愛思考與追求意義的形象，是件重要的事。到了一九九〇年，大學生已經沒有這種需求了，他們覺得告訴別人自己最感興趣的是賺錢，也是天經地義的事。

現代人活在傾向於個人主義的社會中。假若你謙卑的認為，光靠一己之力不足以擊敗缺點，那麼你會明白必須倚靠外界的協助，才能獲得救贖。但是假如你自豪的相信，最正確的答案可透過聆聽內心的聲音找到，你就比較不會在意別人的想法。可想而知，人與人之間的親密程度也隨之下降。

數十年前的調查顯示，每個人通常會有四或五個至交，也就是無所不談的好朋友。到了現在，知心朋友減少為二或三人。有百分之三十五的成年人表示長期感到孤獨，這個比例在十年前只有百分之二十。在此同時，眾人的社會信賴感也降低了。調查問道：「你比較認同以下哪個說法：你可以信任大多數的人，或你要隨時小心提防別人？」在一九六〇年代，絕大多數的受訪者選擇前者。但到了一九九〇年代，後者比前者高出二十個百分點，而且近年來差距正不斷擴大。

人的同理心也不斷減少，至少他們是如此描述自己。密西根大學曾針對「了解他人感受的能力」進行研究，結果發現，與一九七〇年代的大學生相較，現今大學生的得分下降了百分之四十，而且最大的下滑幅度出現在二〇〇〇年之後。

一般大眾使用的語彙也離道德愈來愈遠。Google 掃描了過去數十年來的書本與出版品的內容，對所有文字的使用頻率進行統計。你可以在這個網頁輸入幾個詞，看看過去這麼多年來，哪些詞比較常用，哪些比較少用。過去數十年來，傾向個人主義的詞彙與用語，例如「自我」與「個人化」、「我最重要」與「我可以獨自完成」，使用頻率呈現驚人的上升曲線。而社群相關語彙，例如「社群」、「分享」、「團結」與「公眾利益」，則呈現顯著下滑的趨勢。與經濟和商業有關的用語，使用頻率不斷提高，而與道德和人格培育相關的詞彙，使用頻率正不斷下降。「人格」、「良知」與「德行」這類詞彙的使用，在二十世紀開始全面減少。「勇敢」一詞的使用率，在二十世紀下滑百分之六十六；「感恩」下滑百分之四十九；「謙遜」下滑百分之五十二；「仁慈」下滑百分之五十六。

亞當二號語彙的使用減少，使得大家對自己的道德觀念說不出個所以然的情況，變得更加嚴重。在這個道德自主的年代，每個人都被期待有自己的世界觀——若你是亞里斯多德，你可能辨得到；但我們不是。聖母大學的史密斯（Christian Smith）對美國大學生的道德觀進行研究，並在二〇一一年出版《遺失在變遷中》（*Lost in Transition*）。史密斯請受訪者描述最近面臨的道德難題是什麼。結果發現，有三分之二的人不是無法描述道德難題，就是描述的問題與道德無關。比如有一個人說他最近面臨的道德難題是：當他把車開進停車場停好，卻發現自己沒有零錢可以投入計費機。

「沒多少年輕學生和我們當年一樣，曾經思考過各種問題。」史密斯與另一位共同作者如此表示。現代的學生不知道，道德難題源自兩個合法的道德價值觀互相衝突。他們以為道德的選擇取決於哪個選項讓人感覺起來是對的，哪個選項引發舒服的情緒。有個學生的回答最具代表性：「我覺得事情的對錯取決於我對這件事的感覺。但每個人對同一件事有不同的感受，因此我無法代替任何人決定，什麼是對、什麼是錯。」

若你相信最終的答案來自內在真實的自我，那麼你必然是個情緒主義者，你根據心中浮現的感受，做出道德判斷。於是你必然成為相對主義者，因為一個真實的自我沒有任何根據，可對另一個真實自我做出評斷，或與其爭論。你必然成為個人主義者，因為最終的仲裁者是內在的真我，而非任何社群標準或重要的外在規範。你必然與思考這些問題所需的道德語彙漸行漸遠。你的內在生活必然變得平淡無奇，而非有時因獲得啟發而亢奮，有時因絕望而低落，倫理道德的決定只是件無趣的事，不會令人特別感興趣。

過去的人內心為道德抉擇而掙扎，現代人的內心為追求成就而掙扎。道德感被實用性取代。亞當二號被亞當一號取代。

錯誤的人生

托爾斯泰在一八八六年出版了知名的中篇小說《伊凡．伊里奇之死》。故事主角是個成功的律師，後來成為地方法官。有一天，他正在為漂亮的新家掛窗簾時，不慎摔到地上。起初他不以為意，後來卻發現味覺出了問題，然後開始生病。他終於意識到，四十五歲的自己大限將至。

伊里奇事業有成，一生不斷向上晉升。托爾斯泰告訴我們，伊里奇是個「有能力、心情愉快、脾氣好，而且喜歡社交的人，雖然他在執行工作時一絲不苟：他眼中的職責，就是在上位者認定他該做的事。」換句話說，他是當時的道德生態與社會位階制度下的成功產物。他擁有一份好工作與好的名聲。他與妻子相敬如「冰」，但是他與家人相處的時間不多，並且認為這個情況很正常。

伊里奇試著重拾過去的思考方式，但一想到自己即將死去，許多新的想法就不斷冒出來。他回想起甜蜜的童年時光，然而，他愈回顧成年生活，愈感到不滿意。他的急就章婚姻幾乎像個意外。年復一年，他總是把所有心思放在金錢上面。他的事業成就現在看起來變得微不足道。「或許，我沒有按照我該有的人生而活？」他突然這麼問自己。

同時向上與向下發展，是整個故事的主軸。伊里奇在外在世界爬得愈高，在內在世界就墜落得愈深。他開始體會到，自己的一生是「向下墜落的石頭，而且墜落的速度愈來愈快」。

他也發現心中曾有過小到幾乎難以察覺的衝動，想要反抗社會認同的價值觀，但他從來沒有真正把這些念頭放在心上。現在他意識到，「他的工作職責，以及他的人生與家庭的所有規劃，還有他的社交與公務興趣，可能全都走錯方向了。他試著為這些事實辯護，但突然發現，他想辯護的事其實站不住腳；他根本沒有可辯護之事。」

托爾斯泰讓伊里奇感到自己的亞當一號人生一無是處，這個安排或許過火了些，因為伊里奇的一生並非全然虛假或毫無價值。但托爾斯泰清楚描繪出一種人，這種人直到死期將至，才意識到自己從未經營內在生命。伊里奇在臨終前的幾個小時，終於瞥見他早該明白的事：「他掉進洞裡，看見洞的底部有一道光亮……。在那一刻，伊凡．伊里奇不斷墜落，看見了那道光，他突然明白，他雖然沒有按照應有的人生藍圖過一生，但仍有補救的餘地。他自問：『什麼才是我應該做的事？』他安靜下來，開始傾聽。」

許多人的處境和伊凡．伊里奇一樣，意識到所屬的社會制度，正把自己推向一種只注重外在世界的不完整人生。但我們擁有伊里奇所沒有的東西：我們還有時間可以修正情況。但問題在於，該如何修正？

答案只有一個：起身對抗（至少一部分的）現行主流文化，加入某個逆主流文化。要回歸人生的正軌，打造完整的靈魂，我們可能需要宣告：鼓勵「以我為先」的力量，雖然有其必要，而且在許多方面解放了我們，但已經衝過頭了。我們失去平衡。我們可能需要把一隻腳放進追求成就的世界，把另一隻腳放進與成就導向相抗衡的逆文化。我們需要在亞當一號與亞當二號之間重新取得平衡，並且意識到，亞當一號與亞當二號若有任何區別，後者應該比前者更重要。

謙遜準則

社會會創造自己的道德生態。道德生態涵蓋了一套常規、假設、信念與行為習慣，以及自然有機發展的一套普遍被接受的道德要求。道德生態會鼓勵我們成為某一種人。當你的行為與社會的道德生態一致，別人就會嘉許你，於是受到鼓勵的你會繼續採取這樣的行為。不論在任何時刻，道德生態都不會毫無雜音，一定會有反抗、批評與體系外的聲音。每個道德氛圍是社會對當下問題的集體反應，它會影響置身其中的每一個人。

過去數十年來，我們按照以我為先的概念，以及心目中的黃金形象，建立了現在的道德生態。這個道德生態導致自戀與自我膨脹的風潮開始盛行，鼓勵我們聚焦於本性中亞當一號的那一面，同時忽略了亞當二號的內在世界。

要重獲平衡，重新發現亞當二號，培育值得讚頌的美德，需要回歸並遵從那些被我們不經意拋在腦後的東西：與現代傳統相反的道德實在論，或我所謂的「曲木人性」學派。我們可能需要根據這個學派的思想，建立道德生態，按照此學派對最重要的問題所提出的答案而行：我的人生該以什麼為目標？我是誰，我的本性是什麼？我該如何形塑我的本性，使它一天比一天好？哪些是最值得培育的美德？哪些是最該防備的缺陷？我該如何教養孩子，使他們明白自己的本質，並教給他們一套實用觀念，使他們知道如何在人格培育的漫漫長路上前進？

到目前為止，定義「曲木人性」思想的論點，散布在本書的各個章節。我把這些論點整理成一個清單，並簡要重述，雖然以編號清單的形式呈現，可能會使這些概念顯得過於簡化與粗糙。這些論點形成一個謙遜準則，一個連貫一致的形象。

它告訴我們該如何生活，以及為了什麼而活。以下是這個謙遜準則的概述：

1. 我們不為快樂而活，而是為神聖性而活。我們每天都在尋找享樂，但在內心深處，人類天生擁有道德想像。我們想要擁有的人生，不只是追求享樂，還要追求使命、正當性與美德。如同彌爾（John Stuart Mill）所說，人類有責任隨著年歲增長，擁有更深厚的道德感。最美好的人生追求靈魂的不斷提升，同時從道德喜悅、發自內心的感恩，以及歷經道德掙扎後隨之而來的平靜，獲得滋養。有意義的人生是永恆的，由某些理想以及為這些理想奮鬥的人組成。人生的本質是道德，而非享樂。

2. 上述論點定義了人生的目標。人格培育的漫漫長路始於對本性的精確了解，而這個了解來自於意識到我們是有缺陷的動物。我們天生有自私與過度自信的傾向，傾向把自己視為宇宙的中心，以為世上一切以我們為中心而運轉。我們下定決心要做某件事，但最後做的往往是相反的事。我們明知什麼才是人生中深刻與重要的事物，但追求的卻是膚淺與虛榮的東西。此外，我們高估了自己的能耐，並將失敗合理化。我們所知遠比自以為的更少。我們屈服於眼前的欲望，即使明知不該如此。我們幻想靈性與道德需求，可經由地位與物質滿足。

3. 雖然人是有缺陷的動物，但人同時擁有許多禮物。人的內心是分裂的，令人害怕又如此美好。我們會做罪惡的事，但也有能力辨識出罪惡的存在，為此感到羞愧，最後戰勝它。人既脆弱、又強悍，被束縛但擁有自由，盲目但有遠見。正因為如此，我們擁有自我掙扎的能力。經過自我掙扎的人擁有一種英雄式的形象，他被綁在良知的刑架上，飽受折磨，但終究存活下來，而且變得更加強悍；他為了獲得內在的勝利，願意犧牲世俗的成功。

4. 在與個人的缺陷對抗時，謙遜是最大的美德。謙遜是對本性以及自己在宇宙中所占的位置，擁有精準的評價。謙遜是意識到，在與自身缺陷奮戰的過程中，你屬於弱勢的一方。謙遜是意識到，光靠你個人的才能，不足以應付你被賦予的任務。謙遜會提醒你，你並非宇宙的中心，你為一個更大的秩序而服務。

5. 驕傲是最主要的罪惡。它會導致我們的感受失真。驕傲使人盲目，看不見本性的分裂，看不見自身的缺陷，並誤導我們看見一個比實際情況更好的自己。驕傲使人變得過於篤定與封閉，使人難以在渴求的對象面前示弱，使人變得鐵石心腸與殘酷。驕傲驅使人想要證明自己比周遭的人更優秀。驕傲誘導人誤以為人生的劇本是自己寫出來的。

6. 生存的基本需求一旦獲得滿足，追求美德與對抗罪惡的掙扎，就成為人生的主軸。外在衝突再嚴重或戲劇化，也不如與自己的缺陷對抗來得激烈。向自私、偏見或不安等缺陷宣戰，可為人生帶來意義與形狀，這比在外在的成功階梯向上爬更為重要。與罪惡之戰是個偉大的挑戰，它可使人生不再顯得微不足道或荒謬。我們可能以愉悅或苦澀的心情面對這場戰役，而結果可能是勝利或失敗。向缺陷宣戰通常意謂，選擇開發哪個部分的自己，以及不開發哪個部分的自己。對抗罪惡與缺陷的目的不在於「獲勝」，因為我們不可能獲勝，真正的目的在於，使自己愈來愈懂得如何與罪惡和缺陷對抗。至於你的工作是操作避險基金，還是在慈善機構為窮人服務，一點也不重要。這兩種世界都有英雄與笨蛋。最重要的是，你是否願意參與這場戰鬥。

7. 人格透過內在的對抗過程形成。在你與自己的弱點對戰的過程中，你的人格所涵蓋的性格、欲望與習慣，會逐漸成形。你會透過千百個微小的行為，包括自制、分享、服務、培養友情與文雅的享樂，變得更有紀律、更體貼，以及更懂得愛人。若你做出自律與關心他人的選擇，你就逐漸為自己雕琢出某些性情，使自己更可能渴望得到對的東西，做對的事。若你做出自私、殘酷或混亂的選擇，你就逐漸使內在的核心部分變得墮落、多變或支離破碎。只要你心中存有卑鄙的想法，不需要傷害任何人，就會損及這個核心。你可以在沒有任何人看見的時候，展現自我克制，藉此提升此核心部分。假如你不透過這個方法，培育出一個統一的人格，你的人生遲早會分崩離析，你會一天到晚被情緒牽著走。但如果你經常要求自己要自律，你就會變成一個始終如一且可靠的人。

8. 導致我們脫離正軌的都是短暫的渴求，例如欲望、恐懼、虛榮心與口腹之欲。所謂的品格可長久持續存在，例如勇氣、誠實、謙遜。追尋品格之人能夠長期遵循某個方向行事，長時間忠於某些人、某些理念與某些使命，不畏艱險。他們有定性，並非沒有原則、毫無目標，且絕不孤單。他們會對重要的事做出恆久不變的承諾。在理性上，他們對基本的真理有堅定的信念。在情感上，他們被無條件的愛層層圍繞。在行動上，他們會對個人此生無法達成的崇高使命，做出恆久不變的承諾。

9. 沒有任何人能獨力做到克己。光靠個人意志、理性、慈悲心與人格，無法確保我們可以一再擊敗自私、驕傲、貪婪與自欺。每個人都需要來自外界的奧援，來自神、家人、朋友、先人、規定、傳統、制度與典範。若想透過與自己的對抗而成長茁壯，就必須接納來自外界的力量。你必須向外借兵，藉此與內在的力量抗衡。你必須向能教化人心、鼓勵某些價值觀、教導我們在某些情況下該有什麼感受的文化傳統取經。我們與其他人一同與自己的內心奮戰，不分彼此。

10. 所有人最終都會因為恩典而被拯救。與缺陷的奮戰趨勢通常以U形曲線呈現。你先是因為受到打擊而脫離正軌，可能是因為失戀、失敗、生病、失業或命運的作弄，陷入前進——後退——前進的模式。在後退期，你承認自己的需求，並放下身段。你開啟內心的空間，讓其他人進入。然後，恩典就會流入。這恩典可能化身為朋友與家人的愛，可能來自意料之外的陌生人的協助，或是來自神。不論以何種形式現身，它所傳達的訊息是相同的：你被接納了。你無須因為絕望而四處求援，因為別人的手會將你高舉。你無須為了找到容身之處而汲汲營營，因為你已被擁抱與接納。你只需要接受一個事實：你已經被接納了。感恩之情會盈滿你的靈魂，激起你想要服務與回饋的欲望。

11. 要擊敗弱點，通常要先使自我安靜下來。唯有使自我安靜下來，使自我發出的喧譁聲沉默下來，才能看清這個世界。唯有使自我安靜下來，才能向你需要的外在力量的源頭敞開。唯有使敏感的自我靜止下來，才能以平靜的心，回應這個過程的跌宕起伏。因此，與缺陷的奮戰需要謙讓的性格，也就是緘默、虛心、服從某個更大的力量，以及敬畏與讚美的能力。

12. 智慧始於認識論的虛心。這個世界的複雜程度遠超出我們的理解，而每個人的腦力非常有限。我們通常沒有能力理解極其複雜的因果脈絡。甚至連自己意識層面之下的廣闊世界，往往也沒有能力掌握。我們應該對抽象理解能力，或是將通用法則應用在不同脈絡的想法，抱持懷疑的態度。但千百年來，先人建立了一個涵蓋實用智慧、傳統、習慣、規矩、道德情操，以及務實做法的一般資料庫。因此，謙卑的人會擁有敏銳的歷史意識。他以感激的心承接一切，包括族人的沉默智慧、行為準則，以及各種天生的感受。這些先人留下的資產，可供我們在緊急狀況時隨時取用，提供實用的提示，告訴我們在各種情況下該採取哪些行為，同時鼓勵我們養成符合美德的習慣。謙卑的人明白，與純粹的理性思考相較，經驗能教授的東西更多。他明白智慧不等於知識。智慧源自理性美德的集合，即使欠缺充足的知識，擁有智慧的人仍知道該如何行動。

13. 唯有以天職為主軸的人生，才能算是美好的人生。若工作的目的是為自己服務，你會發現抱負與期待永遠難以實現，也永遠得不到滿足。若你試著服務社群，你永遠不知道，別人對你的感激夠不夠多。但若你從事本質令人矚目的工作，並專注把事情做到最好，就會以間接的方式，達到服務自己與社群的目的。向內在尋找熱情，無法幫助你找到天職，唯有向外在追問，生命要我們做些什麼，才能找到你的天職。你天生熱愛從事的活動，能解決什麼問題？

14. 最優秀的領導者，會順著人類的本性而行，而非反其道而行。他知道自己就和追隨者一樣，有時可能會表現出自私、小心眼與自欺的行為。因此，他偏好卑微與穩健、而非崇高與英雄式的作風。只要制度的基礎是穩固的，他寧可進行持續、逐步、漸進式的改變，而不要進行激烈與突然的改變。他明白公共事務是一部分的真理與互相競爭的合法利益之間的競爭。領導者的目標，是在互相競爭的價值觀與互相競爭的目標之間取得平衡。他志在成為一個調整者，隨著狀況的變動移動砝碼，確保船的龍骨保持平衡，使船能平穩前進。他知道在政治界與商業界，負面事物的影響力遠大於正面事物的影響力。相較於所有正確的決策累積出來的獲益，錯誤的決策所造成的負面風險，其影響更大。因此，明智的領導者是組織的管家，努力讓組織變得比原來更好一些。

15. 成功戰勝缺陷與罪惡的人，不會因此變得更富有或更出名，但會變得更成熟。成熟並非源自才能，或是任何生理或心理的天賦，它無法使你在智商測驗拿高分，或是跑得比別人快，或是動作比別人更優雅。成熟是無法比較的。比別人更擅長於某件事，無法使你變得成熟。唯有當你變得比過去的自己更好，你才會變得更成熟。唯有當你在面臨考驗時，成為值得倚賴的人，在面對誘惑時展現正直的人格，你才會變得更成熟。成熟沒有耀眼的光彩，它並非建立在使人出名的特質之上。一個成熟的人擁有持續且一致的目標。成熟的人內心已經從支離破碎的狀態，轉變為擁有中心思想的狀態；他已經通過了焦慮不安的關卡，對人生的意義的使命不再迷惑。成熟的人做決定時，不會因為支持者或詆毀者的正面與負面反應而受影響，因為他有一套穩固的決策標準，知道什麼才是對的。他會為了少數的崇高目標，而向許多事說不。

生活模式

本書提及的人物，遵循許多不同的途徑，具備許多不同的特質。

有些人（奧古斯丁與約翰遜）有很強的內省能力，另一些人（艾森豪與藍道夫）則沒有這種能力。有些人（珀金斯）為了達到目的，願意進入政壇，把手弄髒。另一些人（戴伊）不僅想做好事，還想做個好人，這種人盡可能過著純粹的生活。有些人物（約翰遜與戴伊）對自己非常嚴苛，他們覺得有必要拚命攻擊自己的缺點。其他人（蒙田）則可以接納自己，對人生採取一種比較輕鬆愉快的態度，相信人的本性自然會解決人生的主要問題。有些人（艾森豪、藍道夫與珀金斯）注重隱私，他們與他人保持一段距離，並且不輕易顯露情感。另一些人（奧古斯丁與魯斯丁）則願意展現自己的情緒。有些人（戴伊）因為宗教得到救贖，而另一些人（艾略特）則被宗教傷害，或是對宗教不夠虔誠（馬歇爾）。有些人（奧古斯丁）願意放下自身的能力，讓恩典進入心中。另一些人（約翰遜）企圖控制自己的人生，透過努力鍛造靈魂。

就算在道德實在論的傳統中，仍存有許多不同的性情、技巧、策略與品味。同樣相信「曲木人性」觀點的兩個人，可能會透過不同方式探討某個問題。當你受苦時，你該徹底體會這痛苦？還是盡快遠離它？你該透過寫日記，放大自我覺察，還是這麼做只會使你過度自我意識，結果導致自我放縱？你該壓抑情緒，還是真情流露？你該掌控人生，還是讓神的恩典主導你的人生？

即使在相同的道德生態中，每個人也有許多空間可以走出自己的路。但本書提及的每個人物，都在極度脆弱的狀態下，展開自己的人生，並且以一輩子的努力，致力超越這個脆弱的自己。約翰遜的內心支離破碎，心緒煩亂。魯斯丁空虛、漫無目的。馬歇爾是個滿心懼怕的孩子。艾略特迫切渴望得到愛。但他們每個人都因為自己的缺憾而得到救贖。每個人與自己的缺點對抗，透過這個問題獲得令人讚賞的力量。每個人都來到謙卑的幽谷，為了讓自己提升到平靜與自我尊重的境界。

跌倒之人

本書傳達了一個好消息：有缺陷也沒有關係，因為每個人都有缺點。生命中注定有罪惡與限制。我們都會跌倒，而生命的美好與意義，就蘊藏在跌倒的動作中——意識到自己正處於人生的低點，並努力使自己隨著年歲的增長，變得愈來愈優雅。

跌倒之人的一生跌跌撞撞，不時會失去平衡，有時搖搖晃晃，有時跌在地上。但他會以毫不掩飾的坦誠與率真，正視不完美的本性，以及自己的錯誤與缺陷。他有時會為自己本性的不完美感到羞愧，例如自私、自欺，以及偶爾想把層次較低的愛，放在層次較高的愛之上。

但謙卑使我們更了解自己。當我們承認自己搞砸了，並感受自己受到多麼大的限制，我們會發現自己正面臨挑戰，有個強敵正等著我們去戰勝與超越它。

跌倒之人因為這個奮戰而變得完整。每個缺陷都變成宣戰的機會，使人生獲得重整與意義，使我們變得更好。在與罪惡奮戰的過程中，我們彼此倚靠。我們倚賴彼此以獲得原諒。跌倒之人展開雙臂，隨時準備接受與付出關懷。他願意示弱，讓別人知道自己需要愛，也有顆慷慨的心，願意把所有的愛給人。我們若沒有罪，就可能是孤獨的天神，但跌倒之人需要同伴。當他需要時，朋友會陪他聊天、給他建議。他的先人留給他各種典範，讓他追隨並用以衡量自己。

意識到自己生命的渺小，他全心全意追隨超越個人的崇高理想與信念。他可能有時無法實踐自己的信念或決心，但他會懺悔，得到救贖，然後再試一次，這個過程為他的失敗帶來尊嚴。他的勝利遵循一個相同的曲線：從挫敗，到認清現況，再到救贖。墜落到視野的山谷，然後躍升到高地。這是獲得美麗人生的謙卑途徑。

每次的奮鬥都會留下一些東西。經歷掙扎的人似乎會變得更堅強與更有深度。這些勝利透過一種神奇的轉化作用，把缺陷轉變為喜悅。跌倒之人的目標不是喜悅。喜悅是人追求某個目標時，所得到的副產品。但喜悅就是會自然產生。

與他人互相依賴，以及充滿感恩、敬畏與讚美的人生，必定充滿喜悅。當我們能自由選擇，遵從他人的意見、觀念，以及超越個人層次的承諾，必然會有喜悅。被接納的感覺也充滿喜悅，當你知道自己雖然沒資格，但別人仍然愛你，因為他們接納了你。符合美德的行為帶來的喜悅，格外具有美感；它會使其他的喜悅相形失色，而且易於捨棄。

人會隨著年歲增長，愈來愈懂得如何生活，只要願意謙卑學習。跌倒的次數會愈來愈少，最後達到淨化的一刻。在那一刻，外在抱負與內在志向得到了平衡，亞當一號與亞當二號的努力合而為一，我們得到至高無上的平靜與流動的感覺——道德本性與外在技巧融入同一個行動。

喜悅並非來自他人的讚美。它是自然產生的，不受任何力量左右。它往往是個意料之外的禮物。在那一瞬間，你會明白為何來到這世上，你為了實踐哪個真理而存在。在那些時刻，你可能不會有樂昏頭的感覺，可能不會聽見管弦樂隊的歡樂旋律，或是看見五彩煙火秀，但你會感覺到一種滿足、靜默、平和——一種禁聲。這些時刻就是美麗人生的祝福與徵兆。

謝辭

安．史奈德（Anne C. Snyder）從這本書發想之初，便陪著我一起走過前三年的寫作時光。原本，這本書是關於認知與決策制定。但是因為安，這本書變成跟道德與內在生命有關。她跟我對寫作材料做過無數次討論，還從她的知識庫裡開書單給我。她寫了一份又一份的備忘錄，挑戰我思想淺薄之處，讓這項計畫轉型。我永遠不可能像她的行文那般抒情，也做不到如她的觀察那樣敏銳，我當然也從她那兒偷來許多點子，並且敬佩她為人處世的仁慈體恤與恪守道德。如果這本書中有任何重要的觀點，那很可能是來自於安。

勞森（April Lawson）在最後十八個月時加入，她為我的新聞專欄擔任編輯，她對這本書稿的判斷也同樣令我震驚。我或許參透了許多人生事，但我想不透，像她這樣年輕，如何能有那麼多成熟明辨的智慧，如何能對他人生命有那麼深刻的了解，又如何能給出那麼大膽有用的建議。

史奈柏莉-史旺森（Campbell Schnebly-Swanson）是我在耶魯大學的學生，她幫我做最後的研究、查證事實與推敲。她是夾雜洞見、判斷與熱誠的龍捲風。她的反應磨利了這本書，她的研究灌注在書頁裡。我屏息以待，看她會在這世界留下怎樣的影響。

我在耶魯大學教了三年書，授課內容取材於這本書裡的一些想法。我的學生與我一起斟酌這個主題，無論是在課堂上、書房旅館的酒吧裡，他們提供了難以計數的洞見。他們讓每一週的頭兩天充滿了不可思議的樂趣。我尤其想感謝耶魯大學的同事列文森（Jim Levinsohn）、嘉帝思（John Gaddis）、希爾（Charles Hill）及甘迺迪（Paul Kennedy）接納我成為他們的一員。另一位耶魯大學教授加斯頓（Bryan Garsten）讀過大部分手稿，幫我澄清想法，使我想得更深刻。在耶魯及惠頓學院的許多教職員，都聽我說過這項寫作計畫，也給我回饋與建議。

墨菲（Will Murphy）跟我在蘭登書屋已合作過兩本書，身為編輯，他很支持我，也具有想像力。我是難得的作者，對他的出版社只說好話，沒有其他意見。我也很幸運，能為一組熱情專業、很支持我的團隊寫作，尤其是金（London King），她是這本書主要的公關人員，她在工作上的表現與我曾經共事過的人一樣好。密勒（Cheryl Miller）先前曾幫助我構思這個計畫，並選擇書中人物。卡茲（Catherine Katz）及達維斯（Lauren Davis）補充了關鍵的研究與建言。

許多朋友都值得我深深感謝、致意與熱愛。米勒（Blair Miller）每一字一句全都讀過，她找出不夠驚豔的標題，在我需要的時候鼓勵我，從大處著眼、小處入手，給我建議與智慧。她是個厲害的鑑賞家，能連結人與觀念。她盡其所能的幫助我，將普遍的道德議題與現代人每天在真實世界裡遇到的問題聯繫相扣。她的工作也為此世界及窮人服務，兼顧實際與理想，充滿尊嚴，卻也帶著喜悅。她鼓勵我試著讓這本書有益於世人，不只是叨叨講述哲學或社會學，還能是具有服務性質的行動。

我的父母親麥可與洛伊絲．布魯克斯（Michael and Lois Brooks），始終是我最好也最嚴厲的編輯。魏納（Pete Wehner）開導我，給我意見，樂此不倦。列文（Yuval Levin）比我年輕許多，卻成為我的知識導師。鮑爾斯（Kirsten Powers）讀了重要的段落，自始至終給我道德與情感上的支持。戴維森學院校長奎倫（Carol Quillen）幫助我更加了解奧古斯丁及其他。

一群跨各基督教派的朋友，包括神職人員與平信徒，帶領我度過生命的關鍵時刻，他們是：麥克雅爾平夫婦（Stuart and Celia McAlpine）、沃爾普（David Wolpe）、索羅維琪克（Meir Soloveichik）、凱勒（Tim Keller）及盧特魯特（Jerry Root）。我的經紀人哈特立（Glen Hartley）及琳恩．朱（Lynn Chu），從大學時期就是我的好友，這份友誼將持續一生。

滄海桑田，人生多變。一直以來，我的前妻莎拉在養育我們的三個兒女上，功不可沒。我三個孩子約書亞、納歐蜜及艾倫如今各在世界某個角落，展現出任何父母夢想孩子擁有的品格：勇氣、創造力、誠實、堅忍與慈愛。他們並不需要這本書，但我希望他們能開卷有益。

國家圖書館出版品預行編目（CIP）資料

成為更好的你／大衛・布魯克斯（David Brooks）著；廖建容，郭貞伶譯. -- 第二版. -- 臺北市：遠見天下文化, 2020.01
面；　公分. --（財經企管；BCB683）
譯自：The road to character
ISBN 978-986-479-923-7（平裝）

1. 品格

173.7　　108023248

財經企管 BCB683

成為更好的你

The Road to Character

（原書名　品格：履歷表與追悼文的抉擇）

作者 — 大衛・布魯克斯 David Brooks
譯者 — 廖建容、郭貞伶

總編輯 — 吳佩穎
人文館總監 — 楊郁慧
責任編輯 — 吳令葳、陳怡琳
特約編輯 — 李承芳
美術設計 — BIANCO TSAI
內頁排版 — 張靜怡
封面圖片 — TomasSereda/istock

出版者 — 遠見天下文化出版股份有限公司
創辦人 — 高希均、王力行
遠見・天下文化 事業群董事長 — 高希均
事業群發行人／CEO — 王力行
天下文化社長 — 林天來
天下文化總經理 — 林芳燕
國際事務開發部兼版權中心總監 — 潘欣
法律顧問 — 理律法律事務所陳長文律師
著作權顧問 — 魏啟翔律師
地址 — 台北市 104 松江路 93 巷 1 號 2 樓

讀者服務專線 — (02) 2662-0012 ｜傳真 — (02) 2662-0007；(02) 2662-0009
電子郵件信箱 — cwpc@cwgv.com.tw
直接郵撥帳號 — 1326703-6 號　遠見天下文化出版股份有限公司

製版廠 — 中原造像股份有限公司
印刷廠 — 中原造像股份有限公司
裝訂廠 — 中原造像股份有限公司
登記證 — 局版台業字第 2517 號
總經銷 — 大和書報圖書股份有限公司 電話／ (02) 8990-2588
出版日期 — 2020 年 1 月 21 日第二版第 1 次印行
2023 年 1 月 9 日第二版第 5 次印行

定價 — NT 450 元
ISBN — 978-986-479-923-7
書號 — BCB683
天下文化官網 — bookzone.cwgv.com.tw

天下文化
BELIEVE IN READING